De la independencia anticolonial
a la dominación imperialista

Visión íntegra de América

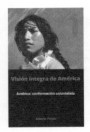

América: conformación colonialista
Alberto Prieto

Los pueblos originarios de América, desde sus primeras migraciones hasta la llegada del conquistador europeo; el brote de los sentimientos nacionales, preludio de las luchas por la liberación económica y la independencia política, asisten a este intenso recorrido por la historia primera del llamado «Nuevo Mundo».

De la independencia anticolonial a la dominación imperialista
Alberto Prieto

Ciclo de luchas libertarias y anticoloniales con la independencia de las Trece Colonias de Norteamérica, seguida por la de Haití y, ya entrado el siglo XIX, por las guerras independentistas de Sur y Centroamérica, marcadas por el esfuerzo integrador de Simón Bolívar y Francisco Morazán.

De Fidel Castro a la integración latinoamericana
Alberto Prieto

Del mismo modo en que la Revolución Cubana bebió de una larga tradición de lucha del continente, su impacto marcó un antes y un después en la historia de América. Por un lado, el imperialismo recrudeció su posición en la Guerra Fría y, por otro, la insurgencia revolucionaria cobró una fuerza inédita como expresión de lucha popular.

ALBERTO PRIETO ROZOS. Profesor e historiador cubano, doctor en Ciencias y en Ciencias Históricas, presidente de las Cátedras Benito Juárez y Manuel Galich de la Universidad de La Habana y miembro de número de la Academia de la Historia de la República de Cuba. Ha brindado cursos en universidades de Alemania, Estados Unidos, Francia, México y Nicaragua. Entre sus obras merecen destacarse *Las civilizaciones precolombinas y sus conquistas, Apuntes para la historia económica de América Latina, Bolívar y la revolución en su época, Las guerrillas contemporáneas en América Latina* y *Procesos revolucionarios en América Latina*.

De la independencia anticolonial a la dominación imperialista

Visión íntegra de América

Tomo II

Alberto Prieto

una editorial latinoamericana

ISBN: 978-1-921700-56-9
Library of Congress Control Number: 2012941584

Primera edición 2013
Impreso por Asia Pacific Offset Ltd., China

PUBLICADO POR OCEAN SUR
OCEAN SUR ES UN PROYECTO DE OCEAN PRESS

EE.UU.:   E-mail: info@oceansur.com
Cuba: E-mail: lahabana@oceansur.com
El Salvador: E-mail: elsalvador@oceansur.com
Venezuela: E-mail: venezuela@oceansur.com

DISTRIBUIDORES DE OCEAN SUR
Argentina: Distal Libros • Tel: (54-11) 5235-1555 • E-mail: info@distalnet.com
Australia: Ocean Press • E-mail: info@oceanbooks.com.au
Bolivia: Ocean Sur Bolivia • E-mail: bolivia@oceansur.com
Canadá: Publisher Group Canada • Tel: 1-800-663-5714 • E-mail: customerservice@raincoast.com
Chile: Faundes y Fernández Limitada (El Retorno a Itaca Ltda) • http://www.imagoweb.cl/retornoaitaca/
         • E-mail: el_retorno_a_itaca@imagoweb.cl
Colombia: Ediciones Izquierda Viva • Tel/Fax: 2855586 • E-mail: edicionesizquierdavivacol@gmail.com
Cuba: Ocean Sur • E-mail: lahabana@oceansur.com
EE.UU.: CBSD • Tel: 1-800-283-3572 • www.cbsd.com
El Salvador y Guatemala: Editorial Morazán • E-mail: editorialmorazan@hotmail.com • Tel: 2235-7897
España: Traficantes de Sueños • E-mail: distribuidora@traficantes.net
Gran Bretaña y Europa: Turnaround Publisher Services • E-mail: orders@turnaround-uk.com
México: Ocean Sur • Tel: 52 (55) 5421 4165 • E-mail: mexico@oceansur.com
Puerto Rico: Libros El Navegante • Tel: 7873427468 • E-mail: libnavegante@yahoo.com
Uruguay: Orbe Libros • E-mail: orbelibr@adinet.com.uy
Venezuela: Ocean Sur Venezuela • E-mail: venezuela@oceansur.com

www.oceansur.com
www.oceanbooks.com.au
www.facebook.com/OceanSur

Índice

CAPÍTULO 1. INICIOS DEL MOVIMIENTO LIBERADOR LATINOAMERICANO

CAPÍTULO 3. CONTRADICCIONES EN EL SURGIMIENTO DE LOS ESTADOS NACIONALES

CAPÍTULO 4. CONCEPCIONES REVOLUCIONARIAS Y NACIONALISMO BURGUÉS

Capítulo 1

Inicios del movimiento liberador latinoamericano

1. Precoz emancipación haitiana

Influjo de la Revolución Francesa

La convocatoria de Luis XVI a los Estados Generales[1] debido a la difícil situación interna de Francia en 1789, no incluyó a representantes de los colonos blancos en Saint Domingue. Estos, sin embargo, enviaron veinte delegados a dicho cónclave, pero el Tercer Estado no los aceptó, pues adujo que esa cantidad de burgueses estaba en proporción con el número de esclavos de la isla, y no con la de hombres libres. Después, el referido estamento se erigió en Asamblea Nacional, anunció que la autoridad del rey quedaba supeditada a su control y, el 9 de julio, se proclamó Asamblea Constituyente. Al mes, abolió las Manos Muertas, los privilegios fiscales, el diezmo, la servidumbre, proclamó la igualdad de derechos, unificó el mercado interno al suprimir aduanas y trabas dentro del país, prohibió las corporaciones o gremios, con lo cual se iniciaba la libertad de trabajo, y protegió las manufacturas. Aunque se mantuvo la obligatoriedad de redimir las cargas señoriales de las parcelas que dependían de los viejos feudos, el antiguo régimen quedó jurídicamente destruido gracias a la nueva legislación. Luego, la superestructura burguesa empezó a construirse al emitirse el 26 de agosto de 1789, la *Declaración de Derechos del Hombre y del Ciudadano*, la cual constituía una combinación de principios jurídicos, morales y filosóficos que hacía caducar el privilegio fundado sobre hipotéticas diferencias de nacimiento; en ella se proclamaba que todos los hombres nacen libres e iguales, y con libertad de conciencia.

La Asamblea Constituyente aprobó, el 8 de marzo de 1790, un Decreto mediante el cual reconocía a los ricos mulatos criollos de Saint Domingue la igualdad jurídica con el resto de la ciudadanía. Insultados con esa disposición, los grandes propietarios blancos de inmediato regresaron a la colonia para formar su propia Asamblea General en Saint Marc con el objetivo de proclamar la independencia, si la defensa de sus elitistas intereses así lo exigía. Frente a esa reaccionaria proyección, el gobernador enviado por la metrópoli buscó el respaldo de los opulentos mulatos y los empobrecidos *petit blancs*. Ambos grupos se lo brindaron, pero por razones contrapuestas; aquellos otorgaron el suyo con la esperanza de que implantara el antes referido Decreto igualador; mientras estos lo apoyaron, confiados en una reforma agraria que les entregara las tierras de los plantadores, fuesen blancos o mulatos. Sin embargo, tras la derrota de los reaccionarios aglutinados alrededor de los asambleístas de Saint Marc, el gobernador no satisfizo los deseos de ninguno de los dos grupos integrantes de su bando. Entonces, medio millar de criollos se rebeló para exigir la satisfacción de sus demandas, empeño en el que fracasaron, pues se negaron a recurrir a los esclavos, cuya fuerza de trabajo explotaban. Semanas más tarde, los *pequeños blancos* se imponían, al lograr que los efectivos de un ejército metropolitano desembarcado el 2 de marzo de 1791 se uniera a su causa.

En dichas circunstancias, la represión contra los mulatos se hizo mayor, lo cual terminó por reanimar su lucha; a partir de ese momento los más decididos acordaron reunirse el 7 de agosto en el burgo Saint Louis de Mirebelais. Allí formaron el Consejo de Representantes de la Comuna, que decidió reiniciar las acciones armadas con la ayuda de varios cientos de cimarrones, a quienes prometieron reconocer su libertad. Así, los mulatos criollos y sus aliados atacaron a los blancos el 2 de septiembre en Port au Prince, en cuya toma se distinguió el joven propietario de una plantación cafetalera en Jacqmel, llamado Alexandre Petión. Cinco días más tarde los vencidos blancos firmaron en Damiens un concordato mediante el cual reconocían a los criollos su carácter de *ciudadanos activos*, se prohibían los apelativos de *negro libre y mulato* y se aprobaban los Decretos emanados de la Asamblea Nacional Francesa.

La instancia legislativa metropolitana, que se había pronunciado ya a favor de las libertades de préstamos e interés, sancionó que se tomara la plata «no necesaria para el culto» de las iglesias, dispuso que todas las propiedades eclesiásticas se entregaran a la nación, ordenó subastar el patrimonio de la Corona, suprimió los títulos nobiliarios, así como los mayorazgos, y estableció el voto censatario.[2] Todos esos principios fueron incorporados en la liberal Constitución de 1791, fundada sobre el *laissez faire, laissez passer*, cuyo principal objetivo era garantizar el dominio de clase burgués, abolir los monopolios y establecer una libertad de comercio que no otorgaba a las colonias el derecho de negociar con otros países.

Insurrección de los esclavos: Toussaint Louverture

Los esclavos de Haití se sublevaron el 22 de agosto de 1791, dispuestos a aprovechar las luchas internas entre los distintos grupos de explotadores de la isla; se proponían conquistar su propia libertad, pues Francia, los blancos, fuesen *grands* o *petits*, y los mulatos, se la negaban. La poderosa insurrección provocó la crisis de las relaciones entre los dos sectores raciales de propietarios, pues los *grands blancs* acusaron a los ricos mulatos de haber auspiciado el alzamiento de los negros. Así, los combates entre las diversas tendencias se generalizaron.

En Francia, mientras tanto, la Asamblea Legislativa dominada por los girondinos, políticos que se habían erigido en defensores de la burguesía, fuese comercial distribuidora o productora, sector en el que preponderaban los manufactureros; requisó los bienes de los emigrados y envió un ejército de seis mil hombres y tres comisarios civiles a implantar su hegemonía en la desgarrada Saint Domingue. Estos llegaron el 18 de octubre de 1792, y al principio encontraron en los mulatos dirigidos por André Rigaud al grupo más adicto a su causa, por lo cual iniciaron con ellos una estrecha colaboración. Pero esos vínculos exasperaron a los blancos, que se sublevaron a mediados de 1793 luego de atraer a su bando a más de la mitad del nuevo cuerpo expedicionario francés.

En dichas oscilaciones, tuvieron gran incidencia los acontecimientos que habían tenido lugar en Francia, donde los jacobinos, políticos vinculados con la pequeña burguesía, tanto comercial y artesana como agraria, habían logrado aprobar nuevas y más avanzadas disposiciones revolucionarias. Acorde con ellas, los llamados *ciudadanos pasivos*, o sea, quienes no pagaban impuestos por no tener propiedades, pasaron a formar parte de la Guardia Nacional, a la vez que se instituía el sufragio universal masculino, se abolían sin indemnización las deudas señoriales y se acordaba elegir una Convención. En esta los jacobinos asustaron a la burguesía manufacturera, que defendía la plena libertad económica; el radical grupo revolucionario proponía requisamientos y reglamentaciones, a la vez que lograban un progresivo control sobre los tribunales de justicia y los comités de vigilancia. Dicho ascenso político alcanzó su cima el 2 de junio de 1793, cuando los girondinos fueron expulsados de las sesiones constituyentes y se estableció una dictadura centralista, con lo cual la revolución traspasó su meta original y siguió adelante. Por ello, a partir de entonces, en lugar de continuar con la subasta de las propiedades de los emigrados, se dispuso su venta en pequeños lotes, a la par que se aprobaban leyes de sucesión encaminadas a dividir al máximo los patrimonios heredados. El colofón tuvo lugar al aprobarse una declaración nueva de derechos, así como una Constitución muy avanzada. De inmediato, se estableció el racionamiento por tarjetas y la pena de muerte contra los acaparadores, se decretó una leva o conscripción en masa para nutrir al Ejército, y se inauguró el dirigismo en la economía, pues se limitaba la libertad de empresa y se suprimían todas las compañías y sociedades por acciones ligadas al comercio exterior, que se nacionalizó.

El cambio de preponderancia política en la metrópoli y la consiguiente alteración de fidelidades en la colonia, situó en una posición muy difícil al principal comisario francés en Saint Domingue; se llamaba Leger Felicite Sonthonax, quien acudió entonces a los esclavos de la ciudad de El Cabo y les prometió la libertad en recompensa por su ayuda para derrotar a los sediciosos. Así, veinte mil negros junto a las fuerzas mulatas vencieron a los reaccionarios, muchos de los cuales hallaron acogedor refugio en Estados Unidos Jamaica y las vecinas colonias españolas de Puerto Rico y Cuba.

Gran Bretaña y España no estaban dispuestas a permitir que la Convención dominada por los jacobinos consolidara su poder en esa colonia francesa, razón por la cual los ejércitos de aquellos países invadieron Saint Domingue desde occidente y oriente. Aislado de Europa, traicionado por los blancos e, incluso, por algunos mulatos, Sonthonax proclamó el 29 de agosto la libertad de los esclavos, cuya fuerza unida a la de patriotas como Rigaud y Petión era la única susceptible de vencer a los enemigos foráneos o autóctonos de la revolución en Haití. La drástica medida abolicionista y su ratificación por Francia el 4 de febrero de 1794, permitió que en mayo los principales dirigentes negros pasaran al bando jacobino; desde hacía algún tiempo, muchos de ellos combatían la esclavitud desde los territorios fronterizos de la vecina colonia, bajo soberanía española. Esta paradójica situación pudo tener lugar, porque en su guerra contra la Revolución Francesa, España se dispuso a utilizar cualquier medio para intentar destruirla. Incluso, acudió al demagógico recurso de nombrar a los caudillos de los esclavos insurrectos como generales de sus Fuerzas Armadas absolutistas; el propio Toussaint Louverture fue proclamado lugarteniente general del

Ejército español en la parte oriental de la isla. Pero una vez que este notable rebelde y sus más inmediatos colaboradores, Jean Jacques Dessalines y Henry Cristophe, se incorporaron con sus aguerridos soldados a las filas de los revolucionarios franceses, cambió la correlación militar. Y al año de ser clausurada en la metrópoli la faceta democrático-burguesa con la deposición de Robespierre, el 27 de julio de 1794, el gobierno termidoriano[3] de París pudo firmar con el de Madrid el Tratado de Basilea. Acorde con dicho documento, se entregaba a Francia el territorio colonial hispano situado en el este de la isla. Se liquidó así el reaccionario peligro del absolutismo en Saint Domingue.

El Directorio[4] nombró a Sonthonax gobernador de la isla, y a Toussaint su segundo al mando a la vez que comandante en jefe de todas las tropas francesas en Haití,[5] ocupada todavía en gran parte por los británicos. Por ello, cuando en los comicios de 1797 Sonthonax fue electo por la colonia para el Consejo de los Quinientos,[6] Toussaint quedó al frente del gobierno. El destacado prócer negro entonces acometió una violenta ofensiva militar, que terminó con la presencia británica en la isla el 31 de agosto de 1798. Su hegemonía, sin embargo, no era total, pues en el sur había jefes militares mulatos que recelaban de él, por considerarlo partidario de la independencia. Esas pugnas y otras contradicciones entre negros y mulatos, cuyo poderío solo era notable en el sur, desembocó el 15 de junio de 1799 en una cruenta guerra civil. Esta se prolongó durante más de un año, hasta que, el primero de agosto de 1800, la ciudad de Jacqmel fue tomada por los negros. Entonces, mientras los principales generales mulatos, encabezados por Rigaud y Petión, se refugiaban en Francia, Toussaint ordenaba la ocupación efectiva de la parte oriental de Saint Domingue en enero de 1801.

A pesar de que la isla formalmente continuaba siendo colonia francesa, el victorioso Toussaint convocó a su propia Asamblea Constituyente, la cual el 8 de julio de 1801 emitió un documento que lo designaba gobernador vitalicio con derecho a nombrar sucesor. Al mismo tiempo, dicho texto decretaba la libertad de comercio y reafirmaba la abolición de la esclavitud. Y a pesar de que no proclamaba jurídicamente la independencia, de hecho la establecía; en el país se nombraron autoridades políticas inamovibles y se constituyeron Fuerzas Armadas propias, no sujetas a dependencia externa alguna. Esa Constitución haitiana, además, convertía a los antiguos esclavos en agricultores libres, aunque sujetos a una rígida organización militar que los ataba a las haciendas para forzarlos a cultivarlas. A cambio, dichos trabajadores recibían un salario o una parte de la cosecha, pues el resto se entregaba a los propietarios de las plantaciones. Estos podían ser blancos no absentistas y mulatos o negros, cuya importancia como dueños había pasado a ser notable en el norte, a partir de la revolución; en reconocimiento a sus méritos militares, los principales generales negros con frecuencia habían recibido latifundios, confiscados a los emigrados contrarrevolucionarios.

La independencia de Haití: Dessalines y Petión

La España de Carlos IV, en 1800 devolvió su parte de la Louisiana a Francia por medio del Tratado de San Idelfonso, con lo cual se sentaron las bases para que Napoleón erigiera un gran imperio colonial en América. Pero semejante empresa exigía que se restableciera el control francés sobre Saint Domingue, pues de otra forma dicho territorio caribeño no se podría convertir en trampolín hacia el continente. Para alcanzar estos propósitos, el gobierno de París despachó hacia la anhelada isla, en diciembre de 1801, una poderosa flota compuesta por setenta y nueve buques y veintidós mil soldados, entre los cuales figuraban los mulatos Rigaud, Petión y Jean Pierre Boyer. La sangrienta guerra de reconquista se desarrolló de enero a mayo de 1802 sin brindar a los colonialistas el esperado triunfo. Entonces, los invasores recurrieron a la astucia, y el 6 de mayo de 1802 acordaron con los generales negros una tregua honrosa que les garantizaba sus exigencias mínimas. Pero el acuerdo no tranquilizó a los franceses, quienes mediante una felona treta capturaron el 7 de junio de 1802 a Toussaint y lo enviaron a la metrópoli, donde en una gélida cárcel de Joux murió el 7 de abril de 1803. En esa fecha, en una vecina celda, se encontraba ya Rigaud, también preso y deportado, pues los colonialistas creían que al deshacerse de los más prestigiosos dirigentes negros y mulatos impedirían cualquier acción futura enrumbada hacia la plena independencia.

Con el propósito de confundir a los jefes de las fuerzas defensoras, los esperanzados reconquistadores organizaron en el septentrional Cabo Francés una llamada Asamblea Consultiva, en la cual junto a los explantadores emigrados permitieron que participaran los generales revolucionarios de Haití. Pero entre ambos grupos, las contradicciones pronto fueron cada vez mayores, ya que los antiguos *grands blancs* discriminaban a los mulatos y exigían que a los negros se les aplicara el Decreto napoleónico del 20 de mayo de 1802. Este decía que en las colonias, la esclavitud sería mantenida conforme a las leyes y reglamentos anteriores a 1789. En esa coyuntura, reaparecieron las guerrillas negras en las montañas de Plaissance, Limbé, Borgne y Valliers, las cuales ya en los inicios de octubre del año 1802 dominaban un considerable territorio en el corazón de la provincia del norte. Fue entonces cuando el eco de la ascendente nacionalidad sacudió las conciencias de los principales dirigentes negros y mulatos; Petión reconoció el liderazgo de Dessalines, y con cuatro días de diferencia, el 13 y el 17 de agosto, ambos se rebelaron para unirse a los sublevados. A partir de ese momento la insurrección alcanzó tal magnitud, que ni los refuerzos enviados por Napoleón lograron aplastarla. El 10 de octubre de 1803 los revolucionarios ocuparon Port-au-Prince, la capital, y el 18 de noviembre tuvo lugar la célebre batalla de Vertieres, la cual selló la derrota colonialista en Haití. Se pudo proclamar así, el primero de enero de 1804, la independencia de Haití, primera colonia que se emancipaba en América Latina.

2. Dominio napoleónico
sobre las metrópolis ibéricas

Gran Bretaña, el más poderoso país capitalista del mundo y en esos momentos el primero en dejar atrás la fase manufacturera, al acometer la Revolución Industrial e iniciar la etapa fabril, obtuvo la supremacía naval el 21 de octubre de 1805 en la batalla de Trafalgar; en esta fue derrotada la flota franco-española y se inmortalizó el almirante Horacio Nelson.[7] Ese éxito animó a los británicos a continuar su fortalecimiento colonialista a expensas de España. Dicha política había comenzado en 1797, cuando le arrebataran la caribeña isla de Trinidad, contigua a la de Tobago, triunfo que ahora deseaban incrementar con la toma de Buenos Aires y zonas aledañas. Con ese objetivo los británicos lanzaron el 25 de junio de 1806 doce mil soldados contra la capital del Río de la Plata. Y, tras ocuparla, pusieron en práctica sus proyectos económicos: modificaron a su favor las tarifas aduaneras, decretaron la libre navegación por los ríos, con el fin de auspiciar la penetración de sus manufacturas por el Cono Sur, y dieron plena libertad a sus comerciantes para que se establecieran en dicha región. Gran Bretaña, sin embargo, no contó con los ascendentes sentimientos de la nacionalidad rioplatense; creyó que la mera satisfacción de los intereses económicos de la burguesía local bastaría para neutralizar sus proyecciones políticas. No comprendió que el más elemental requerimiento de los criollos implicaba establecer la soberanía propia sobre su país. Por eso, en julio de 1807, del suelo patrio los rioplatenses definitivamente expulsaron por las armas a los británicos. Solo entonces la Gran Bretaña entendió que, en esta parte del mundo, sus viejos métodos de dominación colonialista eran ya ineficaces.

La Corte portuguesa en Brasil

La España feudal y absolutista, mediante el Tratado de Fontaine-bleau en octubre de 1807, convino con la Francia imperial en repartirse Portugal: este país rechazaba el bloqueo continental contra Gran Bretaña, ordenado por Napoleón después de su derrota en Trafalgar. De inmediato tropas francesas atravesaron el territorio español con el propósito de ocupar la parte que le tocaba del país lusitano. El inminente peligro de caer prisionera, empujó a la Corona portuguesa junto a su Corte a huir por mar hacia Brasil, que de improviso se convirtió en Estado independiente; al establecerse la sede del poder real en marzo de 1808 en Río de Janeiro, se abolió ipso facto una dependencia que duraba ya tres siglos, aunque al frente del gobierno quedara un grupo de personas de origen extranjero.

La temporal penetración en España del Ejército napoleónico destinado a desmembrar Portugal, en poco se trocó en presencia indefinida. Y Napoleón aprovechó la prolongada estadía de sus fuerzas en tierras españolas, para solicitar la firma entre ambos Estados de un tratado de alianza militar. También exigió al Trono madrileño, la apertura comercial de los puertos hispanoamericanos para todos los buques franceses. No imaginaba el pequeño corso-emperador que sus demandas conducirían al pueblo madrileño al Motín de Aranjuez. Este fue el verdadero jalón inicial de la revolución en España, debido al cual a Carlos IV se le desplazó del poder. Aunque su hijo, Fernando VII, buscó el apoyo bonapartista, en Bayona el intrépido Napoleón lo depuso y apresó, para luego entregar la Corona a su propio hermano, José. Entonces, Madrid se levantó frente a las fuerzas de ocupación el 2 de mayo de 1808, alzamiento que inició la rebeldía casi general contra el dominio extranjero. Por su parte José Bonaparte emitió en julio de 1808 una Constitución, a la que se adhirieron los más altos organismos del Estado español —Junta de Gobierno, Consejo de Castilla, así como otras instancias—, compuestos de «afrancesados».

En combate simultáneo contra el caduco absolutismo doméstico y la opresión foránea, la resistencia española se agrupó alrededor de las juntas de gobierno locales. Culminó así la primera etapa del surgimiento de un poder político nuevo, que aglutinó a la burguesía patriótica y demás elementos progresistas, los cuales constituyeron la Junta Suprema Central Gubernativa del Reino en Aranjuez el 25 de septiembre de 1808. Pero después la referida Junta Central debió desplazarse a Sevilla para finalmente asentarse en Cádiz, único punto no controlado por los franceses. Estos, desde la casi dominada vieja metrópoli trataron de utilizar sus tradicionales estructuras de autoridad y poder, para controlar las colonias hispanoamericanas.

El Movimiento Juntista en Quito: Los marqueses

En el Nuevo Mundo, el complejo proceso español tuvo enorme repercusión, sobre todo en Quito. Allí, en una hacienda de Juan Pío Montúfar, marqués de Selva Alegre, aledaña al Valle de los Chillos, el 10 de agosto de 1809, se conformó una Junta Suprema que él mismo encabezó. Al lado de este destacado dueño de obrajes y haciendas de La Sierra, figuraban hombres de una extracción semejante: los marqueses de Villa Orellana, de Solanda, de San José, de Miraflores, junto a otros similares como Juan José Guerrero, conde de Selva Florida y hasta el propio obispo José Cuero Caicedo, auxiliados por la patriota Manuela Cañizares, en cuya casa se iniciaran dichos empeños conspirativos.

En su manifiesto inicial, los juntistas prometieron total fidelidad al secuestrado Fernando VII, a la vez que juraron mantener la pureza de la religión católica, su Iglesia e instituciones a ella pertenecientes. Eso motivó que dicho movimiento no fuese respaldado en Guayaquil, donde el absolutismo recientemente había deshecho una conspiración de comerciantes y plantadores dirigidos por los «ilustrados» Jacinto Bejarano y Vicente Rocafuerte, quienes fueron presos y deportados.

Contra las insuficientes milicias quiteñas, las tradicionales autoridades absolutistas de Pasto despacharon un fuerte destacamento regular que las venció en el enfrentamiento del 16 de octubre, lo cual indujo a la timorata Junta de los Marqueses a devolver el poder al desplazado anciano presidente de la Audiencia Real. Sin embargo, al poco tiempo a Quito llegó una poderosa tropa enviada por el virrey de Perú, la que desoyó los consejos de moderación de las restauradas autoridades de la Gobernación y desató una verdadera cacería contra los elementos plebeyos que se hubieran adherido al frustrado intento juntista. Al anunciarse la próxima ejecución de los apresados, en la ciudad estalló el 2 de agosto la ira popular acaudillada por el abogado Juan de Dios Morales, el humilde cura Miguel Riofrío y el exjefe de las milicias, Juan Salinas. Pero la represión del Real Regimiento de Lima fue brutal y ocasionó centenares de víctimas.

Tras implantar la paz de los sepulcros, los soldados del virrey regresaron al Perú, lo cual fue aprovechado por Carlos Montúfar, primogénito del marqués de Selva Alegre para organizar el 19 de septiembre de 1810 una igualmente aristocrática Junta Superior de Gobierno, integrada por su padre y otros miembros de la anterior, además del conde Ruiz de Castilla, nuevo presidente de la Audiencia. Esta contó con mayor apoyo de la población, temerosa de que se repitieran los trágicos acontecimientos vividos, lo cual facilitó estructurar una milicia más numerosa. Una parte de dichos efectivos se empeñó en avanzar hasta Guayaquil, en cuya ruta derrotaron al retornado Real de Lima en Alausí, no lejos del Chimborazo, y en

Paredones, cerca de Azuay. Otra marchó con cierto éxito hacia Pasto, mientras una tercera logró hacer suyo el puerto de Esmeralda.

Debido a su carácter tan moderado, en el seno de la Junta surgieron serias contradicciones. Ello condujo a un grupo relativamente liberal dirigido por José Sánchez, marqués de Villa Orellana, a deponer el 11 de octubre de 1811 al presidente en funciones y convocar a un Soberano Congreso de la Gobernación. Este proclamó el 11 de diciembre la total independencia de España y solicitó ingreso a las Provincias Unidas de Nueva Granada. Después, propuso redactar un texto constitucional, cuyas discusiones agravaron las pugnas entre ambos grupos; los conservadores *montufaristas* deseaban calificar al nuevo Estado como *Reino* y entregar su corona a Fernando VII, en tanto a las dos cuestiones se oponían los *sanchistas*. Estos, puestos en minoría, abandonaron la Asamblea Constituyente e hicieron regresar del Frente Sur a las victoriosas milicias, para con ellas ocupar la capital. Al mismo tiempo, hacia Quito se lanzaban los soldados absolutistas, quienes en su avance triunfaron en la batalla de Verdeloma debido a la falta de colaboración entre ambas tendencias rebeldes, lo que les facilitó vencer el 3 de noviembre la férrea defensa de los habitantes de esa ciudad. Entonces, el resto de los efectivos quiteños se replegó hasta la norteña villa de Ibarra, donde se encontraron con los supervivientes de las milicias derrotadas en Pasto. Ambos grupos se reunieron el primero de diciembre de 1812 para combatir contra el Ejército colonialista junto a la laguna de Yahuarcocha, donde los heroicos patriotas fueron liquidados.

La Constitución española de 1812

En España, tras el desembarco británico en la bahía de Montego, que obligó a los franceses a evacuar el contiguo Portugal, el rey José I tuvo que abandonar Madrid y refugiarse en la línea formada por el río Ebro. Entonces, el iracundo Napoleón condujo en persona la réplica; entró en la península Ibérica, reinstaló a su hermano en la capital, derrotó a los británicos en Galicia, y estableció el segundo sitio a Zaragoza. Pero la Junta Central resistió en Sevilla, donde convocó a una reunión de las Cortes, pero sin estamentos, cuyas sesiones empezaron en febrero de 1810. A partir de ese momento, en España se desarrolló de forma paralela la guerra de independencia y una revolución burguesa, conflictos en los cuales la población se dividió en cuatro bandos. El grupo más reaccionario de la nobleza y el clero tomó partido a favor de un regreso al absolutismo, y constituyó un Consejo Supremo de Regencia; mientras, los demás apoyaron a quienes propiciaban un retorno al pretérito feudalismo de vasallaje, con el uso de Cortes triestamentales. La alta burguesía compuesta por los comerciantes porteños, beneficiados por las reformas mercantiles de los Borbones en el siglo XVIII, formaron la columna vertebral de los «afrancesados»; ellos representaban al grupo moderado con interés en la consecución de una superestructura burguesa, pero con mucha desconfianza hacia las masas populares, pues temían una revolución radical. Por eso depositaban sus esperanzas políticas en los franceses, la Constitución de Bayona y José I. El resto de la burguesía española se dispuso a lograr una independencia revolucionaria, mediante una transacción con los que aceptaban las tradiciones monárquicas españolas, pero adecuadas a los principios del sistema unicameral. En Cádiz, surgió así la Constitución de 1812. Aunque dicho texto invocaba a Dios Todopoderoso —como supremo legislador de la sociedad— y reconocía al último rey Borbón, estipulaba que la soberanía residía en el pueblo y estructuraba el Estado según los criterios racionalistas; también abolía las supervivencias de las relaciones de servidumbre en el campo e incorporaba al Estado los señoríos jurisdiccionales; suprimía los privilegios exclusivos, privativos o prohibitivos, así como los mayorazgos y los gremios; planteaba la desamortización eclesiástica, que implicaba el cese de la inmovilidad de las propiedades de la Iglesia, y disponía la enajenación de los bienes de las comunidades religiosas extinguidas o reformadas por José I; ordenaba la parcelación y venta de las tierras realengas y baldías, pero exceptuaba las de los ejidos o comunales; eliminaba la Inquisición, promulgaba la libertad de prensa y reformaba el sistema monetario. Significaba, en definitiva, el fin del feudalismo.

España y Francia firmaron en diciembre de 1813 el Tratado de Valencay, que devolvía la Corona a Fernando VII, quien desde su regreso obró al margen de la Constitución de 1812, y en mayo de 1814 la derogó; el rey absolutista pretendía anular las conquistas alcanzadas durante la lucha frente a los invasores y la reacción.

3. Frustraciones republicanas norandinas

Gran Reunión Americana: Francisco de Miranda

En el Virreinato de Nueva Granada apenas había transcurrido una década desde la gran insurrección comunera, cuando ya circulaba por su territorio la primera edición americana de la *Declaración de Derechos del Hombre y del Ciudadano*. Su traductor y publicista era un dueño de imprenta cundinamarqués llamado Antonio Nariño, quien participaba de una conspiración que se proponía alcanzar la independencia. Descubierto el proyecto en 1794, la Inquisición apresó a Nariño y lo condenó a diez años de cárcel y al exilio perpetuo. Pero en Cádiz se fugó rumbo a París, donde forjó una sólida amistad con Francisco de Miranda, revolucionario ya de connotación mundial. Este caraqueño, proveniente de una familia de comerciantes en tela y plantadores de cacao, se había destacado durante la guerra de independencia de Estados Unidos, pues participó en la captura de Pensacola, en el asalto a Providencia y, junto a Washington, en la victoria de Yorktown. Luego, la fama de Miranda creció aún más durante la Revolución Francesa, cuando los girondinos lo nombraron mariscal de campo con la misión de vencer a los ejércitos extranjeros. Austríacos y prusianos fueron objeto de sus primeros éxitos, que lo promovieron al cargo de lugarteniente general de las Fuerzas Armadas francesas; después Miranda triunfó en Valmy y tomó la plaza fuerte de Amberes, considerada inexpugnable.[8]

Al llegar Nariño a París, Miranda lo incorporó a sus empeños por independizar a Hispanoamérica y lo despachó rumbo a Coro,

Venezuela, sitio por donde desembarcó el 4 de marzo de 1797. Allí debía entrar en contacto con los miembros de una conspiración dirigida por la Logia Colón,[9] integrada entre otros por Manuel Gual, amigo de Miranda en la infancia, Mariano Picornell, José María España y Simón Rodríguez, entonces preceptor del joven Simón Bolívar. Pero a los dos días del arribo de Nariño, las autoridades colonialistas apresaron a los principales jefes del clandestino proyecto emancipador. Sin otras conexiones en aquella región, el cundinamarqués marchó a Bogotá, donde en julio fue nuevamente arrestado y devuelto a la prisión.

Este revés indujo a Miranda a estructurar una organización propia, que aglutinara a los más abnegados luchadores por un mundo mejor acorde con las enseñanzas que había recibido de la Revolución Francesa. Y en aquella época nada permitía escapar tan bien al control ideológico de la Inquisición como las Logias. La de Miranda, sin embargo, fue solo en apariencia masónica, pues en realidad era paramilitar y revolucionaria. La creó en Londres en 1800 y la denominó Gran Reunión Americana, la cual contaba con filiales en París, Madrid y Cádiz. Al mismo tiempo, este venezolano se dedicó a librar una decisiva batalla ideológica; concebía a la América Latina unida e independiente, como un grandioso resurgimiento del Tahuantinsuyo, cuya capital debería estar en Panamá. Decía que la confederación se denominaría Colombia y abarcaría todos los territorios hispanoamericanos, desde México hasta el cabo de Hornos, incluyendo a Cuba. En su opinión, el Estado republicano debería plasmar la simbiosis de los aspectos modernos con la tradición histórica, por lo cual deseaba que el ejecutivo tuviese dos cónsules, llamados incas, acompañados de un poder legislativo independiente. Este contaría con dos Cámaras, una de senadores vitalicios y la otra, electa, denominada de los Comunes.

Las tareas independentistas de Miranda causaron tanto revuelo en Gran Bretaña, que el gabinete real en Londres le sugirió abandonar el país. Entonces pensó que tal vez la reciente reelección de su viejo conocido Tomás Jefferson, facilitaría la realización de sus proyectos emancipadores. Con esas ilusiones desembarcó en Estados Unidos a fines de noviembre de 1805, donde se le brindaron agasajos y honores e, incluso, tuvo una entrevista con el presidente estadounidense. Pero la reunión lo decepcionó, pues aquel solo se mostró interesado por lograr que el canal interoceánico que se construiría en Centroamérica, beneficiara más a su país que a los europeos. Después, James Madison, secretario de Estado, expuso a Miranda la ausencia de interés de su gobierno en darle algún apoyo, ya que semejante acto le enturbiaría cualquier amistosa relación con la España feudal y colonialista. En definitiva, ningún aporte oficial. Los antiguos amigos se habían convertido en importantes políticos acomodados, sin el menor atisbo de solidaridad hacia los pueblos hispanoamericanos.

Desilusionado, Miranda no tuvo más alternativa para llevar adelante sus propósitos que terminar en manos de los especuladores, quienes le cobraban hasta el 200% de interés sobre el precio de los avituallamientos. Hasta que al fin, el tenaz revolucionario logró zarpar con una minúscula expedición el 2 de febrero de 1806 hacia Haití. Tras incorporar en el puerto de Jacqmel a los hombres, armas y provisiones que le facilitara Alexandre Petión, Miranda navegó hacia Ocumare de la Costa, en Venezuela. Pero los guardacostas españoles frustraron el desembarco al apresar las dos goletas brindadas por los haitianos, y forzar a la restante a escapar hacia las Antillas Menores británicas.

En Barbados, a cambio de permitir que la expedición se reforzara, las autoridades británicas exigieron un futuro tratamiento privilegiado para su comercio y marina, en caso de un triunfo independentista. Luego, reabastecidos sus efectivos, Miranda se dirigió a Coro, donde izó la bandera venezolana el 3 de agosto. Aunque bien seleccionada desde el punto de vista militar, la zona ofrecía un panorama político poco alentador, pues la capital de dicha provincia era una plaza fuerte españolista, cuya captura por las escasas fuerzas expedicionarias no fue posible.[10] Así, el desconocimiento de la verdadera situación interna de la región frustró los empeños del esforzado Miranda, quien tuvo que replegarse a las Antillas británicas para regresar a principios de 1808 a Gran Bretaña.

Simón Bolívar fue desde niño testarudo y rebelde. Al nacer, el 24 de julio de 1783, llevaba en su sangre dos siglos de ilustre vida caraqueña: su abuelo había sido el hombre más importante de la Capitanía General y su padre llegó a ser notabilísimo propietario. En sus últimos años, Juan Vicente Bolívar evidenció gran disgusto por la situación colonial que sufría el país, y expresando sus anhelos sobre el mañana se carteó con Francisco de Miranda. Cuando el padre murió, el pequeño Simón apenas tenía tres años. Pero nada material debía temer. Su progenitor dejaba una cuantiosa herencia: inmensas plantaciones de cacao, caña e índigo; miles de esclavos; cuatro casas en Caracas, nueve en La Guaira; fincas, ranchos, minas, dos trapiches azucareros. La educación del joven, huérfano de madre desde los diez años de edad, estuvo a cargo del secretario de su abuelo. Aquel le enseñó el amor a la naturaleza y a la libertad en el latifundio que la familia poseía en San Mateo. Allí, el adolescente aprendió las formas de vida de los llaneros, de los esclavos, desarrolló una férrea voluntad y se hizo hábil jinete, ambidiestro con la espada. Más tarde, a los dos años de la fuga de su preceptor, comprometido en una conspiración descubierta, Simón Bolívar embarcó hacia Europa, donde amplió sus conocimientos de matemática y culminó su formación filosófica, pues al decir suyo:

> Ciertamente que no aprendí ni la filosofía de Aristóteles, ni los códigos del crimen y del error; pero puede ser que… no haya estudiado tanto como yo a Locke, Condillac, Buffon, D'Alembert,

Helvetius, Montesquieu, Mably, Filangieri, Lalande, Rousseau, Voltaire, Rollin, Berthol.[11]

En España, el apasionado Bolívar se enamoró perdidamente y se casó tras obtener el permiso real, trámite impuesto por la Corona a hombres de su linaje para impedir los desposorios que impugnara. De regreso a Venezuela, el matrimonio se frustró, pues en 1803 la fiebre amarilla dejó viudo al cónyuge. Un nuevo viaje a París lo condujo más tarde a Roma, donde formuló ante Simón Rodríguez su conocida promesa del Monte Aventino: «Juro por mi honor y juro por la patria, que no daré descanso a mi brazo ni reposo a mi alma hasta que haya roto las cadenas que nos oprimen por voluntad del poder español».

Después, Bolívar escaló el Vesubio con el sabio Alejandro de Humboldt, visitó a Holanda y Alemania y retornó a América. En 1807, a mediados de año, se encontraba instalado en Caracas. No hacía doce meses Francisco de Miranda había hecho flamear su bandera en Coro. Una era convulsa se iniciaba.

En Venezuela, como parte de las repercusiones en Hispanoamérica del complejo proceso juntista español, en abril de 1810, se depuso al capitán general. Después los *mantuanos* o plantadores y comerciantes, escogieron a Simón Bolívar para que dirigiese una importante misión diplomática a Londres. Aunque el inexperto joven fracasó en su gestión, el viaje le sirvió para ingresar en la Gran Reunión Americana, al quedar subyugado por los grandiosos proyectos mirandinos. De regreso a Caracas, Bolívar anunció la inminente llegada de Miranda, al que en diciembre de 1810 el pueblo proclamó Precursor de la Independencia, así como Padre y Redentor de la Patria. De inmediato, Miranda puso su experiencia girondina al servicio de la emancipación, pues fundó la Logia Colombiana para aglutinar a los revolucionarios, y con esa fuerza apoyar a quienes en la Junta de la capital exigían elecciones. Finalmente, los comicios se efectuaron, pero dado que el voto era censatario y solo disfrutaban de él los ricos criollos, en el Congreso electo se impusieron los elementos moderados. Con el propósito de enfrentarlos, Miranda encabezó entonces la Sociedad Patriótica, amplia organización abierta a todos los partidarios de la independencia, cuya agitación culminó en la proclamación de la República el 5 de julio de 1811.

En reconocimiento a los esfuerzos del Precursor, la bandera que él enarbolara en Coro cinco años antes fue adoptada como enseña oficial. Y casi de inmediato se redactó una Constitución federalista inspirada en los preceptos girondinos, que eliminaba los privilegios personales o fueros de naturaleza feudal y proscribía los títulos nobiliarios.

Ante el avance de las ideas del progreso, la reacción no se hizo esperar; diversas sublevaciones realistas tuvieron lugar en distintas partes del país, debido a lo cual el gobernante Triunvirato Ejecutivo designó a Miranda para el cargo de general en jefe del Ejército. Pero el incremento de los combates empeoraba la situación económica: se depreciaba la moneda, Londres no otorgaba un empréstito solicitado, subían los impuestos con rapidez, las rentas públicas se agotaban. La coyuntura, por lo tanto, exigía que se adoptaran profundas medidas revolucionarias para movilizar al pueblo. Sin embargo, la máxima instancia estatal se negaba a emitirlas. Entonces, se decidió entregar la conducción del proceso a Miranda, quien al recibir en mayo de 1812 plenos poderes con el cargo de director y el grado de generalísimo, estaba consciente de que la guerra no se ganaba exclusivamente en el plano militar; además, comprendía que el reducido ejército de burgueses y hombres libres sería incapaz de enfrentar con éxito el empuje de las experimentadas fuerzas españolistas. Por eso, Miranda decidió dar un paso trascendental; prometió la libertad a todos los esclavos que lucharan a favor de la independencia. Pero al mismo tiempo dicha medida obtuvo la total repulsa de los plantadores, columna vertebral del Estado venezolano, quienes no estaban dispuestos a emancipar a sus esclavos. En consecuencia, los burgueses anómalos comenzaron a abandonar las filas independentistas asustados por las medidas de Miranda, con lo cual la República empezó a derrumbarse.

En ese crucial momento de desastre, la gran experiencia del Precursor le permitió comprender que la tarea fundamental era salvar la vida de los revolucionarios capaces de reiniciar la lucha. Sabía que una batalla no era la guerra. Se daba cuenta de que la negociación representaba un mal transitorio y menor: autorizaba a marchar al exilio a los combatientes, ponía en libertad a los patriotas presos, implantaba la avanzada Constitución española de 1812 y, en última instancia, garantizaba los combates futuros, ya que en realidad solo había sido pactada una tregua.

Simón Bolívar y otros apresurados jóvenes no comprendieron la esencia de aquel instante ni el significado estratégico de la medida que Miranda había tomado, la cual les preservaba la vida. Solamente anhelaban lanzarse al ataque, confiados en lograr un resonante triunfo militar que detuviese la debacle. Soñaban con sorprender a los realistas, a quienes estimaban desprevenidos, ebrios de victoria. Preferían la muerte a la capitulación.

Los precipitados revolucionarios arrestaron al Precursor, que por los azares del destino al poco tiempo se encontró prisionero de las avanzadas españolistas, las cuales lo enviaron a la cárcel de Cádiz, donde murió cuatro años después.

La Junta Suprema de Santa Fe

En Bogotá, capital del Virreinato de Nueva Granada, las masas artesanas exigieron el 20 de julio de 1810 la celebración de un cabildo abierto. Pero con el propósito de escamotear esa demanda, los funcionarios absolutistas maniobraron y solo organizaron una sesión extraordinaria del cabildo regular, que organizó una Junta Suprema de Santa Fe. Encabezada por el propio virrey, dicha instancia tenía por vicepresidente al tradicional alcalde de la ciudad y contaba entre sus más prominentes miembros a Camilo Torres, su verdadero ideólogo, hombre vinculado con la alta burguesía comercial. Al día siguiente de su conformación, la Junta emitió un *Acta de Independencia*, en la cual se reconocía a Fernando VII como rey a condición de que gobernase desde Bogotá. Luego, se dedicó a estructurar una fuerza armada propia, la Guardia Nacional, cuyo núcleo contaba con cuatro escuadrones de caballería formados por los terratenientes de la Sabana —los famosos *orejones*— y sus hombres de confianza. Después, la Junta comenzó a gobernar en el antiguo Virreinato como heredera del poder absolutista, convocó al resto de las provincias para que enviaran sus diputados a Bogotá y, el 24 de septiembre de 1810, dispuso la liquidación de los resguardos, cuyas tierras debían ser subastadas. De esta forma, se retomaba con dichos bienes comunales la política aplicada por la Corona a fines del siglo XVIII, que había sido interrumpida por la insurrección comunera y las *Capitulaciones de Zipaquirá*. Pero ahora dicha práctica se reiniciaba en beneficio exclusivo de los ricos propietarios neogranadinos. No podía extrañar, por lo tanto, que tras la aplicación de esa medida expoliadora las comunidades indígenas abrazaran la causa colonialista, la cual alcanzó fuerza en Pasto y Popayán debido a este apoyo.

Un Supremo Congreso de Diputados de las Provincias del Reino de Nueva Granada se inauguró el 22 de diciembre de 1810, con la representación de un escaso 40% del territorio neogranadino. Esto, porque en la costa los plantadores y comerciantes, muchos de ellos de origen metropolitano, se mostraban descontentos con la preponderancia de los terratenientes en el gobierno de Bogotá. Por ello, organizaron la Junta de Cartagena, autónoma y completamente burguesa, pero que no proclamó la emancipación debido a la influencia españolista existente en su seno.

Antonio Nariño en Cundinamarca

La Junta Suprema de Santa Fe, que tenía convicciones federalistas, convocó el 26 de diciembre de 1810 a elecciones mediante el voto censatario, con el propósito de formar un Colegio Estadual Constituyente de Cundinamarca. Dicho cuerpo emitió un texto el 4 de abril de 1811, que entre sus principales acápites decía: «La provincia de Cundinamarca se erige en monarquía constitucional, para que el rey gobierne según sus leyes».[12]

Después, dicha Constituyente institucionalizó la región, inspirada en el gobierno establecido por el Directorio de Francia: mantuvo el voto elitista y se transformó en órgano legislativo, único facultado para establecer contribuciones. Pero la naturaleza exclusivista de la Junta Suprema y del nuevo régimen neogranadino, provocó el descontento de los artesanos, cuyos dirigentes, presididos por José María Carbonell, abrieron un club revolucionario al que llamaban Junta Popular. Esa organización se dedicó a formar cuadros armados de artesanos y estudiantes de avanzada, encargados de defender los intereses de la pequeña burguesía. Ella se apoyaba en la actividad propagandística del recién excarcelado Antonio Nariño, quien desde su periódico exigía el sufragio universal masculino, el establecimiento de la República, así como el cese de todos los títulos o dignidades y preeminencias del colonialismo feudal. Así, la conjunción de Nariño y la Junta Popular se convirtió en una fuerza decisiva, que desplazó a los aristócratas cuando el 19 de septiembre de 1811 convocó a una Representación Nacional. Esta de inmediato nombró a Nariño presidente del poder ejecutivo, quien derogó los acápites conservadores de la Constitución y removió de su mando a los oficiales connotados por su adhesión a los criterios realistas. Sin embargo, Nariño evitó radicalizar su gobierno, pues deseaba obtener una relativa homogeneidad de opiniones entre la capital y el resto de las provincias, con el fin de proclamar la independencia republicana de Nueva Granada. Solo después se proponía modificar la estructura social y política del nuevo Estado, mediante una serie de acuerdos negociados entre las diferentes clases y grupos sociales.

Una de las primeras medidas de Nariño desde el ejecutivo de Bogotá, tuvo el propósito de presionar a la Junta de Cartagena para que aceptara la independencia republicana. Y a tal fin ordenó que cesara el envío de dinero gubernamental al estratégico puerto caribeño, cuyas finanzas dependían del referido *situado*.[13] En represalia, este gobierno ordenó el bloqueo mercantil de Cundinamarca, con lo cual se creó un contexto que parecía conducir al estallido de un conflicto armado entre ambas partes. En dicha situación, los *pardos* —como se denominaba a los sectores populares del litoral, compuestos por mulatos y mestizos—, asaltaron el 11 de noviembre de 1811 el Arsenal de Armas de Cartagena. Y, dirigidos por los hermanos Gutiérrez de Piñeres, los amotinados exigieron después a la Junta de Cartagena que rechazara cualquier autoridad española, estableciera el predominio de los americanos en los puestos públicos e implantara el pleno disfrute de las libertades ciudadanas.

En tan crítico momento, las autoridades metropolitanas lanzaron una poderosa ofensiva contra esa importante ciudad desde Santa Marta, tras haberse fortalecido mucho en dicha zona al proclamar la libertad de los esclavos que defendiesen la causa de España. Entonces, la Junta aceptó las demandas de los pardos, cuyos efectivos armados sumó a sus fuerzas y, además, proclamó la independencia absoluta del Estado de Cartagena, libre y soberano.

A partir de dicho anuncio, en el territorio del antiguo Virreinato de Nueva Granada paralelamente coexistían tres gobiernos independientes: en Cartagena, el de la República del litoral caribeño; el de Nariño, en Cundinamarca; y el del Supremo Congreso del Reyno —desplazado de Bogotá—. Este, que aglutinaba a muchas de las provincias no enmarcadas bajo la autoridad de los otros dos, se encontraba en decadencia, pues sus aristocráticos postulados estaban desprestigiados. Entonces, los diputados que a él pertenecían se desvincularon de las viejas concepciones realistas y emitieron el 27 de noviembre de 1811 una Constitución que pretendían que se aplicara en toda Nueva Granada con el nombre de Acta Federal. Dicho documento dejaba para el futuro la definición republicana o monárquica del régimen, otorgaba al Congreso —renombrado Alteza Serenísima— las responsabilidades legislativas y judiciales y enumeraba en detalle los pocos gravámenes que impondría la Federación. Ese acápite era trascendente, pues en aquella época los burgueses identificaban el carácter progresista de cualquier gobierno, con la reducción del número y cuantía de los impuestos; estimaban que las tareas gubernamentales debían reducirse a las funciones de policía, indispensables para la protección de sus propiedades. En resumen, la existencia de la Federación implicaba que los territorios estaduales conservaran su soberanía e independencia interiores, así como sus leyes y su gobierno. De ello se desprendía que dichas entidades autónomas pudieran poseer fuerzas y patrimonios particulares, pues los servicios públicos y oficiales o administrativos no se colocaban bajo el control directo e inmediato del gobierno central. De hecho, la unidad estatal se limitaba casi exclusivamente al servicio de la soberanía exterior.

En contraste, Nariño estableció en Cundinamarca una política fiscal y tributaria tendente a fortalecer al Estado con el fin de sostener la guerra necesaria. Para cumplir ese propósito José María Carbonell, ministro del Tesoro Público, estructuró un sistema de altos impuestos destinados a financiar el esfuerzo bélico y atender las exigencias de los estratos humildes de la sociedad neogranadina; también señaló a la Iglesia la pertinencia de que ella y sus corporaciones eclesiásticas desembolsaran una contribución proporcional a sus riquezas y propiedades. En definitiva, las concepciones centralistas de Nariño implicaban que un solo gobierno tuviera la autoridad de proveer al Ejército y velara por el desarrollo de las funciones administrativas concernientes a los derechos e intereses públicos y colectivos; creía que se deberían dictar leyes generales para todo el país y organizar la jerarquía de sus funcionarios de forma que el poder central llegara a nombrarlos y removerlos; pensaba subordinar también a dicha instancia las Fuerzas Armadas y entregarle la dirección permanente del fisco. Estos criterios de Nariño avanzaron hacia su institucionalización luego de las elecciones populares que permitieron integrar una Constituyente, cuyas sesiones se iniciaron el 2 de enero de 1812 bajo el nombre de Colegio Electoral Revisor, el cual lo ratificó en la presidencia de Cundinamarca. Después, en abril, se emitió una radical Constitución que establecía el sufragio universal masculino, incluidos los aborígenes, y proclamaba la soberanía popular.

En Cartagena, durante el propio mes de enero, se inició un proceso semejante, pero regido por el voto censatario, mediante el cual se efectuaron comicios para una Convención, que finalmente proclamó una Constitución republicana e independiente. Frente a estos dos gobiernos neogranadinos se encontraba el Congreso Federal, con sede en Ibagué, que insistía en fungir como capital de las Provincias Unidas.

El incremento del poderío militar colonialista en Santa Marta, así como en Pasto y Popayán, impulsó a centralistas y federales a buscar una conciliación. Con vistas a lograrla, en las entrevistas de plenipotenciarios, Nariño hizo decisivas concesiones, plasmadas en el Tratado del 18 de mayo de 1812. La principal, sin dudas, fue su reconocimiento de la autoridad del Congreso de las Provincias Unidas, con lo cual renunciaba a convertir a Cundinamarca en eje de la unidad republicana centralista y democrática; con acierto, antepuso la concordancia entre independentistas a la consecución del objetivo transformador de la sociedad. Pero a diferencia del Colegio Electoral Revisor que aprobó dicho acuerdo, el Congreso Federal lo rechazó, pues exigía que el gobierno de Cundinamarca abandonara sus características organizativas internas. Entonces el Senado de Bogotá otorgó a Nariño amplísimas facultades, que este aprovechó para llamar a las armas a todos los ciudadanos entre quince y cuarenta y cinco años de edad, en una gigantesca leva popular que no tenía en cuenta clases ni colores. En estas circunstancias, Carbonell estructuró sus famosos Comandos, más conocidos como *Cuerpo de Pateadores,* que impusieron el predominio artesano en Bogotá.

Fortalecido su bando, Nariño reactivó las negociaciones con los federalistas, quienes el 31 de julio aceptaron rubricar el Tratado de Santa Rosa. Este significaba un nuevo reconocimiento a la supremacía de esa instancia federativa y acordaba colocar los ejércitos de Cundinamarca bajo el mando del referido Congreso. Después, el gobierno bogotano designó a sus representantes al mencionado cuerpo legislativo federal, liberó a los apresados por los Pateadores y disolvió dicho cuerpo, así como las demás organizaciones que respondían a esa tendencia. El rechazo artesano a estas últimas medidas fue tan grande, que Nariño debió renunciar a la presidencia el 18 de agosto; esto provocó el fraccionamiento cundinamarqués, que fue bien aprovechado por los federalistas, quienes enterraron el recién firmado pacto y enviaron sus tropas contra Bogotá. En esta ciudad, se convocó entonces a otra Representación Nacional, en la que José María Carbonell pronunció el 10 de septiembre de 1812 un exaltado discurso contra la oligarquía; en su oratoria, también exigió la entrega de armas al pueblo e imploró que de inmediato se designara a Nariño como Dictador. Dichos planteamientos fueron aprobados, la Constitución suspendida y devueltas al político renunciante sus extensas prerrogativas previas, que enseguida utilizó para publicar trascendentales Decretos. Entre todos descollaron dos: el que llamaba a las armas a todos los ciudadanos de quince a sesenta años y el que confiscaba los bienes a quien conspirase contra la seguridad del Estado.

Bolívar en Venezuela y Nueva Granada

A fines de 1812, Bolívar desembarcó en Cartagena, emitió el 15 de diciembre un célebre *Manifiesto,* aceptó el cargo de jefe militar de la plaza de Barrancas, atacó a las tropas colonialistas, cruzó el Magdalena, ocupó tres villas —Tenerife, Mompox y Ocaña— y, en recompensa, recibió la ciudadanía y el grado de brigadier neogranadino. Después, dispuso el avance de sus efectivos hacia Venezuela. Pero dicha decisión provocó un fuerte enfrentamiento con los disidentes oficiales Manuel Castillo y Francisco de Paula Santander, quienes se negaron a secundar sus proyectos. Entonces, ambos abandonaron el contingente invasor y marcharon hacia la retaguardia.

A pesar de este percance, Bolívar persistió en sus propósitos y con rápidas operaciones militares inició su Campaña Admirable, que lo condujo a tomar la ciudad de Mérida. Sin embargo, aunque durante dicha ofensiva Bolívar actuó como un típico mantuano, a medida que avanzaba aumentaban sus fuerzas debido a la crueldad ejercida por los españoles, quienes desempeñaban en todas partes el papel de reclutadores para el Ejército que combatía por la Independencia,[14] por eso engrosaban sus efectivos liberadores, y no porque a las masas populares se les hubiese ofrecido mejorar su situación socio-económica, en caso de que fuese derrotado el régimen absolutista. El propio Bolívar así lo reflejó en su proclama de *Guerra a Muerte,* cuyos párrafos principales solo hacen un incisivo llamamiento a la ascendente nacionalidad, sin realizar comentario alguno sobre los anhelos y necesidades de los humildes y oprimidos:

> Todo español que no conspire contra la tiranía a favor de la justa causa, por los medios más activos y eficaces, será tenido por enemigo, y castigado como traidor a la patria […]. Y vosotros, Americanos, que el error o la perfidia os ha extraviado de las sendas de la justicia, sabed que vuestros hermanos os perdonan y lamentan sinceramente vuestros descarríos, en la íntima persuasión de que vosotros no podéis ser culpables.[15]

Los ejércitos del colonialismo no pudieron detener la acometida de los soldados independentistas, que penetraron victoriosos en Caracas el 7 de agosto de 1813, donde entre vítores y gran alegría, Bolívar fue proclamado Libertador y presidente de la Segunda República. Sin embargo, el triunfo solo era parcial, pues en la costa el importante Puerto Cabello permanecía en las manos españolistas, a la vez que en el interior surgía la terrible fuerza militar de los llaneros. Estos fabulosos jinetes de las planicies ganaderas ubicadas entre las montañas del litoral y las márgenes del Orinoco, tenían por caudillo a un torvo peninsular, llamado José Tomás Boves, quien los había convencido de que los plantadores eran sus principales enemigos y no la metrópoli. Para lograr el respaldo a la causa de España, el perspicaz asturiano había proclamado la abolición de la esclavitud y entregado a la furia de su tropa las considerables propiedades y hermosas mujeres de los ricos de Venezuela. Pero esto no era más que una táctica demagógica, pues la depravadora política contra los bienes de los mantuanos en nada alteraba la existencia del retrógrado régimen impuesto por la metrópoli feudal y absolutista; en aquella época la metamorfosis verdadera de la sociedad tenía que empezar por la independencia, para luego acometer tan pronto como fuese posible la transformación progresista o revolucionaria de la realidad socioeconómica, cuyo carácter entonces estaría señalado por la clase y sector o alianza social que emergiera triunfante del proceso emancipador. En síntesis, la política de Boves —o la de los colonialistas en Santa Marta— solo tenía un oportunista sentido temporal, pues de haber sido derrotada la lucha independentista, la metrópoli en el momento apropiado —como tantas veces lo había demostrado la historia colonial—, hubiera hecho retornar las cosas a su precedente y tradicional estatus.

El empuje de Boves y sus llaneros obligó a Bolívar a combatir en dos frentes, por lo cual tuvo que dividir su Ejército sin engrosarlo con destacamentos populares; aunque en San Mateo el presidente otorgó la libertad a sus propios esclavos. Pero la mayoría de sus oficiales repudió dicho ejemplo. Eran plantadores que rechazaban cualquier disposición contraria a sus intereses, por lo cual, a partir de ese momento, las pugnas internas se reavivaron y resurgieron las mismas contradicciones políticas que dos años antes habían derrotado a Miranda. Y como la Primera, la Segunda República Venezolana, se desplomó.

En Nueva Granada, la guerra civil entre independentistas desarro-llada entre el 2 de diciembre de 1812 y el 9 de enero del año siguiente, terminó a las puertas de Bogotá con la derrota del Ejér-cito de las Provincias Unidas; estas, bajo la presidencia de Camilo Torres, controlaban ya la mayor parte del antiguo territorio virrei-nal. A pesar de su victoria, en las reuniones para negociar la paz Nariño rehusó aprovechar la superioridad militar cundinamar-quesa en beneficio propio, pues en primer lugar anhelaba la concor-dancia entre todos los proclives a la emancipación. Sabía que eran tiempos de peligro, pues las tropas colonialistas procedentes de Perú y Quito engarzaban con sus congéneres de Pasto y Popayán. Y avanzaban. Con el propósito de parar dicha reaccionaria embes-tida, Nariño decidió sumar esfuerzos y marchar hacia el frente del sur. Por eso anunció, el 13 de junio de 1813, que acataría las exigen-cias del Congreso —trasladado de Ibaqué a Neiva—, así como los principios del *Acta Federal*, a cambio de la aceptación de su proyecto militar. Consistía este en concentrar los efectivos bélicos neograna-dinos en la zona meridional, con el objetivo de iniciar una ofensiva independentista que culminara en el Virreinato de Perú, bastión del feudalismo colonialista. Tras lograrse un acuerdo, contingentes federalistas y cundinamarqueses partieron rumbo a la zona de los combates bajo el mando de Nariño, quien a su paso liberaba a los esclavos de las minas, a condición de que lucharan con denuedo a favor de la independencia. Pero esta práctica encontró, a principios de 1814, el rechazo del Congreso Federal, el cual emitió un Decreto prohibiendo que Nariño tomara medida alguna con respecto a la esclavitud, porque dicha potestad «no le estaba expresamente atribuida por el Acta de la Federación». Por desgracia este no fue el único diferendo con los federalistas, pues tras la toma de Popayán los oficiales que respondían al Congreso se negaron a proseguir la marcha hacia el sur. Escindidas esas fuerzas, el asalto cundinamarqués a Pasto resultó tal desastre, que incluso Nariño fue apresado el 14 de mayo.

Bolívar desembarcó en Cartagena en septiembre de 1814, cuando en esta ciudad se desarrollaba una fuerte pugna entre los adeptos de la causa localista, dirigida por Manuel Castillo, y los pardos encabezados por los hermanos Gutiérrez de Piñeres. Sin desear conflictos con el hombre que se opusiera a su Campaña Admirable, Bolívar se dirigió a Tunja, adonde se había desplazado el Congreso de las Provincias Unidas de Nueva Granada. En este, las concepciones gubernamentales habían cambiado en sentido positivo bajo el acicate de las continuas derrotas militares. Además, el gobierno federal no se disolvía ya en anónimas e ilocalizables autoridades que delegaban sus funciones en esporádicos comités; la práctica gubernamental cotidiana había provocado el surgimiento de un Triunvirato Ejecutivo electo por el Congreso, que había logrado centralizar las actividades concernientes a la guerra y al fisco, cuyos ingresos se tornaban mayores debido al traslado de los principales gravámenes provinciales hacia la hacienda federal.

En Tunja, se comisionó a Bolívar para que incorporase por las armas Cundinamarca a la Federación, pues tras la partida de Nariño y los contingentes artesanos al frente de batalla, Bogotá había caído en manos de una tendencia escisionista y clerical. A pesar de que la Iglesia santafecina excomulgó al «ateo e impío Bolívar»,[16] este ocupó con sus fuerzas la ciudad el 12 de diciembre de 1814 y allí trasladó al Congreso Federal. Luego se le nombró jefe de la plaza de Cartagena y se ordenó a Castillo que se le subordinara, para juntos liberar Santa Marta y después invadir Venezuela en una segunda campaña militar. Pero Castillo se negó. Erigido en tiránico gobernante, impuso en la ciudad un régimen de terror, suprimió las libertades públicas, prohibió las reuniones, clausuró las imprentas democráticas, llenó las cárceles de pardos, persiguió a los Gutiérrez de Piñeres y confiscó sus bienes, colocó en la primera magistratura al más rico comerciante de la plaza y prohibió a Bolívar entrar en el territorio bajo su control. En estas circunstancias llegó la noticia de que se acercaban a las costas caribeñas los poderosos refuerzos enviados desde España por Fernando VII. Entonces, Bolívar decidió no reiniciar la guerra civil, presentó su renuncia y el 9 de mayo de 1815 zarpó hacia Jamaica.

Poco después comenzaba el terrible sitio colonialista a Cartagena, que duró desde el 15 de agosto hasta el 5 de diciembre, cuando unos pocos sobrevivientes lograron evacuar la ciudad. Dominado el litoral, las tropas metropolitanas penetraron hasta el centro de Nueva Granada con el propósito de conquistar la capital, que tomaron el 6 de mayo de 1816. La cruel represión absolutista igualó a todos, pues no se hicieron distingos en los fusilamientos; entre otros, fueron ejecutados Manuel Castillo, Camilo Torres y José María Carbonell. Solo unos cuantos, como el coronel Francisco de Paula Santander, lograron huir hacia Los Llanos orientales. Se frustraron así las primeras Repúblicas norandinas.

4. Fraccionamiento rioplatense

Invasiones inglesas a Buenos Aires y Montevideo

El poderoso Ejército inglés que desembarcó el 25 de junio de 1806 a las puertas de Buenos Aires, provocó el pánico del virrey absolutista quien huyó despavorido de la ciudad, la cual dejó a merced de los invasores. Pero las fuerzas de la ascendente nacionalidad en el Río de la Plata, bajo la dirección de Santiago Liniers, se reagruparon en la banda oriental del río Uruguay, aprovisionadas por el gobernador español de Montevideo. Dichos efectivos, integrados por elementos de la burguesía ganadera —y su gauchada— que encabezaba Juan Martín de Pueyrredón, así como por las milicias patricias de los comerciantes porteños al mando de Cornelio Saavedra, realizaron un ataque coaligado que derrotó a los invasores, quienes decidieron reembarcar el 12 de agosto. Alcanzado el triunfo, tuvo lugar un acto insólito, pues en un cabildo abierto se depuso al cobarde virrey y en su lugar se eligió a quien había dirigido la reconquista de Buenos Aires. Semejante proceder hubiera sido inaceptable para la Corona absolutista en cualquier otra situación. Sin embargo, se cambiaba de época, y en los nuevos tiempos que se vivían, el decadente colonialismo español se veía obligado a ratificar la decisión de los bonaerenses; la correlación de fuerzas en el Río de la Plata no le permitía al Trono brindar a ese problema otra solución.

Los británicos, por su parte, no se dieron por vencidos. Prepararon una expedición mayor, que esta vez debía iniciar sus operaciones por Montevideo, para evitar así una repetición de su fracaso anterior.

Pero el cambio táctico tampoco les trajo el triunfo; aunque lograron ocupar la capital de la gobernación oriental, los ingleses no pudieron tomar Buenos Aires, que resistió sin ceder. Por ello, los agresores fueron definitivamente obligados a reembarcar en julio de 1807.

Al llegar a Sudamérica en 1808 las noticias de la invasión napoleónica a la península Ibérica, los comerciantes de Montevideo, en su mayoría españoles adictos a la metrópoli, temieron que el virrey Liniers pudiera implantar alguna disposición contraria a sus intereses. Y para evitar cualquier medida en dicho sentido, el 24 de septiembre de ese año formaron una Junta de Gobierno que proclamó su fidelidad al depuesto Fernando VII. Pronto, sin embargo, las causas de sus preocupaciones desaparecieron, pues un nuevo virrey español ocupó el gobierno de Buenos Aires en julio de 1809.

La política represiva del recién nombrado funcionario absolutista se evidenció en toda su magnitud, cuando las criollas juntas gubernamentales altoperuanas de Chuquisaca y La Paz proclamaron sus propósitos separatistas. Sobre esos patriotas marcharon entonces las tropas del Virreinato rioplatense, así como las enviadas desde Perú, las cuales liquidaron toda resistencia en el mes de diciembre. Estos sangrientos hechos, unidos a las informaciones acerca de la caída de Sevilla a manos de los franceses, pusieron en efervescencia a la opinión pública del Virreinato. Ante dicha situación, ganaderos y comerciantes porteños exigieron que se formara el 25 de mayo de 1810 una Junta de Gobierno, en la cual preponderaron las tendencias más progresistas debido a las presiones populares.

Mariano Moreno y la Junta de Mayo

El muy influyente secretario del movimiento juntista bonaerense era un joven revolucionario llamado Mariano Moreno, quien había alcanzado notoriedad con su famoso alegato de 1809 conocido como *Representación de los Hacendados*. Aunque dicho documento en parte defendía a los comerciantes portuarios, pues se pronunciaba a favor de la libertad del comercio —no del librecambio—, tenía también en cuenta los intereses de los artesanos; su propuesta se basaba en un sistema que lograse la igualdad de intercambio mercantil con el exterior, para que no fueran importados valores superiores a los vendidos en el extranjero. Con tal propósito sugería que se estableciera un recargo proteccionista del 20% sobre el lienzo inglés, a fin de evitar la ruina de los tucuyos o producciones artesanales de las provincias interiores rioplatenses.

En tanto que miembro de la Junta Provisional Gubernativa, Moreno expuso un audaz Plan de Operaciones el 30 de agosto de 1810, inspirado en criterios jacobinos, el cual consistía en confiscar todos los bienes de los enemigos de la independencia, con el objetivo de que dichas riquezas sirvieran a la manutención del ejército patriota en formación. El radical proyecto contemplaba también nacionalizar los yacimientos mineros, realizar una reforma agraria y controlar a los comerciantes porteños mediante una estricta reglamentación del intercambio con los demás países. Después, durante los meses de octubre y noviembre del propio año, Moreno delineó su convocatoria a un Congreso Constituyente; sus miembros deberían ser verdaderos representantes de la voluntad e intereses de sus distintas regiones de procedencia, pues decía que solo así primaría la soberanía popular mediante un auténtico pacto social entre pueblo y gobierno. A la vez, perfiló las características que un posible texto a sugerirle a dicha convención pudiera tener y en el cual se pronunciaba a favor de una República centralizada; esta debería ser capaz de transformar homogéneamente la sociedad, y susceptible de establecer sólidas alianzas defensivas con los países vecinos. Asimismo abogó porque la futura Constitución señalara límites a la autoridad de los gobernantes, contemplase el equilibrio entre los poderes del Estado e indicara con claridad los deberes y derechos de los ciudadanos.

Gran adepto a la revolucionaria doctrina de Rousseau, Moreno reeditó su *Contrato Social*,[17] cuyo prólogo escribió.

La oposición a la llamada Junta de Mayo por los reaccionarios, fuesen estos del Alto Perú o españolistas de Montevideo, no se hizo esperar, por lo que Moreno decidió pasar a la ofensiva. Entonces, nombró a un abogado *jacobinista* y vocal del equipo gubernamental llamado Juan José Castelli, jefe del denominado Ejército del Norte, el cual de inmediato marchó contra los terratenientes feudales alto-peruanos. En su avance, Castelli liquidó un complot absolutista en Córdoba, del que formaba parte Liniers, obtuvo una gran victoria en Suipacha el 7 de noviembre de 1810, y alcanzó las villas de Chuquisaca y Potosí. Luego, emitió trascendentales Decretos que implicaban profundas transformaciones: eliminó el pago del tributo indígena, repartió las grandes haciendas en pequeñas propiedades entre quienes las habían trabajado, proclamó la igualdad de los hombres y a todos, sin distingos, los declaró ciudadanos.

En lo concerniente a la Banda Oriental y con el propósito de fortalecer las posiciones de la Junta, Moreno habilitó como puerto a la bahía de Maldonado; así evitaba que las poblaciones uruguayas dependieran de los mercaderes de Montevideo. También dispuso, el 30 de agosto de 1810, que se atrajera a José Gervasio Artigas, tanto «por sus conocimientos, que nos consta son muy extensos en la campaña, como por sus talentos, opinión, concepto y respeto». Este valiente soldado era el más prestigioso representante de los ganaderos orientales, exportaba por medio de su propia barraca o almacén, y se había distinguido por su heroísmo en los combates contra las dos invasiones británicas.

En tanto que secretario del Gobierno, Moreno por sus concepciones había aterrorizado a muchos que a su lado formaban también parte de la Junta, sobre todo a los grandes comerciantes porteños o importantes ganaderos, quienes planearon su eliminación. Para culminar sus propósitos, dichos moderados elementos convocaron a hombres de las provincias del interior, adictos a criterios socioeconómicos conservadores. Tal vez un buen ejemplo de ello fuese el deán Gregorio Funes, reaccionario sacerdote que representó a Córdoba en la Junta Ampliada, en la cual fue activo conspirador contra el radical Moreno. De esa manera, este y sus simpatizantes quedaron en minoría, por lo cual fueron obligados a renunciar. A ello, se unió la derrota del Ejército revolucionario de Juan José Castelli en Huaqui, el 20 de junio; esta batalla se perdió, porque los poderosos terratenientes feudales del altiplano traicionaron al movimiento emancipador, luego del anuncio de las ya mencionadas radicales medidas transformadoras. Entonces, la Junta Ampliada aprovechó el desafortunado combate, para liquidar la subsistente influencia pequeñoburguesa en la tropa, y a la vez lanzar a Castelli a la cárcel, donde al poco tiempo falleció.

Artigas y el Reglamento Provisorio de 1815

A partir del llamamiento que Moreno le hiciera desde la Junta de Mayo, Artigas comenzó el trabajo de sumar prosélitos, actividades que lo condujeron, incluso, hasta Entre Ríos, donde captó un gran número de seguidores. Pero las tareas organizativas se dificultaron mucho en la Banda Oriental, con la llegada a Montevideo de un nuevo virrey absolutista para el Río de la Plata; este, al no ser autorizado a desembarcar en Buenos Aires, le declaró la guerra a la Junta Ampliada el 12 de febrero de 1811. Entonces, Artigas cruzó el estuario con el propósito de preparar en territorio libre una expedición que le permitiera desarrollar las hostilidades contra el colonialismo, en su tierra natal. Mientras, un grupo de sus antiguos compañeros también exoficiales de Blandengues,[18] apoyados por algunos grandes ganaderos y saladeristas, junto a medianos y pequeños propietarios vinculados a la tierra o al comercio minorista, así como campesinos y trabajadores rurales, se sublevaron el 28 de febrero de 1811 mediante el llamado Grito de Ascensio. De inmediato, Artigas regresó a su región de origen por La Calera y sostuvo los combates de San José y Las Piedras; estas victorias redujeron el control españolista a la sitiada ciudad de Montevideo y colocaron al prócer en la vanguardia del movimiento revolucionario oriental. Pero en Buenos Aires, el ahora conservador movimiento juntista desconfiaba de cualquier lucha que adquiriese ribetes populares. Por ello, encomendó el asedio del puerto uruguayo a un jefe de filiación moderada llamado José Rondeau, quien pactó en breve tiempo con los absolutistas y suspendió las acciones bélicas.

Al principio, Artigas acató disciplinadamente esta orden. Sin embargo, dada la repulsa generalizada de la población a esas medidas conciliatorias, decidió emprender una épica retirada hacia la septentrional zona de Ayuí en octubre de 1811. El éxodo fue masivo, porque las gentes preferían abandonar sus moradas antes que aceptar otra vez la dominación absolutista. Esta patriótica y multitudinaria respuesta, fundió a Artigas con vastos y humildes sectores de la sociedad, cuya fidelidad jamás traicionó.

Los turbios manejos de la Junta Ampliada le granjearon el repudio total del pueblo bonaerense, razón por la cual dicho gobierno tuvo que renunciar. En su lugar, en diciembre de 1811 surgió el primer Triunvirato, cuyo secretario era Bernardino Rivadavia, quien pronto demostró la misma orientación elitista de los comerciantes porteños encabezados por Cornelio Saavedra. En esas circunstancias, desembarcó en el Río de la Plata, el 9 de marzo de 1812, el teniente coronel José de San Martín. Este correntino de nacimiento, de estirpe y profesión militares, se había destacado durante la guerra contra la invasión napoleónica en España, donde ingresó en la filial de la mirandina Gran Reunión Americana. En ella, juró batallar por la independencia del Nuevo Continente y solo reconocer por gobiernos legítimos a los elegidos por la libre o espontánea voluntad de los pueblos. En Buenos Aires, se le encargó a San Martín que organizara un escuadrón ecuestre, el cual con el tiempo se convirtió en el núcleo central del legendario regimiento de granaderos a caballo;

también fundó junto con otros jóvenes oficiales la Logia Lautaro, con el propósito de influir por medio de ella en el rumbo político del proceso rioplatense. Uno de los preceptos de esta asociación estipulaba que, al resultar electo cualquiera de sus miembros para el supremo gobierno del Estado, no podía tomar por sí mismo resoluciones trascendentales sin consultarlas antes en el seno de la organización. La pujanza de esta notable sociedad independentista se evidenció, al decidir sus integrantes deponer al Triunvirato en funciones. Con el fin de cumplir dicho acuerdo, San Martín se sublevó en octubre, tras lo cual se formó el Segundo Triunvirato que sobre todo respondía a los intereses de los ganaderos, entre los cuales había ya un fuerte sector saladeril. El nuevo equipo de gobierno tenía como principal función, celebrar comicios para elegir en 1813 un Congreso General Constituyente de las Provincias Unidas del Río de la Plata.

Los términos de la convocatoria a la Asamblea del año XIII, no alteraban en nada los conocidos sueños hegemónicos de la élite bonaerense sobre los demás territorios rioplatenses; el gobierno establecido en esa ciudad, deseaba mantener en la región el monopolio portuario que sus comerciantes habían heredado del absolutismo colonial. Dichos anhelos hacía ya dos años habían chocado con la firme oposición de los burgueses de Paraguay, quienes deseaban negociar sus mercancías con Europa sin transitar por el exclusivista y lejano puerto de la antigua capital virreinal. Por ello, en 1811, las milicias paraguayas habían compelido al gobernador peninsular, que no disponía de tropas propias, a que les permitiera rechazar las fuerzas enviadas desde Buenos Aires. Pero una vez alcanzada la victoria en las batallas de Tacuarí y Paraguarí, los milicianos depusieron a las autoridades absolutistas. Y al unísono convocaron a un Congreso General de la gobernación, cuya elección debería realizarse mediante el voto censatario. Debido a esos restringidos preceptos electorales, en dicha asamblea, los delegados de la pequeña burguesía dirigidos por Gaspar Rodríguez de Francia —más conocido como Doctor Francia y El Pequeño Jacobino—, quedaron en minoría. Entonces, la tendencia mayoritaria reconoció la soberanía de Fernando VII, aprobó la libertad de comercio, eliminó el estanco del tabaco y, a pesar de los choques armados que se habían producido, se esforzó por negociar un acuerdo con los bonaerenses. En esa capital portuaria, sin embargo, el gobierno de turno no solo se negó a considerar las peticiones de los referidos provincianos mediterráneos, sino que aumentó los gravámenes que debían pagar por sus exportaciones. La insolente actitud porteña colocó a los comerciantes y latifundistas paraguayos en una crucial disyuntiva: someterse a Buenos Aires o proclamar la independencia.

Ante el dilema, la presión ejercida por la pequeña burguesía chacrera fue decisiva, pues entonces el mencionado Dr. Francia tuvo que ser incorporado al ejecutivo gubernamental en Asunción y autorizado a organizar sus propias tropas. También se acordó convocar en 1813 a un nuevo Congreso General, en el cual podrían ser electores todos los partidarios de la independencia paraguaya, con el fin de constituir un cuerpo legislativo basado en la representación proporcional de las diversas zonas del país. De esta manera, se eliminó a muchos comerciantes españolistas, mientras los latifundistas quedaban en minoría; la mayor parte de los delegados a la segunda Asamblea fueron artesanos de las ciudades, así como pequeños o medianos productores rurales.[48] Acorde con esta composición social, la referida Convención Constituyente estableció en sus sesiones el sufragio universal masculino, proclamó la República de Paraguay y, por ende, rechazó participar en la anunciada Asamblea del año XIII.

En la Banda Oriental, Artigas celebró comicios basados en el sufragio masculino prácticamente universal; solo excluyó a contrarrevolucionarios y españoles del importante proceso de elegir delegados al Congreso Constituyente de 1813. A quienes fueron seleccionados, el célebre caudillo impartió sus famosas *Instrucciones del año XIII* —influidas por criterios girondinos—, cuyos principales acápites establecían: tripartición de poderes del Estado, libertad civil y religiosa, así como de pensamiento, e independencia completa de España en una república instituida con autonomía e igualdad para todas las provincias; estas deberían definir, por ellas mismas, las muy precisas atribuciones de las autoridades nacionales. Luego, las referidas ideas quedaron plasmadas en el llamado *Pacto del 19 de abril de 1813,* que delineaba el federalismo artiguista de la siguiente manera:

> La provincia Oriental entra en el rol de las demás provincias unidas. Ella es parte integrante del Estado denominado Provincias Unidas del Río de la Plata. Su pacto con las demás provincias es el de una estrecha e indisoluble confederación ofensiva y defensiva. Todas las provincias tienen igual dignidad, iguales privilegios y derechos, cada una de ellas renunciará al proyecto de subyugar a otra.[20]

Los principios políticos expuestos por Artigas resultaban inaceptables para la ambiciosa élite burguesa de Buenos Aires; ella anhelaba mantener el régimen centralista heredado del absolutismo, para conservar en beneficio propio el monopolio de las percepciones aduaneras, que generaba el intenso tráfico mercantil del exclusivista puerto. A la vez, dicho grupo social deseaba impedir transformaciones de cualquier índole, por lo cual anhelaba que se implantara un conservador sistema monárquico-constitucionalista. Por eso, el Segundo Triunvirato anuló el mandato de los delegados orientales, y efectuó en dicho territorio nuevas elecciones, para las cuales impuso un limitado voto censatario bajo estricta supervisión gubernamental. Aunque el Congreso General de 1813 estuvo controlado por los sectores moderados de la burguesía bonaerense, la presión popular obligó al referido cónclave a: prohibir las torturas como prueba judicial, abolir la Inquisición, supeditar la jerarquía eclesiástica a la civil, dar asilo a los esclavos que se fugaran de Brasil, proclamar la libertad de vientres y asumir la soberanía en nombre del pueblo. Sin embargo, formalmente no declaró la independencia rioplatense, a pesar de que se había puesto, de hecho, fin al gobierno de España sobre esta región.

Luego, el mencionado cónclave dispuso que el Segundo Triunvirato cediera el puesto a Gervasio Posadas, nombrado director supremo.

Artigas se rebeló contra la arbitraria orden de los triunviros, que habían destituido a los representantes populares de la población oriental para en su lugar colocar a otros, aristocratizantes. Abandonó entonces con sus fuerzas el segundo asedio de Montevideo, e hizo la guerra contra el centralismo conservador y oligarquizante de Buenos Aires. También, con el propósito de alcanzar sus objetivos federalistas, forjó alianzas con las provincias del Litoral —Corrientes, Santa Fe y Entre Ríos— donde predominaban concepciones similares a las suyas. Esos territorios se rebelaron entonces contra la prepotencia tradicionalista de la antigua capital, bajo el lema de ¡Viva Artigas y la Federación!, tras lo cual otorgaron al prestigioso caudillo el honroso título de Protector de los Pueblos Libres. Este, a partir de ese momento, confiscó las haciendas que sus enemigos tenían en los dominios de la Liga Federal, y con el propósito de convertirla en un ámbito económico integrado, se empeñó en estructurar una verdadera unión aduanera; esta debería incluir a todos y reglamentar sus nexos con el exterior, pues deseaba compaginar los intereses exportadores de los ganaderos con los de quienes reclamaban protección para sus artesanías.

El empuje militar del federalismo obligó a los bonaerenses a retirar todas sus tropas de la banda oriental después de la batalla de Guayabo, el 10 de enero de 1815. Alcanzado este gran triunfo,

Artigas no consideró indispensable residir en el liberado Montevideo y se dedicó a fortalecer los gobiernos provinciales autónomos, para que resolvieran por sí mismos sus asuntos internos. No obstante, tampoco olvidó a Buenos Aires, con el cual la Liga Federal que dirigía entabló negociaciones. Pero de inmediato se evidenció que los centralistas solo deseaban ganar tiempo para restablecer sus deterioradas fuerzas.

Al comprender que ningún acuerdo se podría realizar con dicha tendencia conservadora, Artigas convocó a un Congreso rioplatense en la entrerriana ciudad de Concepción del Uruguay al que asistieron las provincias ya incorporadas a la Liga, así como Córdoba. Sus sesiones comenzaron el 23 de junio con el propósito de organizar una federación aún más amplia, razón por la cual los delegados acometieron un nuevo esfuerzo por lograr un entendimiento con Buenos Aires. Pero dicha ciudad lo rechazó. Luego, durante sus deliberaciones, la Asamblea Federal aprobó el 10 de septiembre de 1815 un revolucionario proyecto de Artigas denominado *Reglamento Provisorio*. Este planteaba llevar a cabo una reforma agraria en las tierras baldías y confiscar los dominios rurales de los adeptos a España, en cuya distribución se establecería una clara preferencia por los criollos pobres, los negros libres y los indios, así como por los zambos; se denominaba así, a los mestizos descendientes de la unión de estos dos últimos.

Esa forma de repartir en pequeñas propiedades los terrenos incautados a los enemigos, tenía por objetivo forjar una sólida alianza de clases bajo la dirección de la burguesía. Pero los grandes ganaderos federalistas la aceptaron con disgusto, y solamente debido a su tenso enfrentamiento con Buenos Aires; en realidad, ellos deseaban adquirir en subasta dichos predios con el propósito de incrementar sus posesiones. Por ello, desde entonces, los que formaban ese grupo social buscaron una oportunidad apropiada para deshacerse del «demasiado» radical Protector. Así se evidenciaba que, dirigidos por Estanislao López y Francisco Ramírez, esos moderados burgueses solo representaban a uno de los grupos de la ascendente nacionalidad, en conflicto con los demás, en la lucha por constituir un Estado Nacional.

Además, a instancias de Artigas, dicha Asamblea Federal también aprobó un arancel general que eximía de tasas el comercio interprovincial, descentralizaba el pago de los impuestos al tráfico mercantil con el extranjero, gravaba la importación de los artículos foráneos competitivos de los autóctonos, auspiciaba la exportación de productos rioplatenses y favorecía el intercambio entre las distintas regiones hispanoamericanas. Asimismo, el importante documento propiciaba la unión aduanera de las provincias mediante el irrestricto empleo de las facilidades portuarias orientales, necesario punto de partida para lograr primero la integración económica y, después, la política. También en lo relacionado con el sufragio, Artigas evidenció de nuevo sus simpatías por las ideas más avanzadas, pues otra vez favoreció su ejercicio por los hombres humildes y, en la medida de sus facultades, se esforzó porque fuese lo más amplio posible.

Las perspectivas conservadoras de Buenos Aires decayeron a medida que el empuje artiguista se fortaleció. Por ello, tras la derrota de Guayabo, Posadas tuvo que abandonar el poder ejecutivo, aunque finalmente todo quedó igual, pues heredó el cargo su sobrino Carlos de Alvear, quien pronto dispuso que se organizaran otros contingentes para enviarlos contra los federalistas. Con ese mismo propósito, el nuevo director supremo también intentó presionar a San Martín, entonces gobernador de Cuyo, para que sus efectivos militares los traspasara a las órdenes de oficiales bonaerenses y así poder lanzarlos contra Artigas.

San Martín rechazó esta sugerencia, a la vez que las tropas despachadas hacia Santa Fe bajo el mando de Ignacio Álvarez Thomas se sublevaban, en reclamo de un entendimiento con el federalismo. Ambos hechos tuvieron grandes consecuencias: el acobardado Alvear precipitadamente abandonó el gobierno y huyó hacia Río de Janeiro, lo cual dejó en el limbo a la misión que él y otros monárquico-constitucionalistas habían enviado a Europa. Dicha comitiva, encabezada por Rivadavia, Manuel de Sarratea y Manuel Belgrano, acababa de inicialar, el 16 de mayo de 1815, un documento según el cual en Buenos Aires sería nombrado rey un príncipe español. Este tendría a su cargo la administración del país y crearía una casta de nobles compuesta por duques, condes y marqueses. Pero el nuevo clima político rioplatense resultaba cada vez menos favorable para el establecimiento de un Trono; por lo que esta propuesta borbónica no prosperó. Además, el Congreso que se celebraba en Concepción del Uruguay atraía cada vez más el interés de amplios sectores, y provocaba un mayor apoyo a la causa republicana. De forma que ni siquiera la ulterior sugerencia hecha por Belgrano, de entregar la Corona a un recién excarcelado de la prisión colonialista en Ceuta, hermano de Túpac Amaru, logró tener aceptación.

Entonces, se discutía mucho en todas partes. No solo sobre las formas asumibles por la independencia, sino también acerca de la irritación popular existente a causa de los Decretos del 30 de agosto de 1815. Estos concernían al trabajo y las obligaciones de las peonadas en el campo, pues la élite deseaba que gauchos y campesinos sin tierra fueran adscritos de manera fija a determinados hacendados so pena de considerarlos vagos, lo cual contrastaba notablemente con lo estipulado en el *Reglamento Provisorio* de Artigas.

La designación de Álvarez Thomas como director supremo interino tornó dificilísima la situación política de los comerciantes y ganaderos de Buenos Aires. A esto se añadió el hecho de que Martín Güemes, caudillo de los guerrilleros que en Salta detenían la invasión absolutista procedente del Alto Perú, también defendiera la causa de la Federación, mientras la provincia de La Rioja adoptaba una actitud separatista. Parecía que el mundo defendido por los porteños centralistas se iba a desmoronar. Eso indujo a la burguesía bonaerense a echar mano a un último recurso para esconder sus posiciones, por lo cual convocó a un Congreso General en Tucumán, esperando que no suscitase desconfianza, puesto que dicha ciudad del interior aparecía como alejada de la influencia de Buenos Aires. A pesar de esta hábil maniobra, a la pequeña asamblea solo asistieron delegados de la capital, Cuyo, y algunos otros representantes del interior. Se llegó así al 9 de julio de 1816, cuando se proclamó la República de las Provincias Unidas de Sud América, nueva entidad estatal cuyo primer director supremo fue Juan Martín de Pueyrredón. Este concertó enseguida un empréstito con Gran Bretaña para abastecer a sus tropas y pactó en secreto con el colonialismo portugués, que prometió luchar contra Artigas desde el territorio brasileño. En función de este acuerdo y a partir de la frontera septentrional, en agosto de 1816, el Ejército lusitano avanzó por la Banda Oriental, mientras desde el sur los soldados bonaerenses la invadían. La desigualdad de fuerzas hizo su tarea y, en enero del 1817, los regimientos de Portugal ocuparon Montevideo a pesar de la heroica resistencia de los tupamaros, como se denominaba entonces, en honor a la gesta de Túpac Amaru II, a los humildes combatientes artiguistas.

En 1819, el Congreso de las Provincias Unidas se trasladó a Buenos Aires y emitió una Constitución unitaria, la cual otorgaba al puerto monopolista prerrogativas aún mayores que las heredadas de la colonia: confería al poder ejecutivo facultades todavía más amplias que las detentadas por los virreyes absolutistas e implantaba el precepto de altos censos para ejercer el sufragio. Pero dado que esas reaccionarias disposiciones en la práctica solo se aplicaban en la propia provincia capitalina, Pueyrredón dispuso que el Ejército del Norte y el de los Andes, se dirigieran de inmediato a entablar combate con las rivales fuerzas del Litoral. Sin embargo, la tropa del frente norteño se negó a cumplir la orden, lo cual obligó al frustrado director supremo a renunciar. En su lugar, los poderosos comerciantes del puerto trataron de imponer a José Rondeau como sustituto, quien no fue reconocido por San Martín, ya jefe en Chile del victorioso Ejército de los Andes, el cual se negó a guerrear al lado de los porteños en el renovado conflicto contra los federalistas. Desde ese momento, el nuevo ejecutivo temió por el futuro de los proyectos perfilados con Luis XVIII, con quien se había estipulado la coronación del duque de Luca, de la Casa Borbón, como soberano del Río de la Plata. A cambio, el mencionado rey de Francia trataría de influir sobre Fernando VII, para que desviase hacia otra parte de América el ataque de un gran ejército absolutista acantonado en Cádiz.

Buenos Aires resultó derrotado por las fuerzas del federalismo en el combate de la Cañada de Cepeda, el 7 de febrero de 1820. Dicha batalla puso también fin a la efímera preponderancia de los comerciantes porteños en el seno de la burguesía bonaerense. Esta, a nombre de su provincia, inició entonces conversaciones con los exitosos caudillos de Corrientes, Santa Fe y Entre Ríos, encabezados por Estanislao López y Francisco Ramírez. Gracias a esa negociación, a los trece días del decisivo choque armado se logró un acuerdo de índole federalista, llamado Tratado de El Pilar, que solo mantenía al litigioso puerto algunos de sus antiguos privilegios comerciales; así, Buenos Aires reconocía la libre navegación por los ríos Paraná y Paraguay, a la vez que abandonaba sus proyectos monárquicos. Por su parte, los ganaderos del Litoral renunciaban a su alianza con el Protector de los Pueblos Libres, quien debido a esa traición se encontró en una situación muy desventajosa; luego de cuatro años de cruel guerra contra las tropas portuguesas, la campiña oriental estaba tan desolada que a duras penas sobrevivía en ella la mitad de su pretérita población.

El Paraguay de Gaspar Rodríguez de Francia

Paraguay, desde los inicios de su independencia, sufrió un férreo bloqueo bonaerense que mucho limitó su comercio con el extranjero. Dicha agresiva política, unida a la creciente contrarrevolución interna, impulsó al ya jefe del poder ejecutivo, Gaspar Rodríguez de Francia, a incrementar la seguridad de la República; entonces, se desarrollaron las defensas fronterizas y se destituyeron de sus cargos públicos a todos los enemigos del radical proceso. Después, se convocó en 1814 a otro Congreso, en el cual, los chacreros emergieron como el sector dominante en el país, gracias al apoyo del campesinado. Tras ser proclamado dictador por un período de cinco años, el Doctor Francia abolió la Inquisición; estableció aranceles proteccionistas; implantó el monopolio gubernamental sobre las exportaciones de madera; nacionalizó todas las propiedades de la Iglesia; convirtió los latifundios expropiados a los apátridas en propiedades estatales denominadas Estancias de la Patria; prohibió enviar metales preciosos al exterior; e impuso la enseñanza pública, gratuita, laica y obligatoria para todos, hasta los catorce años de edad.

Artigas arribó a Paraguay, entonces colindante por Misiones con la Banda Oriental, con un puñado de gauchos e indios charrúas, y al decir de Rodríguez de Francia:[21]

> Sin más vestuario ni equipaje que una chaqueta colorada y una alforja, reducido a la última fatalidad, vino como fugitivo al paso de Itapuá y me hizo decir que le permitiese pasar el resto de sus días en algún punto de la república por verse perseguido. Era un acto no solo de humanidad, sino aun hermoso para la república el concederle asilo.[22]

5. Fracasos populares en México y Centroamérica

La rebeldía de Hidalgo y Morelos

En el enorme territorio de Nueva España, el absolutismo colonial obtenía dos tercios de los ingresos totales percibidos en América. En dicho Virreinato, a principios del siglo XIX, la sociedad se caracterizaba por la existencia de tres tipos básicos de actividad económica. En primer lugar, se encontraba la agricultura, formada sobre todo por las inmovilizadas propiedades colectivas de la Iglesia católica y las comunidades agrícolas indígenas, que entre ambas compartían, casi en términos de igualdad cuantitativa, dos tercios de todos los predios rurales; en menor medida, existían haciendas de terratenientes privados, transmisibles en herencia según el principio feudal del mayorazgo; latifundios ganaderos, así como plantaciones en la costa y pequeñas o medianas fincas agropecuarias por doquier. En segundo sitio, estaba la minería, cuyo origen se remontaba a la época precolombina, que tenía enorme importancia monetaria y laboral. Y al final, venían los talleres que trabajaban para el mercado interno. Estos se componían de obrajes rurales de autoconsumo indígena —que a menudo producían telas con lana— y las artesanías comerciales, dedicadas sobre todo a los textiles de algodón. Ambas producciones sobrevivían, porque las rivales manufacturas europeas tenían mayor precio, dado que transitaban por el monopolio comercial español. Y tras llegar al Nuevo Mundo, debían abonar múltiples gravámenes adicionales en beneficio del fisco real.

Dichas artesanías, alcanzaban notable importancia como fuente de trabajo en las ciudades, fuese para los desposeídos urbanos o para quienes emigraban de campos y minas: siempre existía demanda de mano de obra explotable, debido a la abundancia de materias primas, cuyo financiamiento con frecuencia lo realizaban comerciantes. Por eso, la principal dificultad para la multiplicación de los referidos talleres residía en los gremios oficiales; ellos imponían el requisito de ser Maestro Tejedor para llegar a ser propietario de uno, y hasta cuatro, puesto que mayor cantidad no se podía legalmente poseer. Sin embargo, las incipientes manufacturas textiles no padecían dichas regulaciones. Pero casi siempre sus dueños carecían del suficiente capital para aumentar la producción. Y en las feudales colonias americanas no existían los bancos, que hubieran podido interesarse por realizar algún préstamo.

A comienzos de la nueva centuria, en el norte minero de México se inició una conspiración criolla, cuyo centro se encontraba en Dolores, y a la cual pronto se integró el cura Miguel Hidalgo y Costilla. Este había nacido en Guanajuato medio siglo antes, y como adolescente realizó estudios eclesiásticos en el Colegio de San Nicolás, en Valladolid, actual Morelia, del cual más tarde fue profesor y hasta su rector. En la referida zona, los conflictos se acentuaban porque los terratenientes criollos expandían sin cesar sus haciendas, en detrimento de las tierras de los aborígenes, quienes además del oneroso tributo real, sufrían el constante ascenso del precio de los productos imprescindibles.

Al enterarse de que las autoridades colonialistas habían descubierto el complot, Hidalgo decidió durante la noche del 15 al 16 de septiembre de 1810 proclamar la rebeldía mexicana por medio del llamado Grito de Dolores. Desde ese momento, el audaz cura se reveló como descollante dirigente revolucionario; tenía avanzadas proyecciones ideológicas, estaba deseoso de que se reconocieran los derechos de la Patria y del pueblo, así como los del hombre y el ciudadano; soñaba con el surgimiento de un Estado independiente, que se encontrara en las antípodas del existente, colonial y feudal.

Secundado por los indígenas de la región septentrional del valle del Anáhuac, y antes de haber transcurrido tres meses del alzamiento, Hidalgo había: decretado que se expropiaran bienes de europeos y dispuesto la abolición de la esclavitud y la prohibición de la trata; suprimido las castas y el pago del tributo real; prohibido las imposiciones feudales y los monopolios coloniales; orientado la devolución de las tierras arrebatadas a las poblaciones campesinas originarias e ilegalizado su ulterior arriendo. El célebre cura, más tarde confió a su querido amigo y discípulo, pues también era sacerdote, José María Morelos, que se proponía convocar a un Congreso. Este sería una instancia superior al gobierno del país, en cuyo proceso de forja estatal debería crear un Banco Central; se desplazaría de ese modo a la Iglesia católica de su privilegiada posición de única institución financiera en la sociedad.

Con el ferviente apoyo de peones e indígenas, junto a *gañanes* o trabajadores de minas y campesinos pobres, al lado de artesanos e intelectuales y hasta de algunos burgueses, como Ignacio Allende e Ignacio López Rayón, acompañado de miembros del bajo clero y, con el estandarte de la Virgen de Guadalupe al frente, Hidalgo tomó Celaya, luego ocupó Guanajuato y, por último, entró en Valladolid. Aquí, luego de enterarse de que había sido excomulgado por el arzobispo de la ciudad, aceptó su nombramiento como capitán general del Ejército de Redención de las Américas, título que luego trocó por el de generalísimo. El desplazamiento de la inmensa garulla insurrecta, sin embargo, era una operación muy difícil. Sus integrantes marchaban en tal desorden, que el conjunto asemejaba una cola gigantesca; unos cargaban a sus hijos y otros carneros o cuartos de res, algunos llevaban puertas y mesas o sillas en los hombros; todos llevaban algo, pues en su avance las masas saqueaban con tanto furor como indisciplina las propiedades que encontraban a su paso. Eso aterrorizaba a todos los criollos, fuesen comerciantes y plantadores o ganaderos, quienes a pesar de ser miembros de la ascendente nacionalidad, empezaron a considerar como algo mejor cualquier acuerdo con los terratenientes indianos.

El punto culminante de la vertiginosa ofensiva rebelde fue la sangrienta y larga batalla del Monte de las Cruces, donde el 30 de octubre decenas de miles de sus desorganizados partidarios alcanzaron una difícil victoria sobre las disciplinadas tropas realistas. Después, por delante solo les quedaba recorrer el camino hasta la capital del Virreinato. Pero el generalísimo dijo que prefería regresar hacia el norte, para eludir con esa imprevista maniobra otro costoso choque con las fuerzas realistas, cuyos refuerzos se dirigían a marchas forzadas rumbo a la ciudad de México. Dicha decisión, sin embargo, revelaba en realidad las contradicciones internas del movimiento emancipador: mientras las desposeídas masas sublevadas empujaban hacia una revolución popular, la mayoría de los pudientes mexicanos pensaban ya en una alianza con la burocracia metropolitana, el alto clero peninsular y los propietarios españoles asentados en el país.

Tras su derrota militar en Aculco, Querétaro, el 7 de noviembre de 1810, la insurgencia finalmente se escindió, tras lo cual Hidalgo se dirigió rumbo a Guadalajara, segunda villa en importancia en el Virreinato, donde organizó un gobierno. Un tiempo después, durante uno de sus habituales desplazamientos en función de su autoridad, una delación permitió su captura y posterior envío a Chihuahua, donde se le condenó a muerte. Luego de ser ejecutado el 30 de julio de 1811, su cercenada cabeza fue exhibida durante diez años en una elevada jaula de hierro.

El moderado Ignacio López Rayón pretendió sustituir a Hidalgo en tanto que jefe de los rebeldes, con la Junta de Zitacuaro. Pero la revolución exigía otro hombre, y lo encontró en José María Morelos, hijo de carpintero y exitoso caudillo militar; había organizado muy bien una formidable tropa, estructurada con los pequeños propietarios rurales seguidos de sus peones. Su criterio selectivo era:

> Escoger la fuerza con que debo atacar al enemigo, más bien que llevar un mundo de gente sin armas ni disciplina. Cierto que pueblos enteros me siguen a la lucha por la independencia, pero les impido diciendo que es más poderosa su ayuda labrando la tierra para darnos el pan a los que luchamos y nos hemos lanzado a la guerra.[23]

Esta vigorosa fuerza llevó a cabo cuatro grandes campañas militares. En la primera, obtuvo las victorias de Petlatán, Tecpán, Chilpancingo, Tuxtla y Chilapa; en la segunda, puso sitio a Cuautla (1812); en la tercera, derrotó a los realistas en Huajuapán, y luego tomó Orizaba, Oaxaca, hasta que liberó a Acapulco el 20 de agosto de 1813. Después, Morelos convocó al Congreso de Chilpancingo, que proclamó la independencia de la República y lo designó generalísimo de sus ejércitos. Fue entonces cuando pronunció ante dicha magna asamblea su célebre *Sentimientos de la Nación,* en los cuales expuso sus criterios acerca de las tareas de una revolución democrático-burguesa en México. En dicho documento, muy semejante a su previo *Proyecto de confiscación de bienes españoles y criollos españolizados,* Morelos señalaba como enemigos a todos los nobles y ricos, a quienes se les debía confiscar sus bienes mediante la proscripción de todas las grandes propiedades, fuesen de la burguesía o de los terratenientes, pues él solo defendía o auspiciaba las pequeñas. En ese texto, se anunciaba también la expropiación de los bienes de la Iglesia, la abolición de la esclavitud, así como todos los gravámenes o trabas del absolutismo, los cuales debían ser sustituidos por un impuesto del 5% sobre las ganancias. A la vez, el referido programa disponía el control del comercio exterior y formulaba altos aranceles para defender las artesanías y manufacturas autóctonas.

El Congreso, no obstante, se apartó de los radicales lineamientos jacobinistas trazados por Morelos y, en octubre de 1814, emitió en Apatzingan una Constitución burguesa que en nada alteraba la opulencia de los ricos ni la indigencia de los pobres. Además, a partir de entonces la actividad militar del generalísimo fue dificultada por la acción de los congresistas, en constante pugna con él. De esta forma, la cuarta campaña militar de Morelos marchó rumbo al desastre, pues una parte de su tropa se inmovilizaba, al tener siempre que acompañar a los congresistas con el fin de protegerlos. Mientras, en otros lados se carecía de fuerzas suficientes para defender los territorios liberados. Este fraccionamiento militar y los litigios políticos entre los propios independentistas, provocaron en definitiva la gran derrota de Puruarán, así como la ulterior pérdida de Oaxaca y Acapulco.

Las fuerzas realistas, entre cuyos dirigentes figuraba el sanguinario coronel michoacano Agustín de Iturbide, capturaron a Morelos en Texmalaca, actual estado de Puebla, y lo fusilaron el 22 de diciembre de 1815. Este golpe selló la disolución del ejército revolucionario que operaba bajo su mando y dio inicio a la tercera etapa de la insurgencia, caracterizada por la autodefensa guerrillera. Solo las ofensivas militares de Vicente Guerrero en el sur y las de Guadalupe Victoria en los alrededores de Veracruz, se apartaban de las típicas manifestaciones de resistencia. El desequilibrio de poderío entre ambos campos era tan grande, que ni siquiera la generosa ayuda aportada por la expedición del valiente liberal español Francisco Javier Mina, sobrino de Espoz y Mina,[24] cambió la correlación de fuerzas. Debido a ello, el aguerrido Mina *el Mozo* terminó fusilado en noviembre de 1817, tras siete meses de combate.[25]

Frustrada independencia de América Central

En Centroamérica, la intranquilidad creció desde la invasión de España por Napoleón, pues en 1809 hubo un conato insurreccional en Ciudad Real de Chiapas. Y a mediados de 1810, el ayuntamiento de Guatemala pretendió negar su reconocimiento al pro absolutista Consejo Supremo de Regencia, con el propósito de alcanzar la autonomía para la Capitanía General. Pero no fue hasta el 5 de noviembre de 1811 que se produjo una importante sublevación: ese día en San Salvador, respaldados por los grandes plantadores de añil, se alzaron en armas diversos grupos dirigidos por Manuel José Arce, Matías Delgado y Nicolás Aguilar. En las cercanías —en San Pedro Grande y Santiago Moncalvo—, también ocurrieron hechos semejantes, seguidos poco después por levantamientos en Usulután, Chalatenango, Tejutla, Santa Ana, Metapán, Cojutepeque y Sensutepeque.

Los revolucionarios de San Salvador, luego de ocupar los cuarteles de la ciudad, proclamaron la independencia de América Central, lo cual influyó en que pronto el movimiento independentista se extendiera a otras provincias. Así, en Nicaragua, el 13 de diciembre, se rebeló la villa de León, seguida a los nueve días por la de Granada. Mientras, en Honduras, Tegucigalpa fue tomada por cien partidarios de la independencia el 1ro. de enero de 1812, entre los que se encontraba Francisco Morazán. Incluso, en Guatemala, la zona de Chiquimula fue sacudida por la agitación, así como en Costa Rica, la villa de San José, donde en el mes de junio de 1812 hubo protestas contra instituciones coloniales como los estancos del tabaco y el aguardiente. La rebeldía, sin embargo, no pudo estabilizarse en el poder. La insurrección salvadoreña solo pudo resistir un mes frente a las fuerzas represivas enviadas desde Guatemala. León fue perdido, y a pesar de haber sido arrebatado de nuevo a los realistas el 26 de diciembre, pasó por último al control absolutista. Granada logró rechazar hasta el 28 de abril de 1812 el empuje de los adeptos a la causa metropolitana, quienes avanzaban desde Masaya con refuerzos provenientes de Costa Rica, pero finalmente cayó.

La Constitución española de 1812, aplicada formalmente en Centroamérica a partir de septiembre de ese mismo año, no logró captar las simpatías de muchos integrantes de la causa del progreso, que en su mayoría seguían comprometidos con la independencia. Ese fue el caso de los involucrados en la llamada Conspiración del Convento de Belén, que sobre todo integraban artesanos y personas de origen humilde, blancos y mestizos, encabezados por José Francisco Barrundia, Tomás Ruiz y Víctor Castillo. Pero esta fue descubierta por las autoridades el 21 de diciembre de 1813.

Al mes, el 24 de enero de 1814, en San Salvador, otro conato insurreccional, dirigido por Manuel José Arce, Francisco Córdova y Juan M. Rodríguez, también fracasó cuando los revolucionarios apenas lograron resistir a las fuerzas colonialistas durante setenta y dos horas. De esa forma, el año 1815 encontró en reflujo al movimiento independentista de América Central.

Capítulo 2

La avalancha independentista

1. Imperio esclavista en Brasil

Junta republicana de Martins y Teotonio

Una vez refugiado en Brasil, el 8 de marzo de 1808, el monarca portugués decretó la apertura de todos sus puertos a quienes estuvieran en paz con él. Además, dispuso que al terminar la guerra europea, dicho Decreto se generalizara para todos los países, con lo cual se establecería una plena libertad de comercio. Al mismo tiempo, se autorizaron las actividades económicas o industriales hasta entonces prohibidas, se abolieron los monopolios, salvo los de diamantes y palos tintóreos, y se fundaron un banco estatal y una imprenta oficial. Después surgieron órganos administrativos antes solo existentes en Lisboa. Luego, en 1810, la reinante Casa de los Braganza firmó con el gobierno de Londres un tratado mediante el cual le otorgaba a Inglaterra la cláusula de nación más favorecida en su intercambio con Brasil. De esa forma, a partir de entonces, las mercancías británicas pagarían tasas arancelarias del 15% *ad valorem*, aun menores que el 16% abonado por los artículos antes provenientes de Portugal.

En 1813, al ser expulsados los franceses de Portugal, el Trono absolutista lusitano rechazó volver a la península Ibérica. Incluso, tras celebrarse el Congreso de Viena que restauraba el viejo régimen en Europa, el recién coronado Juan VI igualó los derechos de la metrópoli con los de su colonia; a tal fin, creó el denominado Reino de Portugal, Algarves y Brasil, con capital *ad hoc* en Río de Janeiro, pues el potencial económico brasileño lo deslumbraba.

La reaccionaria y desmedida ambición del monarca se puso de manifiesto poco después, cuando de acuerdo con Pueyrredón —director supremo de las Provincias Unidas de Sud América— invadió en agosto de 1816 la Banda Oriental, con el propósito de anexársela bajo el nombre de provincia Cisplatina y eliminar de allí a Artigas.

Pero el mayor peligro para el absolutismo de este rey no se encontraba en las vecinas tierras meridionales, sino dentro de sus propias fronteras; los orgullosos plantadores de Pernambuco, imbuidos del ascendente sentimiento de su nacionalidad, anhelaban cambios que implantaran la añorada superestructura burguesa. El líder del nuevo movimiento revolucionario era Domingos José Martins, quien desde su estancia en Londres militaba en la Gran Reunión Americana fundada por Francisco de Miranda. Los integrantes de ese complot habían seleccionado el 6 de abril de 1817 para comenzar su levantamiento, pero un imprevisto incidente ocasionó la detención de los principales dirigentes. Entonces, con el propósito de salvarles la vida, los demás revolucionarios adelantaron un mes la sublevación, que estalló al grito de ¡Viva la Patria! y ¡Mueran los *marinheiros*! Esta era la nueva denominación que los pernambucanos daban a los comerciantes portugueses, pues antes los llamaban *mascates*, quienes a pesar de su naturaleza burguesa, conformaban el principal sostén del régimen absolutista en Brasil. Dichos mercaderes, gracias a sus privilegiados vínculos con la Corona, expoliaban a los plantadores en el proceso de financiar y comprar sus cosechas.

Vencida la resistencia inicial de los desprevenidos portugueses, en Recife se organizó una Junta de Gobierno, cuyo presidente era Martins, y la integraban, además, Domingos Teotonio, José Lins de Mendosa, Manuel Correia de Araújo y Joao Ribeiro. De inmediato, se proclamó la *Segunda era da liberdade pernambucana* y se aprobó una *Lei Organica*, esbozo de una futura Constitución republicana. Dicho texto abolió títulos de nobleza, monopolios reales, impuestos abusivos y cualquier denominación que no fuese la de usted, ciudadano o patriota; expropió los bienes de los comerciantes portugueses; creó una bandera; proclamó la soberanía del pueblo y la libertad de imprenta, así como la tolerancia religiosa. Pero dado el carácter girondino de la insurrección, nada se dijo acerca de la esclavitud. Después, la Junta de Recife envió delegados a las capitanías vecinas, para levantarlas contra el gobierno de Juan VI. Así, el movimiento se extendió hasta Itamacará, Alagoas, Paraiba y Río Grande do Norte.

La contraofensiva absolutista, sin embargo, solo esperaba la llegada de tropas metropolitanas de refuerzo; con ellas, después avanzó fulminantemente contra los escasos efectivos armados de los plantadores y demás hombres libres, que no fueran portugueses. Al caer Martins prisionero, Domingos Teotonio proclamó la Patria en peligro y, bajo la presión jacobinista de la pequeña burguesía, decretó, el 13 de mayo, una movilización general que, incluso, emancipaba a los esclavos a condición de que lucharan con las armas a favor de la República. Aunque esa era una medida de índole conciliatoria hacia los esclavistas, pues no abolía totalmente dicho abominable régimen, el pragmático Decreto aterrorizó a los plantadores; ellos aún recordaban con pavor la gran rebelión esclava que había tenido lugar cuatro años antes en Pernambuco. En consecuencia, los ricos burgueses anómalos abandonaron el combate, por lo que el movimiento revolucionario sucumbió el 25 de mayo de 1817.

Pedro de Braganza, emperador de Brasil

En Portugal, la influencia de la sublevación de Rafael del Riego en España, no tardó en repercutir sobre la oficialidad liberal; dichos militares estaban muy descontentos por la supeditación de la metrópoli a la colonia, el mantenimiento del absolutismo y la continua presencia en el país de las tropas británicas,[1] cuyos mandos controlaban el Consejo de Regencia que gobernaba en Lisboa. No sorprendió por ello que, en septiembre de 1820, se produjera en Oporto un levantamiento militar que instituyó una Junta Central Gubernativa, la cual convocó a Cortes —no se reunían desde 1698—, ordenó el regreso de Juan VI y anunció la recolonización de Brasil. Esto era imprescindible para la burguesía mercantil lusitana, pues hasta 1808 sus negocios habían dependido en un 75% de su obligada mediación entre la colonia y el resto del mundo.

En Brasil, las disposiciones de la revolucionaria Junta de Oporto, provocaron la división de los portugueses en dos bandos. Uno, minoritario y liberal, favorable a los cambios acontecidos en la metrópoli; el otro, conservador y opuesto a estos. Sucedía, que los *marinheiros* serían perjudicados en sus relaciones con el extranjero por la recolonización anunciada y perderían su influencia sobre el monarca en caso de que este retornara a Portugal. Aunque esa corriente partía de posiciones políticas distintas a las de los plantadores «moderados», ambos intereses convergían en el punto de evitar una nueva dependencia. En Brasil, además, artesanos, comerciantes-distribuidores o al menudeo e intelectuales, así como los demás estratos sociales intermedios, siempre habían sido anticolonialistas. Por lo tanto, estaban dispuestos a brindar su apoyo a cualquier movimiento proclive a declarar la independencia *de jure* del país.

Los tres grupos partidarios de la emancipación política de la colonia divergían, sin embargo, en lo concerniente a las formas de estructurar el nuevo Estado; los primeros defendían la idea de una monarquía absolutista, con el propósito de mantener la supremacía de la privilegiada minoría portuguesa; los segundos aplaudían el establecimiento de una monarquía constitucional, que les permitiera transitar hacia la independencia sin acudir a los esclavos y les brindase el papel hegemónico en un régimen parlamentario; los terceros, verdaderos demócratas, propugnaban un régimen republicano, que aboliera la esclavitud e implantase una completa igualdad burguesa.

En Brasil, la efervescencia provocada por el enfrentamiento de las diferentes proyecciones políticas, se agudizó al regresar el rey Juan VI a Portugal, el 24 de abril de 1821; mientras, su primogénito quedó en Río de Janeiro como regente. Pero en esta colonia los acontecimientos se precipitaron, cuando las Cortes de Lisboa cancelaron su autonomía y disminuyeron las facultades del hijo del monarca, al que dejaron con menos poder del que antes poseyeran los virreyes.

Pedro de Braganza, el 9 de enero de 1822, rechazó la orden de regresar a Portugal. De esa forma, catalizó a su alrededor toda oposición a cualquier nueva dependencia hacia la metrópoli. Luego nombró al rico paulista José Bonifacio Andrada e Silva como su primer ministro, desarmó las menos confiables guarniciones portuguesas, derrotó las pocas que se sublevaron, organizó algunos batallones con burgueses nativos o criollos y formó otros con mercenarios contratados en Europa. Preparó así las condiciones para que, el 7 de septiembre de 1822, al conocerse el Decreto de las Cortes que le ordenaba poner fin a su autogobierno, proclamara en Ipiranga, Sao Paulo, su conocida frase de «Independencia o Muerte». Después, constituyó un Consejo de Estado, se escogieron el escudo y la bandera de Brasil, se convocó a una Convención Constituyente y se reconoció al regente como Pedro I, emperador de Brasil.

Esta coronación provocó gran rebeldía en las tropas portuguesas, acantonadas en Bahía, Maranhao, Pará y en la provincia Cisplatina, las que batallaron durante dos años, hasta ser derrotadas y expulsadas del país por las fuerzas del naciente Imperio.

Efímera República Confederada en Pernambuco

El nuevo monarca inauguró el 3 de mayo de 1823 el Congreso Constituyente, cuando todavía sus efectivos combatían contra los colonialistas en el norte y sur del país. Por ello toleró, durante un tiempo, que se manifestaran libremente los delegados de las mencionadas tres corrientes independentistas. La máxima pugna tenía lugar entre los diputados demócratas y los absolutistas, algo que beneficiaba a los monárquico-constitucionalistas, quienes deseaban liquidar el predominio foráneo en el Ejército y demás órganos estatales; ampliar la libertad de producir y comerciar mercancías, abolir monopolios y tributos; excluir a los portugueses del parlamento; establecer un exclusivista voto censatario.

El peligro de que la Constituyente aprobase el progresista —aunque moderado— texto propuesto por los partidarios de José Bonifacio, unido a las victorias de la reaccionaria Santa Alianza europea,[2] cuyas tropas habían ocupado España y logrado el restablecimiento del absolutismo en Portugal, animaron a Pedro I a clausurar el 12 de noviembre de 1823 dicha Convención. Luego, a los cuatro meses, el emperador emitió un texto absolutista muy semejante al impuesto por su padre en Lisboa; era evidente su propósito de preparar el camino para reunificar bajo una sola Corona ambos Estados.

Pero no hubo que esperar mucho para que la rebeldía de la ascendente nacionalidad, bien representada otra vez por los pernambucanos, volviera a manifestarse en una sublevación. Dichos insurrectos proclamaron, el 2 de junio de 1824, la Confederación del Ecuador, inspirada en la Carta Fundamental de la Colombia bolivariana. Después, proclamaron la República, presidida por Manuel de Carvalho Pais de Andrade; condenaron a Pedro I por traicionar a Brasil; expresaron su solidaridad con las paralelas insurrecciones de Paraiba, Río Grande do Norte, Ceará y Bahía; decretaron una movilización general semejante a la dispuesta en 1817. De nuevo, sin embargo, la ambigua medida atrajo a pocos esclavos e irritó mucho a los plantadores esclavistas. Estos, al igual que siete años atrás, abandonaron en masa la lucha. Entonces, la feroz ofensiva de las fuerzas imperiales, nutridas con mercenarios europeos al estilo de Lord Cochrane,[3] logró imponerse sobre el heroísmo de los patriotas, cuya capital cayó el 17 de septiembre de 1824.

Algunos combatientes lograron retroceder hasta Ceará, donde los últimos revolucionarios murieron durante el mes de noviembre en las batallas de Missao Velha y Río de Peixa, a las órdenes del irreductible José Martiniano de Alencar.

Aunque derrotada, la Confederación del Ecuador demostró que los cimientos del imperio absolutista eran endebles. Y estos se debilitaron aún más, cuando a causa de las presiones británicas, Brasil firmó en diciembre de 1826 un acuerdo mediante el cual se comprometía a suprimir en 1830 la trata, vital para los intereses de los plantadores esclavistas. Luego, vino el desfavorable tratado comercial de 1827 con Gran Bretaña y las irritantes deudas por 5,4 millones de libras esterlinas contraídas con los banqueros de Londres, por empréstitos dilapidados y despilfarros similares.

La ya crítica situación del emperador se agravó durante la Guerra Cisplatina,[4] con la derrota de su Ejército en Ituzaingó el 20 de febrero de 1827. A ello se añadieron vejaciones infligidas por Francia en 1828; la sublevación de las tropas mercenarias ese mismo año debido al atraso en sus pagos; la quiebra en el año siguiente del Banco do Brasil, con sus nefastas secuelas de miseria e inflación. Más tarde, en 1829, el asesinato de un destacado periodista opositor desencadenó las pasiones. Estas se expresaron el 13 de marzo de 1831, durante la *noite das garrafadas* —noche de los botellazos—, cuando se produjeron violentos choques callejeros. En ellos, se opusieron civiles, representantes de la relegada aunque ascendente nacionalidad brasileña, contra miembros de los cuerpos armados de la dominante minoría portuguesa. Ante esa situación, tras ciertos titubeos, Pedro I se inclinó del lado de sus paisanos y formó entonces el llamado Ministerio de los Marqueses, de tendencia ultraabsolutista. Pero a los dos días, el 7 de abril, la cúspide nativista del Ejército imperial, encabezada por los hermanos Francisco, José Joaquím y Manuel da Fonseca da Lima e Silva, retiró su apoyo al emperador y lo obligó a abdicar a favor de su hijo de cinco años de edad: Pedro de Alcántara. Se hizo irreversible así, la independencia de Brasil.

2. Separatismo conservador en México y Centroamérica

Levantamiento constitucionalista de 1820 en España

Tras derogar la Constitución de 1812, Fernando VII pretendió ignorar las conquistas populares alcanzadas durante la lucha frente a los invasores franceses, aliados de la reacción interna. Sin embargo, los sectores más avanzados de España no pensaban claudicar, y en especial la oficialidad que no era de extracción aristocrática. Dicha progresista tendencia militar, en parte conformada por antiguos guerrilleros que habían luchado contra los ejércitos napoleónicos, conspiraba junto con artesanos, comerciantes, manufactureros e intelectuales. De esa manera, múltiples pronunciamientos tuvieron lugar en el Ejército hasta 1818. Pero todos fracasaron debido a la falta de amplitud unitaria entre sus miembros.

La situación política en España comenzó a evolucionar cuando los ejércitos independentistas sudamericanos empezaron a obtener grandes victorias, lo cual hizo comprender a los más lúcidos militares que la metrópoli no podía ganar ya la guerra colonial. No obstante, el terco monarca peninsular no compartía esa opinión y ordenó que se organizara una poderosa fuerza expedicionaria destinada a combatir contra los sublevados en Hispanoamérica. No imaginaba el torpe rey que su edicto facilitaría el éxito a sus enemigos, al agrupar tanta tropa en la provincia de Cádiz. Gracias a esa gran concentración de soldados, el teniente coronel Rafael del Riego pudo encabezar el levantamiento del 1ro. de enero de 1820 en Cabezas de San Juan, cerca de Sevilla. Y en muy poco tiempo, La Coruña, Zaragoza, Barcelona, Pamplona y Cádiz secundaron la rebeldía, que obligó al monarca a jurar de nuevo la Constitución.

El Plan de Iguala: Agustín de Iturbide, emperador

La victoriosa sublevación liberal española implicó una gigantesca amenaza para los propietarios feudales en México; de aplicarse en esta colonia los revolucionarios acápites del referido texto constitucional, los intereses medievales serían heridos de muerte. Temerosos de ver su poderío liquidado, la suprema curia eclesiástica, junto a terratenientes, dueños de minas y grandes comerciantes, se reunieron en la hacienda La Profesa; tenían el propósito de imponer en el Virreinato una monarquía independiente, tras la destrucción del movimiento revolucionario por un Ejército absolutista al mando de Iturbide. Pero dichos objetivos no pudieron ser alcanzados: la insurgencia se fortalecía desde 1818, cuando en la finca La Balsa, las distintas tendencias constituyeran una Junta de Gobierno, presidida por Vicente Guerrero.

Entonces, el 24 de febrero de 1821, Iturbide ofreció un decoroso acuerdo a los revolucionarios, quienes con sagacidad no lo rechazaron.

Ese pacto, conocido como Plan de Iguala, establecía tres compromisos o garantías básicos: unión de europeos y americanos para lograr la independencia de México; aceptación de la Iglesia católica como única institución religiosa oficial; establecimiento de una monarquía constitucional. Dicho programa reconocía también la igualdad entre todas las razas y eliminaba los tradicionales estamentos o castas; respetaba las propiedades de todos los habitantes del país; conservaba para el clero sus fueros y bienes; mantenía en sus puestos a todos los burócratas y militares del Virreinato; aceptaba que la independencia había sido inicialmente declarada en Dolores, aunque precisaba que por medio de formas «horrorosas»; prometía convocar a unas Cortes Constituyentes. Pero antes de que estas inaugurasen sus sesiones, en México desembarcó un nuevo virrey español, de pensamiento liberal, quien firmó con Iturbide el Tratado de Córdoba el 24 de agosto de ese mismo año. Por medio de este se ratificaba el Plan de Iguala, pero se hacía la precisión de que el virrey y el general, conjuntamente, encabezarían una Junta Provisional Gubernativa, hasta la puesta en vigor de la nueva Constitución. Luego, las fuerzas españolas evacuaron la capital mexicana para que en ella penetrase el criollo Ejército Trigarante.[5]

El transitorio equipo gubernamental convocó a un Congreso Constituyente a partir del voto censatario; redujo las alcabalas hasta el 6%; estableció la libertad de comercio y el librecambio mercantil —salvo para el tabaco, la cera y el algodón—; disminuyó los aranceles para los medios de producción importados; creó una tarifa aduanera única, ascendente al 25% *ad valorem;* dificultó la salida del oro y la plata; reconoció el positivo desempeño de la Sociedad Económica de Amigos del País. Luego, al cumplirse un año de la promulgación del Plan de Iguala, se inauguró la referida convención; esta acordó instituir un imperio constitucional, disolvió el gobierno provisional y reconoció un Consejo de Regencia presidido por Iturbide, quien al poco tiempo evidenció crecientes ansias de poder. Con el propósito de cercenar esas desmedidas ambiciones, la bancada liberal, encabezada por Guadalupe Victoria, pasó a la oposición, en la cual se encontraban ya los partidarios de imponer en México a un monarca Borbón. Furioso, Iturbide propició el 18 de abril de 1822 un motín militar, cuyos integrantes lo proclamaron emperador. Muy hábil, a la semana, el reaccionario aspirante a monarca juró ante el Congreso que aceptaría cualquier institucionalización emitida por dicha instancia, aunque lo dijo porque estaba casi seguro de que a él se le otorgaría la Corona. Pero no obstante que la recibió —y se declaró hereditaria—, se instituyó una Corte imperial, se mantuvieron los mayorazgos, así como las relaciones serviles en el campo y la esclavitud en las plantaciones, el novel emperador no estaba satisfecho: deseaba convertirse en monarca absoluto, con prerrogativas semejantes a las que disfrutaba Fernando VII en España. Por eso, gradualmente, dispuso la represión contra las más radicales figuras independentistas y demás peligrosos adversarios suyos, hasta que disolvió el Congreso el 31 de octubre de 1822. Pudoroso, sin embargo, a los dos días, Agustín de Iturbide quiso encubrir su absolutismo con una Junta que él mismo designó, y cuyos miembros aparentaron disponer de poderes legislativos semejantes a los del disuelto cónclave.

Sublevación maya de Atanasio Tzul

En Centroamérica, el letargo político fue sacudido en 1820, cuando en la zona guatemalteca de Totonicapán se produjo una insurrección del campesinado maya dirigida por Atanasio Tzul, debido a los elevados tributos pagaderos a la Corona. Pronto a estos rebeldes se añadieron los de San Francisco de El Alto, Momostenango, San Andrés Xecaul y San Cristóbal. Luego, el 12 de julio del mismo año, todos los alzados reconocieron como rey a ese prestigioso cacique descendiente de los últimos gobernantes quichés. Esto, unido a la sublevación liberal de Del Riego que poco antes había conmocionado a España y sus colonias, aterrorizó a la aristocracia centroamericana, cuyos privilegios estaban amenazados, tanto por los aborígenes como por los metropolitanos. Entonces, los reaccionarios grupos elitistas de la región se agruparon alrededor de Gabino Gaínza, capitán general, y lo urgieron a buscar un entendimiento con los ricos criollos que deseaban emanciparse. Se llegó así, de común acuerdo, a la proclamación de la independencia el 15 de septiembre de 1821, con lo cual la vida política de la región se activó acorde con las peculiaridades de cada provincia.

En Costa Rica, los plantadores de cacao y la pequeña burguesía agraria firmaron un documento al que se llamó Pacto Social Interno, que originó un progresista gobierno local. En El Salvador, el 21 de septiembre se organizó una Junta presidida por José Matías Delgado e integrada por Manuel José Arce y Juan Manuel

Rodríguez. Pero debido a que en Guatemala la oligarquía gestionaba su anexión a México, el capitán general logró un acuerdo con la nueva y contigua monarquía y, el 5 de enero de 1822, incorporó a toda Centroamérica al vecino imperio.

La arbitraria disposición anexionista provocó repulsas y protestas, que en julio se transformaron en luchas armadas tras penetrar en El Salvador un ejército mexicano al mando del general Filísola. Y al mes, elementos disconformes se sublevaron también contra la antipopular medida en Granada y León.

La resistencia salvadoreña fue tan empecinada, que solamente el 9 de febrero de 1823 pudieron los invasores ocupar la ciudad de San Salvador. Pero entonces, en México se generalizaba ya el disgusto contra la Corona de Agustín I, que entró en crisis en febrero a causa de las sublevaciones de Nicolás Bravo y Vicente Guerrero. Este dirigía a los antiguos insurgentes, que solo habían apoyado una independencia monárquico-constitucionalista para escindir las filas del absolutismo, pues con acierto consideraban a la metrópoli como el principal enemigo a vencer. Por su parte, Bravo representaba los intereses de los grandes comerciantes, quienes habían respaldado a Iturbide con la esperanza de mantener los privilegios recibidos de los Borbones. Sin embargo, dichos mercaderes también lo abandonaron, porque más temían una prolongada guerra popular que integrarse al resto de la burguesía, muy descontenta por carecer de derechos políticos bajo el imperio.

Reducida su base de sustentación, Iturbide tuvo que abdicar en marzo de 1823. Entonces, mientras en México se proclamaba la República, en Centroamérica, de nuevo independiente, se constituía una Federación el 1ro. de junio de 1823.

Federación Centroamericana y República Mexicana

Una vez derrocado el Imperio en México, el nuevo gobierno instituido confiscó los bienes de la Inquisición, abolió los mayorazgos, suprimió el principio de la indivisibilidad de las grandes propiedades territoriales, deshizo el sistema militar-administrativo concebido por Iturbide, liberó los presos políticos, retiró las tropas mexicanas de Centroamérica y convocó a un Congreso Constituyente, cuyas sesiones comenzaron el 7 de noviembre de 1823. La Iglesia católica entonces reivindicó para sí el Patronato, con lo cual surgió la primera disputa entre los poderes clericales y seglares en el país, hasta que los débiles órganos republicanos cedieron luego de la publicación de una Encíclica Papal en la cual se reprobaba la independencia. Ni siquiera la Constitución mexicana emitida el 31 de enero de 1824 afectó a los poderosísimos sacerdotes, cuya religión siguió siendo la única reconocida y autorizada a mantener todos sus privilegios y propiedades. No obstante, dicho texto federalista fue progresista, porque establecía las libertades de prensa y pensamiento, implantaba la igualdad de derechos políticos para todos los ciudadanos, eliminaba los tributos a los indígenas aunque no les otorgara el voto y suprimía los títulos nobiliarios, así como la mayoría de las molestas organizaciones gremiales.

El prestigioso guerrillero Guadalupe Victoria, primer presidente de la recién proclamada República mexicana, al ocupar su alto cargo tuvo que enfrentar la delicada situación fronteriza creada en Texas por el gigantesco e ilegal flujo inmigratorio procedente de su norteño vecino. Por eso, el 3 de octubre de 1823, México y la Colombia bolivariana establecieron un Tratado de Alianza y Confederación, cuyo articulado contemplaba la cooperación entre las Fuerzas Armadas de ambos países, así como la necesidad de unir a los demás Estados hispanoamericanos, en una Liga de Unión Perpetua mediante una asamblea general de plenipotenciarios que debía celebrarse en Panamá. Además, el gobierno mexicano planteaba que dicho Congreso debería crear algún tipo de estructura militar, que le ayudase a defender su integridad territorial contra las agresiones de Estados Unidos, planteamiento que disfrutaba del apoyo de Bolívar.

3. Gesta liberadora de San Martín

Alzamiento indígena de Pumacagua

San Martín obtuvo un gran triunfo en febrero de 1813 en la batalla de San Lorenzo, en la cual venció a una fuerte expedición españolista, salida de Montevideo, que tenía el objetivo de abatir la artillería rioplatense cercana al fluvial puerto de Santa Fe. En contraste, el contingente enviado por Buenos Aires en junio de 1813 para frenar la contraofensiva de los terratenientes del Alto Perú, sufría constantes derrotas. Entonces, en enero de 1814, se designó a San Martín jefe del referido Ejército del Norte, cuyos efectivos se encontraban en lenta retirada hacia Jujuy; los absolutistas avanzaban con mucha dificultad debido a una intensa actividad de guerrillas en su retaguardia altoperuana. Estas habían surgido tras el repliegue de Castelli, cuando los indígenas rehusaron regresar a los trabajos de la mita y se negaron a reiniciar el pago del tributo. Más tarde, cuando dichos guerrilleros liberaban un territorio, lo organizaban bajo formas que los colonialistas despectivamente llamaban «republiquetas».

La correlación de fuerzas en este frente norteño se alteró, cuando se produjo una gran insurrección campesina el 2 de agosto de ese año en el Cuzco; la dirigía el legendario cacique Mateo García Pumacagua, célebre desde los tiempos de Túpac Amaru II. De inmediato, los sublevados apresaron a destacados funcionarios coloniales de la antigua capital incaica, y después ocuparon las ciudades de La Paz, Huamanga y Arequipa. Entonces, para enfrentar ese enorme peligro, los absolutistas retiraron grandes contingentes del campo de batalla argentino, lo cual fue bien aprovechado por San Martín para avanzar con sus fuerzas hasta Potosí. Pero el esforzado y mal armado movimiento indígena, carente además de una eficaz estrategia de lucha, fue derrotado en marzo de 1815, lo cual forzó al Ejército del Norte a repetir su repliegue hasta Salta.

San Martín, ante lo sucedido, comprendió la inutilidad de cualquier ofensiva terrestre hacia el Alto Perú, por lo que entonces concibió una estrategia nueva. Consistía esta en trasladarse a Chile, para allí construir una flota y con ella desembarcar en las costas peruanas, donde esperaba encontrar el apoyo de los plantadores, cuyas propiedades se extendían a lo largo del referido litoral. Esa concepción, sin embargo, requería que el avance absolutista fuese por completo detenido en el frente altoperuano, y para lograrlo, se apoyó en el teniente coronel Martín Güemes, jefe de su vanguardia. Este joven caudillo guerrillero de tendencia federalista, quien se había distinguido en la guerra contra los invasores británicos y en las filas de los efectivos armados que inspirase Mariano Moreno, sabía utilizar con gran provecho las condiciones geográficas de esa provincia. Salta estaba conformada por un macizo de serranías enclavado en los primeros contrafuertes de la cordillera andina, en el cual se sucedían valles abiertos, planicies y desfiladeros, con bosques y corrientes de agua. Sobre la eficacia de los llamados con desprecio por sus enemigos «rotosos volantes», San Martín escribió: «Los gauchos de Salta, solos, están haciendo al enemigo una guerra de recursos tan terrible, que lo han obligado a desprender una división con el único objeto de extraer mulas y ganado».[6]

Asegurada su retaguardia, San Martín obtuvo que se le designara gobernador de Cuyo, donde acometió la difícil tarea de crear, a partir de la nada, el fabuloso Ejército de los Andes. Esta empresa se encontraba en sus inicios, cuando columnas de emigrados empezaron a cruzar la imponente cordillera en busca de refugio. ¡Víctima de las divisiones entre independentistas, en Chile había sucumbido la llamada Patria Vieja!

Incorporación de O'Higgins al Ejército de los Andes

El proceso emancipador chileno se había iniciado en septiembre de 1810, cuando el abogado Juan Martínez de Rozas organizara una Junta de Gobierno, entre cuyas primeras disposiciones estuvo la libertad de comercio. Esta Ley disgustó a la burguesía mercantil monopolista de Valparaíso, que se sublevó en abril de 1811 con el objetivo de conservar ese irritante privilegio heredado del absolutismo. Luego, aplastada la reaccionaria intentona, se convocó por medio del voto censatario al llamado Primer Congreso, que se inauguró en julio.

Desde un inicio, el diputado que más se distinguió en sus sesiones fue Bernardo O'Higgins y Riquelme, rico ganadero electo por Concepción, que se había formado ideológicamente en la londinense Gran Reunión Americana. Los dos hombres mencionados, junto a José Miguel Carrera, dirigían en el cónclave legislativo la tendencia patriótica, que era minoritaria frente a los miembros conservadores y moderados. Esto hizo evidente la imposibilidad de diseñar cualquier transformación de la sociedad con semejante composición política, por lo cual la membresía del referido congreso fue depurada por los revolucionarios, quienes casi sin excusa expulsaron a los retardatarios. Entonces, los restantes delegados decretaron que fuese suprimida la Inquisición, abolidos los derechos parroquiales, disuelta la Real Audiencia, creada una Corte de Justicia y emitida una ley de vientres libres para quienes nacieran de la procreación de los pocos esclavos existentes en el país.

A pesar de estos progresos legislativos, Carrera consideraba demasiado lento el avance logrado por la Junta de Gobierno, criterio que —pensaba— respaldaban los artesanos de Santiago. Ello lo indujo a disolver dicho órgano ejecutivo, e instituir un triunvirato presidido por él mismo. Tan inconsulta forma de actuar provocó un gran malestar entre los diputados al Congreso, y produjo una tensa rivalidad entre ambos poderes estatales paralelos. La pugna terminó el 2 de diciembre de 1811, al disolver el personalista caudillo el órgano electo, y enviar al exilio a Martínez de Rozas. Después, el precipitado dirigente dispuso la apertura de escuelas gratuitas en todos los conventos; proclamó la libertad de imprenta; reorganizó la Hacienda Pública, cuyas percepciones se duplicaron; prohibió la salida del metal argentífero; suprimió el estanco del tabaco; abolió el diezmo y ordenó el pago de los sacerdotes con salarios gubernamentales; acometió la creación de un ejército patriota. Con el propósito de alcanzar ese importante objetivo militar, se instituyeron establecimientos artesanales del Estado donde se fabricaban armas, cañones, cureñas, municiones y demás abastecimientos requeridos. Luego, el impulsivo político jacobinista desarrolló una fuerte campaña ideológica mediante la creación del periódico *La Aurora de Chile,* que difundió las radicales ideas de Juan Jacobo Rousseau.

El virrey de Perú aprovechó las disputas que dividían a los chilenos para reorganizar las fuerzas de la reacción. Una vez preparadas, estas desembarcaron por la zona meridional de la rebelde Capitanía General y en enero de 1813 ocuparon el puerto de San Carlos, capital de la sureña provincia de Chiloé. Desde allí tomaron rumbo norte para ocupar Santiago, en una rápida ofensiva que los contingentes de Carrera no fueron capaces de frenar. Entonces, algunos oficiales le acusaron de incompetencia y lo depusieron del mando militar. En su lugar, se nombró general del Ejército a O'Higgins, quien dispuso una serie de victoriosas campañas que lograron preservar la capital.

Los timoratos y oportunistas, sin embargo, conspiraban, y hasta lograron en marzo de 1814 deponer al Triunvirato para entregar el poder al acaudalado y oligarquizante Francisco de Lastra, quien fue nombrado dictador supremo. Temeroso de una guerra popular, este firmó dos meses después, con el comandante del cuerpo expedicionario enemigo, el Tratado de Lircay, mediante el cual se reconocía la soberanía de Fernando VII sobre Chile. El propio texto, sin embargo, le otorgaba a la Capitanía amplia autonomía y estipulaba la retirada en treinta días de las tropas enviadas desde Perú. El pacto, no obstante, resultaba inaceptable para la mayoría de los integrantes de ambos campos. Así, mientras en Lima el virrey se negaba a ratificarlo, en Santiago el depuesto Carrera regresaba al ejecutivo, tras derrocar al pusilánime Lastra. Pero en virtud de esta acción surgieron nuevas divisiones entre los chilenos, cuyos bandos opuestos iban a enfrentarse ya con las armas, cuando llegó la noticia de que se acercaban grandes refuerzos absolutistas.

En zafarrancho, O'Higgins se colocó a disposición de Carrera y pidió dirigir la vanguardia. Autorizado, al frente de sus hombres se adelantó hasta la villa de Rancagua, en la que esperaba detener al invasor. Allí, cuando el combate se encontraba en todo su fragor, los emocionados patriotas vislumbraron a kilómetro y medio a las poderosas fuerzas bajo el mando de Carrera, quien fue vitoreado. Pero quedaron estupefactos o atónitos, al ver a dichos efectivos volver grupas y, en ordenada marcha, desaparecer en el horizonte. ¡El sectarismo se había impuesto sobre la necesaria unidad!

A las cuatro de la tarde apenas quedaban trescientos —de los dos mil— soldados de O'Higgins, quien entonces cargó a degüello con sus jinetes contra el enemigo. Solo unos pocos revolucionarios lograron salvarse, gracias a su bravura y al filo de sus sables.

Al llegar la terrible noticia sobre Rancagua, el temor a la represión absolutista golpeó a los chilenos, quienes en multitudes solo pensaron ya en arriesgarse a cruzar los Andes, para buscar refugio en el contiguo Río de la Plata.

La independencia de Chile y Manuel Rodríguez

En Cuyo, todos salieron a recibir a quienes habían atravesado la elevadísima cordillera, los cuales de inmediato se integraron a los incipientes campamentos rioplatenses del nuevo cuerpo armado en formación. Hubo, sin embargo, quienes no sacaron lecciones pertinentes de la horrible tragedia y pretendieron reavivar las pugnas. Al respecto, San Martín tomó una sabia decisión y separó a José Miguel Carrera, junto con sus fraccionalistas, del Ejército de los Andes; el destacado correntino entonces dijo, que «no quería emplear soldados que servían mejor a su caudillo que a su patria».[7] Después, nombró a O'Higgins su lugarteniente.

El recién engrosado contingente internacionalista se encontraba todavía en surgimiento, cuando el director supremo en Buenos Aires, Carlos de Alvear, ordenó a San Martín que enviara esos efectivos militares hacia la capital portuaria, con el propósito de combatir al federalismo artiguista. Pero dado que este no cumplió con dicha fratricida exigencia, fue depuesto del cargo. Entonces, las masas de la provincia cuyana se proclamaron en rebeldía con respecto al gobierno central bonaerense y mantuvieron a San Martín al frente de la gobernación, que desde ese momento dejó de recibir refuerzos o abastecimientos desde la lejana Buenos Aires. Sin embargo, el jefe del Ejército de los Andes no se amilanó, y para suplir el cese de los referidos recursos, concibió un audaz plan; este auspiciaba la cooperación entre trabajadores y soldados; confiscaba los bienes de los absolutistas prófugos; subastaba las tierras públicas para recaudar fondos; gravaba a los ricos con impuestos y obligatorias contribuciones de guerra; transformaba el diezmo eclesiástico en percepción estatal para financiar al Ejército. Así, los gastos bélicos incrementaron las producciones locales y activaron la economía, lo cual engendró un auge patriótico y revolucionario en medio del cual muchos del abundante artesanado acordaron trabajar sin sueldo en los talleres militares; en ellos se fundían cañones y cartuchos, se construían armazones de artillería, se confeccionaban uniformes. Pero faltaban soldados. Entonces, San Martín emancipó a los esclavos de las artesanías y del agro, para que engrosaran los batallones de infantería. Esa medida fue tan exitosa, que los negros liberados llegaron a conformar la tercera parte de todo su Ejército.[8]

A punto de culminar sus preparativos para atravesar la cordillera de los Andes y reiniciar en Chile la guerra contra el colonialismo, San Martín dispuso que se desencadenara la lucha guerrillera del otro lado de las montañas. La región escogida fue la comprendida entre los ríos Cachapoal y Maule, con el fin de que en ellas se movilizara a los campesinos y de esa manera obligar a las tropas absolutistas a disgregarse. La persona seleccionada para realizar la difícil tarea fue Manuel Rodríguez, joven abogado que había encontrado refugio en Cuyo después de la caída de la Patria Vieja, y quien previamente fuera secretario de José Miguel Carrera, antiguo condiscípulo suyo. Pero dada la reiterada actuación personalista de este, y su ulterior orden de destierro contra Martínez Rozas, la confianza del subordinado en el jefe se quebró. Y aún más, en enero de 1813, Rodríguez encabezó una conspiración para deponer al arbitrario caudillo. Descubierto el complot, se le envió preso a la apartada isla de Juan Fernández. Luego llegó el sectarismo y la fuga a través de los Andes.

En su campamento de Plumerillo, en Cuyo, San Martín coordinó con Rodríguez las acciones que debían desarrollar. Después, el joven regresó a Chile, donde encontró un país sometido al terror, pues los absolutistas aplicaban de manera indiscriminada rigurosas leyes de excepción; cualquier acto se castigaba con azotes, la cárcel o la muerte; en cada plaza había amenazadoras horcas; nadie podía alejarse de su casa, ni siquiera unas pocas leguas, sin permiso oficial. No obstante esas medidas, Rodríguez transitaba con asombrosa facilidad entre los celosos destacamentos punitivos. Vivió en ciudades y pueblos, recorrió campos, entregó armas y proclamas subversivas, y tras un análisis detallado, escogió a Colchagua como principal zona de acción. Allí, estableció estrechas relaciones con los montoneros o guasos y con los llamados inquilinos. Aunque eran hombres libres, estos explotados aparceros mestizos tenían que entregar considerables partes de sus cosechas a los terratenientes, por concepto de la renta del suelo.

Una vez organizada la resistencia, en el otoño de 1816, Manuel Rodríguez volvió a cruzar la cordillera y se presentó ante San Martín; junto a él estuvo dos meses. Luego atravesó de nuevo los Andes para desatar la guerra de zapa, cuyos primeros ataques se realizaron contra haciendas y dispersos destacamentos de ocupación. Más tarde, paulatinamente, se llevaron a cabo operaciones de mayor envergadura. Así, en la primera quincena de enero de 1817, las guerrillas pudieron ocupar localidades de importancia como Melipilla y San Fernando.

El poderoso Ejército de los Andes cruzó la imponente cordillera en el veraniego inicio de 1817. Esto no evitó que sus integrantes sufrieran gélidas temperaturas de hasta ocho grados Celsius bajo cero, debido a las extraordinarias alturas por las que atravesaron. Culminada la epopéyica marcha, dichos soldados combatieron el 12 de febrero en Chacabuco, donde las tres veces más numerosas tropas absolutistas fueron derrotadas, lo que permitió a los patriotas entrar en Santiago a las cuarenta y ocho horas.

San Martín rechazó el puesto de director supremo de la República de Chile, porque deseaba limitarse a las funciones de general en jefe de las fuerzas internacionalistas, con las cuales pensaba liberar al Perú. Entonces, O'Higgins aceptó el cargo, pues había que enfrentar una pujante contraofensiva absolutista. Esta lo obligó a decretar una retirada en la que no se dejara nada al enemigo, por lo cual la orden impartida fue: ¡Tierra arrasada! Pero ella no evitó la derrota republicana del 19 de marzo de 1818 en Cancha-Rayada, la cual sumió a Santiago en la incertidumbre, dado que se rumoraba la muerte en combate de San Martín y O'Higgins. La historia de cuatro años antes, sin embargo, no se repitió, pues la aleccionada ciudadanía encontró en Manuel Rodríguez al hombre que, junto al director delegado, asumiera las necesarias tareas ejecutivas y organizara la defensa de la ciudad, a fin de evitar un vacío de poder.

Herido, O'Higgins regresó y retomó el mando, tras lo cual imprimió nuevo vigor a la lucha. Se llegó así al decisivo 5 de abril, cuando la independencia quedó asegurada con la gloriosa batalla de Maipú.

Garantizada la República, el director supremo abolió la esclavitud, prohibió los títulos nobiliarios, emitió Decretos anticlericales tendentes a laicizar la vida estatal, impuso un sistema de franquicias al comercio, nacionalizó los bienes de los enemigos prófugos de la justicia, estableció empréstitos obligatorios a los ricos españoles para financiar la guerra y convocó a un Congreso Constituyente.[9]

El Ejército Libertador de Perú

San Martín necesitaba que O'Higgins creara talleres estatales, en los cuales construir una poderosa flota de guerra susceptible de barrer del Pacífico a la escuadra española y poder así alcanzar las costas de Perú. Con el propósito de ayudarlo en esas tareas, el correntino fue como su delegado al Río de la Plata, donde en febrero de 1819 logró que se firmara una alianza entre Chile y las Provincias Unidas con el siguiente objetivo:

> …poner término a la dominación española en el Perú por medio de una expedición combinada, costeada por las dos naciones, respondiendo a los votos manifestados por los habitantes del país dominado, a fin de establecer por la libre voluntad de las personas el gobierno más análogo a su constitución física y moral, garantizando mutuamente la independencia del nuevo Estado.[10]

El acuerdo, que establecía la simultaneidad de esfuerzos para garantizar el éxito del proyecto liberador, no pervivió: en Buenos Aires se emitió la Constitución centralista de 1819, que los adeptos al federalismo rechazaron mediante una sublevación. Entonces, tanto Pueyrredón como Rondeau, exigieron que San Martín regresara al Río de la Plata a combatir junto a los porteños. Pero este rehusó tomar parte en esa nueva guerra fratricida, y hasta el nombre cambió al Ejército, pues solo anhelaba luchar contra los absolutistas. Esto se plasmó en su célebre manifiesto del 26 de marzo de 1820 a las tropas argentinas acantonadas en Chile, llamado *Acta de Rancagua,* que desde entonces ha sido el mejor testimonio de solidaridad rioplatense con los demás países latinoamericanos, en lucha por su emancipación.

Al mando de San Martín, la flota creada por O'Higgins tomó a bordo el 20 de agosto al que había sido redenominado como Ejército Libertador del Perú y lo desembarcó el 7 de septiembre de 1820 en tierras de dicho Virreinato. Este, en ese momento, se encontraba conmocionado por la noticia de la exitosa rebelión liberal en España, encabezada por Rafael del Riego. En efecto, los terratenientes feudales de la colonia no ocultaban su disgusto por los acontecimientos en la metrópoli, pues entendían que los peligros conjurados al aplastar la sublevación campesina de Pumacagua y derrotar al rioplatense Ejército del Norte, les acechaban de nuevo. Pero la amenaza en esta oportunidad provenía de la península.

En dicho propicio contexto, San Martín desplegó sus fuerzas. Primero, envió un destacamento rumbo a los valles aledaños a la Sierra, con el fin de renovar la efervescencia de los indígenas y obtener su respaldo para el movimiento independentista. Después, trasladó por mar al resto de sus efectivos, con el propósito de desembarcarlos en las costas del Ancón e interponerlos así entre los dueños de plantaciones esclavistas del litoral norteño y las tropas bajo el mando absolutista en las montañas. Esa perspicaz estrategia facilitó que se organizara una Junta Independentista el 9 de octubre en Guayaquil, y que un par de meses más tarde lo hicieran también los plantadores de Trujillo, región en la cual el alzamiento lo dirigió el riquísimo criollo José Bernardo Torre Tagle, quien se colocó a las órdenes del jefe de los internacionalistas.

La ampliación de los territorios liberados por los patriotas aumentó la pugna entre los españoles, la cual se agravó, el 29 de enero de 1821, cuando militares peninsulares favorables a la Constitución de 1812 depusieron al reaccionario virrey. Este éxito liberal disgustó a los terratenientes de Perú, quienes no estaban dispuestos a mantener su respaldo a un dominio colonial que pudiera perjudicar sus intereses. Entonces, muchos de ellos decidieron correr el riesgo de respaldar la emancipación, pues confiaban poder influir de manera determinante en cualquier Estado nuevo que surgiese en Perú en el futuro. Por lo tanto, aceptaron la presencia de San Martín y sus efectivos militares como tropa capaz de vencer a los predominantes soldados liberales de la metrópoli; pensaban que una vez independientes, ellos lograrían expulsar a los combatientes de las vecinas Repúblicas, con los cuales circunstancialmente se habían aliado. Sabían que, dada la correlación de fuerzas internas en el país, solo los hermanos contingentes latinoamericanos podían implantar en Perú concepciones políticas revolucionarias, pues los débiles plantadores de la costa no tenían posibilidades de imponer su preponderancia. Debido a esta calculadora y oportunista decisión, la resistencia contra el empuje de San Martín se debilitó, lo cual facilitó que este ocupara Lima el 12 de julio de 1821. Dieciséis días más tarde, un cabildo abierto proclamaba la independencia de la República, y entregaba su primera magistratura al destacado prócer rioplatense bajo la denominación de Protector del Perú.

Al ocupar la presidencia, San Martín enseguida emitió una serie de trascendentes disposiciones: suprimió la mita, abolió los tributos y servicios personales sufridos por el campesinado indígena, extrañó al arzobispo de la capital, reformó el sistema monopólico de comercio, proclamó la libertad de vientres, emancipó a los esclavos que tomaran las armas a favor de la República, extinguió la Inquisición, prohibió aplicar tormentos en los procesos judiciales, estableció la inviolabilidad del domicilio. Pero los Decretos del

Protector fueron mucho más avanzados de lo que habían ima-
ginado los terratenientes, parte de los cuales se espantó y volvió
a dar su apoyo a las tropas realistas; sus jefes metropolitanos no
habían tomado aún medida concreta alguna para implantar en
Perú las disposiciones liberales contempladas en la *temida Constitución peninsular.* De esa forma, la guerra se hizo más prolongada
y terrible; mientras en La Sierra y el Alto Perú se mantenía fuerte
la soberanía de España, los soldados independentistas debían acometer desgastadoras batallas por doquier. Hasta que finalmente se
desembocó en la trágica derrota de los patriotas en Ica.

Se hizo evidente así, que para culminar la emancipación de Perú
se requería mayor ayuda internacionalista.

4. Coalición revolucionaria bolivariana

Carta de Jamaica y solidaridad haitiana

Bolívar permaneció breve tiempo en Jamaica, donde escribió en septiembre de 1815 su célebre *Contestación de un Americano Meridional a un caballero de esta isla*; en ella realizó un análisis del régimen colonialista y retomó los postulados integradores de Miranda; expuso sus criterios acerca de cómo tal vez sería la América Latina independiente: «Los estados del istmo de Panamá hasta Guatemala formarán quizás una asociación»; «La Nueva Granada se unirá con Venezuela [...] esta nación se llamará Colombia». Y añadió:

> Es una idea grandiosa pretender formar de todo el Mundo Nuevo una sola nación con un solo vínculo que ligue sus partes entre sí y con el todo. Ya que tiene un origen, una lengua, unas costumbres, y una religión, debería, por consiguiente, tener un solo gobierno que confederase los diferentes estados que hayan de formarse.[11]

Y al final de la trascendental carta, sentenciaba: «Lo que puede ponernos en actitud de expulsar a los españoles y de fundar un gobierno libre: es la unión, ciertamente; mas esta unión no nos vendrá por prodigios divinos sino por efectos sensibles y esfuerzos bien dirigidos».

Después, al no encontrar en Jamaica apoyo inglés para la causa independentista, Bolívar zarpó hacia Port au Prince, ciudad en la que se entrevistó con Petión el 1ro. de enero de 1816, al día siguiente de su llegada. El presidente de la meridional República haitiana se interesó en colaborar con el destacado revolucionario venezolano de manera igual a como una década atrás lo había hecho con Miranda y, además, le mostró el funcionamiento de esa sociedad; en ella, hacía diez años, una Constituyente había proclamado los Derechos del Hombre y del Ciudadano, se reconocía la libertad de absolutamente todos los seres humanos, se había establecido la tripartición de poderes estatales y, aunque se garantizaba las propiedades a sus dueños, se acometía la distribución de tierras estatales en pequeñas y medianas fincas, en las cuales trabajaban como asalariados los antiguos esclavos.

A partir de ese encuentro, Bolívar empezó a trazar una avanzadísima estrategia política, pues el contacto con la novedosa y pujante realidad haitiana le hizo comprender la posibilidad efectiva de construir una duradera alianza entre los propietarios criollos y los demás grupos y clases sociales, fuesen humildes o desposeídos. ¡No existía otra forma revolucionaria de alcanzar la independencia!

Acorde con sus nuevas concepciones, Bolívar decidió reanudar la lucha por medio de una vasta coalición antiabsolutista, en la cual, junto a los plantadores, se agrupara a todos los interesados en el progreso y las mejoras sociales. Así, a finales de marzo, gracias a la solidaria ayuda del persistente Petión y decidido a liberar los esclavos, llevar a cabo transformaciones populares y continentalizar la guerra, Bolívar zarpó rumbo a Isla Margarita y las costas orientales. En esos territorios, contingentes de mulatos aliados a negros que habían escapado de su condición de esclavos, se mantenían fuera del dominio colonialista. Tras el desembarco, Bolívar despachó parte de las armas de su expedición a los patriotas que batallaban en la Güiria y en Los Llanos del este, luego se dirigió a Carúpano y allí, el 2 de junio de 1816, proclamó el fin de la esclavitud. Al mes, en Ocumare de la Costa reiteró así su Decreto abolicionista:

Esa porción desgraciada de nuestros hermanos que ha gemido bajo las miserias de la esclavitud ya es libre. La naturaleza, la justicia y la política, piden la emancipación de los esclavos; de aquí en adelante solo habrá en Venezuela una clase de hombres, todos serán ciudadanos.[12]

Pero como antes ya sucediera, la radical medida hizo que muchos plantadores rechazaran a Bolívar y abandonasen su Ejército, por lo cual las fuerzas de este menguaron con rapidez y a la postre no tuvo más remedio que regresar a Haití. En esa República, el infatigable y solidario Petión de nuevo le brindó su ayuda, de manera que, en noviembre de 1816, Bolívar pudo navegar rumbo al litoral de Barcelona con una segunda expedición, donde volvió a chocar con la inmutable negativa de los esclavistas a suprimir la odiosa institución.

Bolívar entonces reflexionó profundamente, pues había descubierto que por la costa le resultaba imposible construir el amplio frente revolucionario deseado: si por dicha zona no abolía el repugnante régimen de explotación, los esclavos no se incorporaban a sus filas, y si lo hacía, los plantadores lo traicionaban. ¡Tenía, por lo tanto, que encontrarle una solución al agobiante dilema!

Mientras en la franja caribeña Bolívar padecía sus complejas angustias, hacia el interior del continente, por la zona del Casanare-Apure, se producía la confluencia de quienes huían de la represión neogranadina, encabezados por el coronel Francisco de Paula Santander, con las guerrillas venezolanas dirigidas por José Antonio Páez. Este indiscutible caudillo de Los Llanos, después comentó la forma en que había eliminado con sus efectivos la presencia absolutista de la región:

Después de haber con tropas colecticias[13] derrotado a los españoles en todos los encuentros que tuve con ellos, organicé en Apure un ejército de caballería [...] en su mayor parte se componía de los mismos individuos que a las órdenes de [...] Boves habían sido el azote de los patriotas [...] Yo logré atraérmelos; conseguí que sufrieran, contentos y sumisos, todas las miserias, molestias y escasez de la guerra, inspirándoles al mismo tiempo amor a la gloria, respeto a las vidas y propiedades y veneración al nombre de la patria.[14]

Luego de encontrarse, ambos grupos de insurrectos, acordaron estructurar un gobierno regional conjunto, cuya presidencia recayó en el antiguo gobernador republicano de Pamplona; este designó entonces como máxima autoridad militar a Santander, quien nombró a Páez su lugarteniente. Pero en septiembre de 1816, los indómitos llaneros se amotinaron y exigieron que se nombrara jefe a su verdadero líder. Al ocupar el mando, el notable centauro venezolano anunció que lo conservaría hasta la llegada de Bolívar, tras lo cual reorganizó los efectivos armados y nombró a Santander al frente de uno de sus principales destacamentos.

Al comprender que los llaneros podían constituir la fuerza que arrastrase a plantadores y esclavos a la lucha contra el enemigo común, a pesar de sus contradicciones recíprocas, Bolívar marchó a la Guayana para dirigirse después a Los Llanos. Y una vez allí, para estimular la pertenencia de los recios jinetes a su tropa, ordenó, el 10 de octubre de 1817, que los bienes confiscados al enemigo fuesen repartidos entre los combatientes según su rango. Era un notable esfuerzo por apartarse de los principios de redistribución basados en la subasta, los cuales solo beneficiaban a la burguesía; la propuesta bolivariana, en cambio, se sustentaba en una proporcionalidad entre la riqueza y la jerarquía, pues se acercaba a la prédica de multiplicar las pequeñas posesiones. El reglamento dictado al efecto, textualmente decía: «asignar a cada individuo una propiedad con arreglo a las cantidades señaladas por dicha ley a cada grado». Así, el proceso revolucionario independentista adquirió rasgos democráticos, al no limitarse ya a beneficiar exclusivamente a los ricos criollos.[15]

Bolívar también dispuso que se interviniera la mayor parte de las producciones agropecuarias de las regiones liberadas, para intercambiarlas por armas y pólvora con el exterior; la falta de abundantes artesanías en Venezuela impedía que sus ejércitos obtuviesen en el país los recursos bélicos requeridos.

Bolívar culminó la primera parte de su nuevo proyecto emancipador con la toma de Angostura, el más relevante puerto fluvial de Los Llanos, al que proclamó su capital. Después se desplazó hacia el oeste para toparse con Santander, quien navegaba por el Apure y el Orinoco con el propósito de encontrarle. A él, Bolívar le encomendó, el 26 de agosto de 1818, que se desplazara a Casanare, con el objetivo de organizar, con las guerrillas de la zona, el Ejército Libertador de Nueva Granada, con el cual pretendía cruzar más tarde la imponente cordillera de los Andes. Y poco después, en Caribena, preparó con Páez la Campaña de Los Llanos.

El Congreso de Angostura

El 15 de febrero de 1819, Bolívar convocó al Congreso de Angostura, en el que trazó importantes lineamientos para la ascendente nacionalidad, al decir:

> Tengamos presente que nuestro pueblo no es el europeo, ni el americano del norte, que más bien es un compuesto de África y de América, que una emanación de la Europa; pues que hasta la España misma, deja de ser europea por su sangre africana, por sus instituciones y por su carácter. Es imposible asignar con propiedad a qué familia humana pertenecemos. La mayor parte del indígena se ha aniquilado, el europeo se ha mezclado con el americano y con el africano, y este se ha mezclado con el indio y con el europeo.

¿No dice el Espíritu de las Leyes que estas deben ser propias para el pueblo que se hacen? ¿Que es una gran casualidad que las de una nación puedan convenir a otra? ¿Que las leyes deben ser relativas a lo físico del país, al clima, a la calidad del terreno, a su situación, a su extensión, al género de vida de los pueblos? ¿Referirse al grado de libertad que la Constitución puede sufrir, a la religión de los habitantes, a sus inclinaciones, a sus riquezas, a su número, a su comercio, a sus costumbres, a sus modales? ¡He aquí el Código que deberíamos consultar y no el de Washington![16]

En su intento por conciliar los intereses vitales de los plantadores con los de los humildes o explotados, Bolívar propuso la creación de un prestigioso ejecutivo vitalicio, que fungiese como poder moderador entre un Senado burgués hereditario, el cual garantizaría la supremacía de esa clase, como en Gran Bretaña, y una Cámara de representantes populares electa mediante el sufragio casi universal;[17] era una original adaptación creadora del pensamiento de Montesquieu en relación con el equilibrio de poderes divididos, pero influido por las ideas democráticas de Rousseau, y adecuadas a las necesidades verdaderas del momento venezolano.[18] Por eso concluyó:

El sistema de gobierno más perfecto, es aquel que produce mayor suma de felicidad posible, mayor suma de seguridad social y mayor suma de estabilidad política […] que no se pierdan, pues, las lecciones de la experiencia; y que las escuelas de Grecia, Roma, de Francia, de Inglaterra y de América nos instruyan en la difícil ciencia de crear y conservar las naciones con leyes propias, justas, legítimas, y sobre todo útiles. No olvidando jamás que la excelencia de un gobierno no consiste en su teoría, en su forma, ni en su mecanismo, sino en ser apropiado a la naturaleza y el carácter de la nación para quien se instituye.

> Nada es tan contrario a la armonía entre los poderes, como su mezcla. Nada es tan peligroso con respecto al pueblo, como la debilidad del Ejecutivo.
>
> Mi deseo es que todas las partes del Gobierno y la Administración adquieran el grado de vigor que únicamente puede mantener el equilibrio, no solo entre los miembros que componen el gobierno, sino entre las diferentes fracciones de que se compone nuestra sociedad [...] Para formar un Gobierno estable se requiere la base de un espíritu nacional, que tenga por objeto una inclinación uniforme hacia dos puntos capitales, moderar la voluntad general y limitar la autoridad pública [...] todas nuestras facultades morales no serán bastante, si no fundimos la masa del pueblo en un todo, la composición del Gobierno en un todo. Unidad, Unidad, Unidad, debe ser nuestra divisa.[19]

Los plantadores que dominaban la Constituyente desestimaron el llamamiento bolivariano a erigir una república democrática, pues rechazaron la abolición de la esclavitud y mantuvieron la exigencia de tener propiedades de cierto valor para disfrutar del sufragio. Por lo tanto, ya no era necesario contar con un Senado hereditario compuesto por ricos criollos en equilibrio con una Cámara popular electa por el voto casi universal, pues todo el legislativo sería burgués. Tampoco resultaba entonces necesario un poder ejecutivo vitalicio, con funciones moderadoras entre ambos cuerpos legisladores. En síntesis, la referida convención sancionó una república de corte girondino y federalista. ¡Así empezaron las dificultades institucionales en la estrategia política bolivariana!

Conformación de Colombia e integración latinoamericana

Proclamado presidente de Venezuela y general en jefe de sus ejércitos, Bolívar dispuso el cruce de los Andes por su porción más difícil, para sorprender a los absolutistas. La travesía fue una tarea de titanes y varias decenas de soldados perecieron congelados en el empeño. Vencido el gigantesco obstáculo, Bolívar acometió como una tromba a los asombrados colonialistas, por lo que obtuvo las victorias de Tunja y Pantano de Vargas, seguidas del extraordinario triunfo de Boyacá en agosto de 1819. Después, se produjo la apoteósica entrada de las fuerzas patrióticas en Bogotá. Pero allí Bolívar no se detuvo mucho, pues a los cuatro meses, urgido de impulsar la integración latinoamericana, regresó a Angostura, donde un Congreso nuevo constituyó la República de Colombia, integrada por neogranadinos y venezolanos, en diciembre de 1819.

Una vez alcanzado ese primer hito, Bolívar se dirigió otra vez a Bogotá, desde la cual reglamentó las confiscaciones de bienes enemigos, orientó acerca de las rentas del fisco, convirtió conventos en escuelas, dispuso medidas concernientes a la emisión de moneda y su circulación. Y, en Rosario de Cúcuta, el 20 de mayo de 1820, expidió un Decreto para restablecer en sus derechos a los indígenas expropiados hacía una década por los terratenientes. Dicha medida ordenaba que se les devolvieran «como propietarios legítimos, todas las tierras que formaban los resguardos según sus títulos, cualquiera que sea el que aleguen para poseerlas los actuales tenedores».[20] El bando de Bolívar revelaba su comprensión acerca de las necesidades del campesinado, cuyo respaldo a toda causa dependía, en primer lugar, de las medidas concretas que se adoptaran con respecto a la tierra; las grandes masas rurales solo se colocaban bajo las banderas independentistas, cuando la revolución las beneficiaba.

Bolívar preparaba su gran campaña hacia el litoral venezolano, cuando en Cúcuta el 6 de mayo de 1821 se instaló el nuevo Congreso Colombiano[21] dominado por los grandes plantadores y comerciantes, a cuyo respecto, mes y medio más tarde, escribió:

> Por aquí se sabe poco del Congreso y de Cúcuta […] esos señores piensan que la voluntad del pueblo es la opinión de ellos, sin saber que en Colombia el pueblo está en el ejército […] Todo lo

demás es gente que vegeta con más o menos malignidad o con más o menos patriotismo, pero todos sin ningún derecho a ser otra cosa que ciudadanos pasivos [...] Piensan esos caballeros que Colombia está cubierta de lanudos, arropados en las chimeneas de Bogotá, Tunja y Pamplona. No han echado sus miradas sobre las cumbres del Orinoco, sobre los pastores del Apure, sobre los marineros de Maracaibo, sobre los bogas del Magdalena, sobre los bandidos del Patia, sobre los indómitos pastusos, sobre los guajiros del Casanare y sobre todas las hordas salvajes de África y de América que, como gamos, recorren las soledades de Colombia.[22]

Muy irritado con dicho Congreso porque había establecido altos censos para ejercer el derecho de votar y otros aún mayores para aspirar a ser electo, Bolívar decidió aprovechar su extraordinaria victoria de Carabobo del 24 de junio, para solicitar a los «suaves filósofos de la legítima Colombia» —como en privado denominaba a los referidos congresistas—, que en recompensa por su trascendente éxito militar concedieran a los esclavos, al menos, la libertad de vientre. Aunque la moderada petición fue aceptada, nunca se puso en vigor, lo cual de nuevo evidenció que los plantadores toleraban a Bolívar sus prácticas democráticas, mientras se tratara de ganar la guerra. Sin embargo, tras la victoria, la burguesía esclavista se oponía a institucionalizar dichas revolucionarias concepciones.

El segundo jalón integrador latinoamericano tuvo lugar cuando, el 28 de noviembre de 1821, Panamá se emancipó del yugo absolutista y por voluntad propia se incorporó como nueva provincia a la gran República que Bolívar construía. Pero el tercer intento de integración no avanzó por los mismos derroteros exitosos, pues los acontecimientos estuvieron relacionados con la evolución del contiguo territorio hispánico liberado por Louverture en 1801, y el cual, luego de la independencia haitiana, había quedado bajo dominio del colonialismo francés.

Siete años más tarde, al producirse la invasión napoleónica a España, la incipiente nacionalidad dominicana encabezada por Juan Sánchez se rebeló en solidaridad con la idealizada antigua metrópoli. Aunque en la práctica los dominicanos se autogobernaron después con entera libertad, fue con la bandera peninsular que el jefe insurrecto ejerció el cargo de capitán general, mientras José Núñez de Cáceres desempeñaba el de teniente gobernador. Ello funcionó así hasta 1814, cuando París aceptó devolver al Trono español esta parte de la isla, a la que retornaron los funcionarios absolutistas. Entonces, se terminaron las libertades burguesas aportadas por la Constitución de Toussaint, que en buen grado mantuviera el control bonapartista.

El 30 de noviembre de 1821, una insurrección dirigida por el mencionado Núñez de Cáceres proclamó la independencia de Santo Domingo, que de inmediato solicitó su incorporación a la Colombia bolivariana. Todo se desarrolló normalmente hasta enero de 1822, cuando el sucesor del fallecido Petión ordenó la invasión de la recién emancipada y colindante zona; en efecto, Jean Pierre Boyer se había erigido en tiránico gobernante de su propio pueblo y anhelaba, además, anexarse la referida región oriental. Al llevarse a efecto ese despreciable plan, se propinó un rudo golpe al hermoso empeño colombiano de integración.

Las fuerzas latinoamericanas de San Martín no pudieron inicialmente socorrer a los plantadores y comerciantes de Guayaquil, que se habían sublevado en octubre de 1820. Estos, al no poder resistir más el empuje de las fuerzas absolutistas, compuestas por peninsulares aliados a los feudales de la sierra quiteña, solicitaron entonces el auxilio de Bolívar, quien, en mayo de 1821, envió a su más joven y brillante general: Antonio José de Sucre.

Tras recibir en Huachi el único revés de su carrera, ese extraordinario militar pidió ayuda a San Martín, quien le pudo enviar en ese momento desde Perú un cuerpo de granaderos, comandado por Andrés de Santa Cruz. Con estos refuerzos, atacó a los colonialistas a partir de las nevadas cimas del volcán Cotopaxi y los derrotó en la formidable batalla de Pichincha. Cinco días más tarde, el 29 de mayo de 1822, toda la región de Quito, ya liberada, se incorporó a la gran República de Colombia.

Entrevista de Guayaquil: Bolívar y San Martín

Bolívar acometió una etapa nueva de sus proyectos integradores con la firma del Tratado de Alianza y Confederación Eternas entre Perú y Colombia, el 6 de julio de 1822. Su articulado planteaba acuerdos de complementación económica y el compromiso de incorporar a los demás Estados hispanoamericanos a una Liga de Unión Perpetua, que se constituiría mediante una Asamblea General de Plenipotenciarios que debía celebrarse en el istmo de Panamá. El histórico acuerdo fue ratificado a los veinte días, cuando Simón Bolívar y José de San Martín se entrevistaron en Guayaquil: era un 26 de julio.[23] En esa fecha, ambos próceres se reunieron para dialogar acerca del futuro de la América meridional, dentro de cuya temática analizaron las perspectivas de la federación creada unas tres semanas antes, y debatieron sobre la conveniencia de establecer su capital en Guayaquil. También se estudió la probable incorporación del Chile de O'Higgins a la alianza establecida, así como la de otros países hermanos. Durante la entrevista, San Martín se manifestó enfermo —vomitaba sangre— y expuso a Bolívar su disgusto por las constantes intrigas de la oligarquía peruana. Llegó, incluso, a confesar su intención de renunciar a la primera magistratura de Perú tan pronto regresara a Lima.

Conforme a lo que había expresado a Bolívar ante el Congreso, San Martín depuso, el 20 de septiembre de 1822, los mandos supremos de los que estaba investido —político y militar—, a la vez que anunció su retorno definitivo a la vida civil. Esa misma noche, envuelto en la mayor modestia, al embarcar en el puerto de Ancón, dijo:

> Presencié la declaración de los Estados de Chile y el Perú; existe en mi poder el estandarte que trajo Pizarro para esclavizar el imperio de los incas y he dejado de ser hombre público; he aquí recompensados con usura diez años de revolución y de guerra. Mis promesas para con los pueblos en que he hecho la guerra están cumplidas; hacer la independencia y dejar a su voluntad la elección de sus gobiernos.[24]

Bolívar alcanzó el segundo eslabón confederativo de su proyecto integrador a los tres meses de la Entrevista de Guayaquil, cuando, el 21 de octubre, Colombia firmó un tratado similar al anterior con el Chile de O'Higgins, que de igual manera establecía la unión tanto en la paz como en la guerra. También la República de México, presidida por Guadalupe Victoria, rubricó un convenio semejante a los precedentes, pero además este subrayaba lo imperioso de expulsar a España de sus remanentes colonias en Cuba y Puerto Rico, así como la necesidad de establecer un acuerdo defensivo para enfrentar el expansionismo de Estados Unidos.

A las cuarenta y ocho horas de celebrada la Entrevista de Guayaquil, Simón Bolívar despachó hacia Perú, en solidaria ayuda, a los batallones colombianos vencedores en Boyacá y Pichincha, encabezados por Antonio José de Sucre. Ello fue necesario, porque en la hermana República andina la correlación de fuerzas cambiaba mucho con el anunciado retiro de San Martín a la vida privada. En el Congreso, por ejemplo, los terratenientes impusieron el voto con un altísimo censo, mantuvieron los privilegios aristocráticos y entregaron el poder ejecutivo a un triunvirato dirigido por José de La Mar. Pero las rivalidades de grupos provocaron un motín militar que impuso a José de la Riva Agüero como jefe del ejecutivo.

Este antiguo funcionario del absolutista Tribunal Mayor de Cuentas y descendiente de la más rancia nobleza castellana, originó el caos dentro de las filas independentistas, cuyas fuerzas periclitaron.

En ese contexto, los contingentes metropolitanos respaldados por los feudales del Altiplano contraatacaron de manera tan impetuosa, que pusieron en peligro a Lima. Entonces, el espantado Congreso encargó a Sucre el mando de las tropas, lo que no fue aceptado por el advenedizo presidente, quien evacuó la ciudad y se replegó a Trujillo junto con sus partidarios. Y desde allí pactó con los colonialistas, a pesar de lo cual Sucre reocupó la capital, donde entregó el poder a Torre Tagle.

Así, esta guerra retomó sus tradicionales contornos imprecisos, pues los grandes propietarios de ambos campos tenían muchas dudas en relación con sus perspectivas en el futuro. De un lado, la relativa debilidad de los plantadores de la costa los impulsaba a actuar con indecisión, pues carecían de confianza en sus propias fuerzas. Del otro, los feudales titubeaban entre los atractivos de una independencia a su guisa y el temor a un destino imprevisible con la metrópoli, cuyo colonialismo había perdido crédito.

Revolucionarios Decretos de Trujillo

El Congreso de Perú emitió un Decreto el 14 de mayo de 1823, que solicitaba a Bolívar su presencia en Lima con el fin de otorgarle plenos poderes. Pero el impaciente general tuvo que soportar una larga espera, hasta que el Congreso de Colombia lo autorizara a partir al extranjero. Recibido el anhelado permiso, el venezolano arribó el 1ro. de noviembre a dicha ciudad, expulsó del país a De la Riva Agüero, denunció los turbios manejos de Torre Tagle—quien se entregó a las autoridades españolas—, instaló su cuartel general en Trujillo tras declararla capital de la República y allí emitió radicalísimas disposiciones: ordenó el embargo de víveres y ganado, confiscó la plata de las iglesias, gravó con cuantiosos impuestos a los ricos, se vinculó con las diversas montoneras o guerrillas populares y, además, emitió su conocido Decreto del 8 `de abril de 1824, destinado a eliminar los realengos —herencia de las tierras del Inca—, así como la arcaica forma de propiedad comunal sobre los suelos,[25] engendrados en los antiguos Estados precolombinos. La supervivencia de esos vetustos y primitivos resguardos siempre había favorecido el enriquecimiento de reaccionarios caciques feudales, cuyo dominio conservador sobre los expoliados ayllus o comunidades campesinas originarias era total. Entonces, con el propósito de crear pequeñas propiedades, Bolívar orientó repartir las referidas tierras estatales y las pertenecientes a las viejas comunidades agrícolas, entre los empobrecidos indígenas que tradicionalmente las habían cultivado.

El revolucionario despertar de las aletargadas conciencias de las masas rurales, beneficiadas por las novedosas disposiciones agraristas, ayudó al fortalecimiento de quienes luchaban por la independencia, cuyo Ejército dirigido por el propio Bolívar ganó el 6 de agosto de 1824 la gran batalla de Junín,[26] seguida a los cuatro meses por la concluyente victoria de Sucre en Ayacucho.[27] Ese día, un virrey, catorce generales y nueve mil trescientos diez soldados se rindieron a los batallones internacionalistas de los revolucionarios latinoamericanos.

Casi enseguida culminó la liberación del Alto Perú, en donde Bolívar emitió sus también famosos Decretos del 4 de julio, en Cuzco, y diciembre de 1825, en Chuquisaca, en los que reiteraba su decisión de multiplicar los nuevos predios campesinos, erradicar los tributos y abolir todo tipo de mita o servidumbre. Los acápites uno, dos y cinco del primer texto jurídico mencionado, establecían que ningún individuo podía exigir un servicio personal sin que precediera un contrato libre concerniente al precio del trabajo, a pagar de inmediato, en cuantía adecuada y dinero contante.

Bolívar también defendía avanzadísimas concepciones educacionales, opuestas a los entonces prevalecientes criterios burgueses de enseñanza religiosa, masculina, privada y elitista. Por eso, dispuso la fundación de la Universidad de Trujillo, laica, gratuita y popular, así como la de Quito, en la que se enseñaría la lengua quechua; envió a diez jóvenes a estudiar economía política a Inglaterra; inauguró en Cuzco una escuela para hembras, porque según dijo «la educación de las niñas es la base moral de la familia»; entregó todos los fondos de la orden monástica de los betlemitas a la educación pública, abrió un Colegio de Estudios de Ciencias y Artes, también en la antigua capital incaica, y destinó los conventos de monjes agustinos —recoletos— a la enseñanza.

Bolívar hizo más amplia y profunda su siembra de escuelas, cuando en Chuquisaca, el 11 de diciembre de 1825, emitió una extraordinaria Ley que establecía la educación de todos los niños huérfanos pobres a cargo del Estado. Este financiaría dicha actividad al dedicar todos los bienes raíces y derechos eclesiásticos, así como sus rentas y capellanías a una Dirección General de Enseñanza Pública, a cargo de su antiguo preceptor: Simón Rodríguez. Luego, en su empeño por generalizar la instrucción, orientó que se organizaran escuelas primarias para todos los niños de ambos sexos —con las divisiones correspondientes—, tras lo cual mandó que se constituyera en la capital de cada departamento una Escuela Normal para formar maestros. Y sentenció: «El primer deber del gobierno es dar educación al pueblo».

Constitución de Bolivia

Bolívar aceptó la solicitud de elaborar una Constitución para el Alto Perú, y a dicha tarea dedicó toda su capacidad y experiencia, pues pretendía redactar un texto democrático. Este debía abolir la esclavitud, así como la aparcería y servidumbre feudales, a la vez que sentaría los principios de igualdad y libertad para todos e impediría tanto la anarquía como la tiranía.

Finalmente, en el mencionado documento, Bolívar no solo estableció la consabida trilogía de poderes independientes —ejecutivo, legislativo, judicial—, sino que añadió otro, el cuarto, por él llamado moral o electoral.

El primero lo ejercería un presidente vitalicio, con funciones de moderador entre los otros dos pertenecientes a la tríada, quien solo podría nombrar a los empleados de hacienda, paz y guerra, así como al vicepresidente que lo sustituiría, en caso de ser aprobado este por el segundo poder. El legislativo constaba de tres cuerpos electos —ninguno ya de carácter hereditario, lo cual evidenciaba un notable desarrollo ideológico—, que serían: la Cámara de los tribunos, encargada de la hacienda y la paz o guerra; la de senadores, referente a la emisión de leyes; la de censores, celadora de la Constitución y los tratados públicos. El judicial gozaba de completa autonomía, así como de la judicatura inamovible, y su máxima instancia residiría en la Corte Suprema, nombrada por los censores a propuesta de los senadores. El poder moral o electoral proponía al legislativo a quienes estimaba que debían ser jueces y recibía de los ciudadanos las quejas por las infracciones de las leyes o sobre el procedimiento incorrecto de algún magistrado.[28]

Al finalizar su obra constitucional, Bolívar la describió así:

> El Electoral ha recibido facultades que no le estaban señaladas en otros gobiernos que se estiman entre los más liberales. Estas atribuciones se acercan en gran manera a los del Sistema Federal. Me ha parecido no solo conveniente y útil, sino también fácil, conceder a los Representantes inmediatos del pueblo los privilegios que más pueden desear los ciudadanos de cada Departamento, Provincia o Cantón. Ningún objeto es más importante a un ciudadano que la elección de sus Legisladores, Magistrados, Jueces y Pastores. Los Colegios Electorales de cada Provincia

representan las necesidades y los intereses de ellas y sirven para quejarse de las infracciones de las leyes y de los abusos de los Magistrados. Me atrevería a decir con alguna exactitud que esta representación participa de los derechos de que gozan los gobiernos particulares de los Estados Federados. De este modo se ha puesto un nuevo peso a la balanza contra el Ejecutivo, y el Gobierno ha adquirido más garantías, más popularidad y nuevos títulos para que sobresalga entre los más democráticos.[29]

La Constitución de la República de Bolívar, o Bolivia como se redenominó el Alto Perú en honor al Libertador, se nutría de la *Declaración de los Derechos del Hombre y del Ciudadano*, del *Bill of Rights* estadounidense, y de los textos franceses emitidos en 1791, 1793 y 1799. Incluso, el poder vitalicio del presidente recordaba las atribuciones del primer cónsul, acorde con lo que indicaba la Ley Primada de Francia del año VIII, asimismo, el sistema de elecciones en dos grados se encontraba en las cartas magnas francesas de 1791, 1795 y 1799, así como en la Constitución de Cádiz.[30] Lo concerniente al sufragio sin exigencias de riquezas —pues en su texto Bolívar solo requería virtudes y capacidades—, era propio de la avanzadísima concepción jacobina plasmada en el muy radical documento de 1793. Y dicha revolucionaria influencia también se revelaba en el democrático precepto, según el cual el gobierno boliviano debía ser: «popular y representativo», pues «la soberanía emana del pueblo y su ejercicio reside en los poderes que establece esta Constitución».[31]

El Congreso Anfictiónico de Panamá

En su calidad de presidente de Perú, Simón Bolívar convocó el 7 de diciembre de 1824 a los gobiernos de Colombia, Chile, México, Río de la Plata y Centroamérica, para que enviaran delegados al istmo de Panamá para formar una Confederación. En su misiva, escribió: «Diferir más tiempo la asamblea general de los plenipotenciarios de las repúblicas que de hecho están ya confederadas, hasta que se verifique la accesión de las demás, sería privarnos de las ventajas que produciría aquella asamblea desde su instalación».[32]

Con respecto al lugar, añadió:

> Parece que si el mundo llega a elegir su capital, el Istmo de Panamá sería señalado para este augusto destino, colocado como está en el centro del globo, viendo por una parte el Asia, y por la otra el África y la Europa. El Istmo de Panamá ha sido ofrecido por el gobierno de Colombia para este fin, en los tratados existentes. El Istmo está a igual distancia de las extremidades; y por esta causa podría ser el lugar provisorio de la misma asamblea de los confederados.[33]

Y concluyó:

> El día que nuestros plenipotenciarios hagan el canje de sus poderes, se fijará en la historia diplomática de América una época inmortal. Cuando, después de cien siglos, la posteridad busque el origen de nuestro derecho público y recuerde los pactos que consolidaron su destino, registrarán con respeto a los protocolos del Istmo. En él encontrarán el plan de las primeras alianzas, que trazará la marcha de nuestras relaciones con el universo. ¿Qué será entonces el Istmo de Corinto comparado con el de Panamá?[34]

Bolívar excluyó de participar en el cónclave anfictiónico a solo dos Estados latinoamericanos. Haití, a quien no se invitó a causa del anexionismo practicado por Boyer contra los independentistas dominicanos, y Brasil. Este país, tras su emancipación política, no se había constituido en República, sino en Imperio que además oprimía a la Banda Oriental. Al mismo tiempo, la magnitud de su enorme masa esclava solo era superada en el mundo por la de Estados Unidos.

Por su parte, Paraguay, mediante una carta del Dr. Francia fechada el 23 de agosto de 1825, declinó concurrir al Congreso de Panamá; en su respuesta, el máximo dirigente de los chacreros dejaba constancia de que sus contradicciones de clase con la burguesía plantadora y comercial, le impedían aceptar la invitación.[35]

Entusiasmado por las perspectivas de crear una gran Confederación, Bolívar escribió a los delegados colombianos al Congreso de Panamá sus célebres instrucciones, en las cuales ante todo planteaba aprobar la liga militar reclamada con insistencia por México. Pero también Bolívar pensaba que el referido acuerdo defensivo resultaba imprescindible, debido a su trágica experiencia en la península de la Florida; como es sabido, en junio de 1817 ciento cincuenta combatientes despachados por él habían desembarcado en la isla Amelia, situada en la costa atlántica, donde proclamaron una República independiente, cuya capital gubernamental se estableció en el estratégico puerto de La Fernandina. Esta audaz operación tenía por objetivo permitir el almacenamiento allí de los materiales bélicos que fuesen adquiridos en Estados Unidos, con el propósito de luego enviarlos hacia Sudamérica.[36] Al mismo tiempo, los navíos de dicha avanzada revolucionaria debían capturar los suministros adquiridos por los colonialistas a los comerciantes de ese país norteño, quienes luego los embarcaban para las fuerzas absolutistas en Venezuela. Eso fue lo que sucedió cuando una flotilla de los patriotas capturó las goletas norteamericanas *Tigre* y *Libertad*, que transportaban armas y abastecimientos estadounidenses para las tropas del rey de España. Entonces, Bolívar escribió al representante del gobierno de Washington —país formalmente neutral ante la guerra de independencia— en Angostura, una protesta que decía:

> La imparcialidad que es la gran base de la neutralidad desaparece en el acto en que se socorre a una parte contra la voluntad expresa de la otra.

Hablo de la conducta de los Estados Unidos del Norte con respecto a los independentistas del Sur, y de las rigorosas leyes promulgadas con el objetivo de impedir toda especie de auxilio que pudiéramos procurarnos allí.

El resultado de la prohibición de extraer armas y municiones califica claramente esta parcialidad. Los españoles que no las necesitan las han adquirido fácilmente, mientras que las que venían para Venezuela se han detenido.[37]

Los sucesos inmediatos corroboraron la inadecuada conducta estadounidense respecto a los revolucionarios latinoamericanos, pues el 23 de diciembre del propio año, las Fuerzas Armadas norteamericanas —al mando de Andrew Jackson, más tarde presidente de ese país— ocuparon la Florida y expulsaron a los independentistas de La Fernandina. Luego, en 1819, el gobierno estadounidense propuso al Trono absolutista un acuerdo general sobre límites en Norteamérica, que determinaba la intangibilidad de la frontera en Texas a cambio de una compensación económica para el reaccionario monarca, quien debía también reconocer la pérdida por España de la Florida. Fernando VII, por supuesto, aceptó.

El éxito alcanzado en la aventura floridana revitalizó las tendencias expansionistas de Estados Unidos sobre el Caribe, que en 1823 reiteraron sus deseos, expuestos desde tiempos de Thomas Jefferson, de anexarse a Cuba. Pero esas pretensiones fueron detenidas por Gran Bretaña, con ambiciones propias, que despachó en este momento hacia las Antillas una poderosa flota de guerra. Esa pugna entre ambas potencias indujo al presidente Monroe a publicar en diciembre de 1823 su ambigua doctrina, que en realidad anunciaba las apetencias estadounidenses sobre América Latina. Pero la incapacidad entonces de ese gobierno para llevarla a cabo, condujo a la política llamada de la *fruta madura*, mediante la cual Estados Unidos preconizó que la Isla se mantuviera en las débiles manos de España, en espera de condiciones propicias para efectuar su proyectada anexión.

En contraste con tan repudiable oportunismo, Bolívar señaló a los delegados colombianos a la anfictionía, que uno de los temas de mayor importancia era el de liberar las islas de Cuba y Puerto Rico, y en ellas abolir la esclavitud. Sabía él que, en relación con esta, existían en la mayor de las Antillas diversas posiciones políticas. En efecto, una conspiración de adeptos a la independencia había sido descubierta en 1810, cuya Constitución esclavista redactara Joaquín Infante, quien huyó a Venezuela. Pero a los dos años, un movimiento de artesanos libres y esclavos, llamado la Sublevación de Aponte, aterrorizó a los plantadores y los apartó de las tendencias emancipadoras. La actividad revolucionaria resurgió en Cuba a partir de 1821, al ser creada la sociedad secreta Soles y Rayos de Bolívar, que tenía por objetivo proclamar la República de Cubanacán; pero en 1823 esos proyectos fueron descubiertos poco antes de que se produjera el alzamiento. Entonces, muchos de quienes lograron escapar buscaron refugio en Colombia, donde pensaban promover junto a Bolívar nuevos planes de independencia para la Isla. En esta, por esa época, el presidente mexicano Guadalupe Victoria también auspiciaba una conspiración, llamada Gran Legión del Águila Negra, que tenía un propósito similar al anterior.

El gobierno estadounidense conminó en términos muy enérgicos a Colombia y México a abstenerse de incitar a los esclavos de las Antillas a sublevarse, y a no realizar expedición alguna para emancipar a dichas colonias insulares hispanas.[38] También, en diciembre de 1824, Monroe rechazó el planteamiento colombiano de prohibir la trata y perseguirla por doquier. Tan prolongada sarta de contradicciones, indujo a Bolívar a excluir a Estados Unidos de cualquier participación en la reunión anfictiónica, pues además dicho país era el mayor esclavista del mundo. Quizás por ello estalló en ira, cuando Santander, encargado interino del poder eje-

cutivo colombiano en ausencia del Libertador, le comunicó haber
«creído conveniente invitarles a la augusta Asamblea de Panamá».
Indignado, Bolívar le respondió que los estadounidenses «por solo
ser extranjeros tienen el carácter heterogéneo para nosotros. Por lo
mismo jamás seré de la opinión de que les convidemos para nuestros arreglos».[39]

En cambio, sí invitó en calidad de observadores a Holanda y
Gran Bretaña, únicas potencias europeas que no participaban en
la Santa Alianza. Este reaccionario pacto, que había restablecido el
absolutismo en España a fines de agosto de 1823, tenía como otra
de sus principales metas, reimplantar el régimen colonial sobre
toda Iberoamérica.

El Congreso Anfictiónico o Asamblea de Diputados a la Confederación, se inauguró en Panamá el 22 de junio de 1826 con delegados de cuatro Estados: Colombia, México, Perú y Centroamérica.
No estuvo presente el gobierno de Buenos Aires, porque Rivadavia
durante su presidencia rechazó participar, y tras su renuncia quien
lo sustituyera aceptó enviar a sus representantes, pero ellos no
tuvieron ya la posibilidad de llegar a tiempo. Por su parte, el Alto
Perú no había sido emancipado aún en el momento de la convocatoria. Y cuando la nueva República se instituyó, Sucre —presidente
interino por Bolívar— tampoco logró mandar a sus diputados antes
de que finalizara dicho cónclave.

En Chile, la situación fue distinta, pues los conservadores
—eclesiásticos, aristócratas, comerciantes monopolistas o vinculados con los estancos—, estaban tan disgustados con O'Higgins, a
quien acusaban de haber aprobado la Constitución liberal emitida
en 1822, que finalmente lo obligaron a abandonar el poder ejecutivo. Después, los nuevos gobernantes esgrimieron los argumentos
más banales para no tomar parte en la magna reunión.

Estados Unidos tampoco llegó a participar en la anfictionía, aunque había aceptado la invitación de Santander, pues uno de sus delegados murió en camino y el otro arribó al sitio cuando todo había terminado.

En la sesión inaugural del referido Congreso en Panamá, se produjo el canje de credenciales de los diputados y se aprobó el sistema de trabajo. A la mañana siguiente, Perú adelantó un proyecto de Confederación que se puso en debate. Luego, se acordó elegir una comisión que elaborase una contrapropuesta. Dicha tarea absorbió el trabajo de los congresistas durante diecisiete días. Y después, a partir del 10 de julio, se acometió la aprobación del texto, por partes, en reuniones plenarias que ocuparon hasta el día trece. Veinticuatro horas más tarde se discutió la posible mediación británica en el conflicto remanente con España. Asimismo, se discutieron las posibilidades de trasladar las actividades a otro lugar, pues en el istmo se presentaban demasiadas dificultades materiales. Por último, a las once de la noche del 15 de julio de 1826, en la sala capitular del antiguo Convento de San Francisco, los delegados firmaron el texto. Solo faltaba que las instancias pertinentes en cada República lo ratificaran para que el Tratado de Unión, Liga y Confederación Perpetua fuera efectivo y entrara en vigor. Poco después el general Andrés de Santa Cruz, presidente interino peruano en ausencia del Libertador, cumplió los anhelos de este y firmó el 15 de noviembre el acuerdo mediante el cual Bolivia y Perú se convertían en una Federación.

5. Involución conservadora en países emancipados

Una vez alcanzada la independencia en América Latina, por lo general no fueron los sectores burgueses los que emergieron con mayor poderío económico, pues muchos de ellos habían perdido considerables porciones de sus bienes, o todos ellos, durante el conflicto; buena parte de los plantadores vieron sus propiedades destruidas por la guerra o sus esclavos emancipados en la lucha, mientras no pocos mercaderes se arruinaron por las confiscaciones llevadas a cabo, o a causa del deterioro de la actividad comercial. Era, por lo tanto, solo una cuestión de tiempo hasta que los despojaran de la supremacía política temporalmente alcanzada.

En contraste, los intereses más conservadores, por no decir reaccionarios, apenas habían sufrido menoscabo, pues las leyes revolucionarias se aplicaban exclusivamente en los sitios donde permanecían los ejércitos liberadores. Así, los terratenientes y, en primer lugar, la Iglesia católica, siguieron viviendo de la aparcería y la servidumbre indígenas, prácticas con frecuencia acompañadas de monopolios portuarios y estancos de cultivos o productos.

La ofensiva conservadora se había iniciado en Chile al perder O'Higgins la primera magistratura. Luego continuó por Perú, donde los oligarcas crecientemente dificultaban el abastecimiento de las tropas internacionalistas, a las que tildaban de «ejército de ocupación». Hasta que lograron el retiro de los soldados colombianos, a partir de cuyo momento cambió en ese país la correlación de fuerzas en perjuicio de la revolución. Los terratenientes convocaron entonces a un Congreso nuevo, que derogó las leyes de Bolívar y San Martín, con lo cual fueron restablecidos la mita y el tributo, arrebatadas las tierras repartidas a los indígenas, reimplantada la esclavitud de los negros y emitida una Constitución que eliminaba las libertades públicas.

A la represión interna, siguió la guerra hacia el exterior, contra los regímenes bolivarianos dondequiera que estos se encontraran. Y en ninguna parte era este más débil que en Bolivia, en la cual se repetían los acontecimientos ya acaecidos en el vecino país andino. Pero aquí, la reacción altoperuana fue auxiliada por una invasión de los terratenientes procedentes de Perú, lo cual indujo a Sucre a renunciar al poder y marcharse hacia Colombia junto con sus fuerzas, para no convertirse en una excusa que justificara la conducta de los agresores.

En la propia gran Colombia, el panorama político se hacía cada vez más complejo; en Venezuela, los conservadores auspiciaban el separatismo escudándose en la recia figura de Páez; en Quito, los terratenientes feudales llegaron a sublevarse; en Cundinamarca, los conspiradores enemigos de Bolívar se aglutinaban alrededor del vicepresidente Santander.

Con el propósito de estabilizar el caldeado ambiente político, Bolívar convocó a un Congreso, más conocido como Convención de Ocaña, que se desarrolló de abril a junio de 1828 y en el cual preponderaron los santanderistas, quienes derogaron la llamada Constitución Vitalicia e, incluso, intentaron asesinar al presidente. Durante la noche nefanda del 28 de septiembre, Bolívar solo salvó la vida gracias a la corajuda actuación de su querida Manuela Sáenz, apodada desde entonces como *la Libertadora*.

Frustrado el magnicidio, Bolívar destituyó a Santander, suprimió su cargo, asumió poderes omnímodos y dictó nuevas medidas transformadoras como: reducir las alcabalas, afectar el diezmo, suprimir los mayorazgos y aumentar los aranceles de aduana a los productos rivales de los autóctonos, mientras rebajaba los impuestos pagados por las exportaciones. De esta forma, deseaba auspiciar el restablecimiento del quebrantado potencial económico de los plantadores, sin afectar la capacidad productiva de los artesanos ni establecer el librecambio.

Estas adicionales disposiciones de Bolívar, por doquier exacerbaron todavía más los ánimos de los reaccionarios. En Pasto y Popayán se sublevaron los terratenientes feudales. Perú envió una belicosa flotilla a ocupar Guayaquil en enero de 1829, a la vez que su Ejército penetraba en Colombia. El exiliado Santander se confabulaba con William Henry Harrison, agente estadounidense en Bogotá y más tarde presidente de ese país, para derrocar a Bolívar. Exasperado por esa inaudita actitud, Bolívar escribió el 5 de agosto de 1829: «Los Estados Unidos parecen destinados por la providencia para plagar la América de miserias a nombre de la libertad».[40] Luego, se enteró de la gran victoria de Sucre contra los invasores peruanos en Tarqui, así como de la recuperación de la estratégica ciudad portuaria guayaquileña.

El régimen bolivariano, sin embargo, estaba condenado a muerte. La poderosa coalición que lo había engendrado, se deshacía con rapidez tras su colosal victoria sobre el colonialismo. Las variadas fuerzas que la integraran, luego de la desaparición del enemigo común, tomaban rumbos opuestos. Cada una en busca de satisfacer sus propios objetivos. Por lo tanto, en noviembre de 1829, los conservadores venezolanos se escindieron definitivamente, seguidos a principios de año por los de Quito, que hicieron lo mismo. Y, hacia allá marchó Sucre, anhelante de impedir lo inevitable. Pero lo asesinaron en las montañas de Berruecos, el 30 de junio, para que ni siquiera lo intentara.

Muy afectado por el crimen contra el Mariscal de Ayacucho, Bolívar decidió no sumir al país en una larga y sangrienta guerra civil. Tampoco deseaba convertirse en centro de polémicas. Solo quería paz y estabilidad en la República. Para sí, nada pedía. Se había convertido en un hombre pobre, al emancipar sus esclavos, distribuir sus tierras, donar sus casas de Caracas, repartir entre sus oficiales y amigos en dificultades el dinero heredado. Rechazaba, además, cualquier pensión que gravara las finanzas estatales. En reconocimiento a su gesta, le bastaba el respeto y generalizado agradecimiento, que a su paso la gente humilde le patentizaba.

Enfermo de gravedad, muy delgado, el rostro descolorido, apenas lograba subir la escalera de la casa con la ayuda del hijo de Miranda. Sufría intensos dolores de cabeza y del hígado. ¡Estaba tuberculoso!

Pasaba los días contemplando el espléndido paisaje de la Sierra Nevada, desde su ventana en la finca de un conocido, en Santa Marta. Poco antes de morir, a un íntimo amigo musitó: «Hemos arado en el mar».[41] Después, a la una de la tarde del 17 de diciembre de 1830, falleció, Simón Bolívar, el Libertador.

Capítulo 3

Contradicciones en el surgimiento de los Estados Nacionales

1. Proteccionismo *versus* librecambio y federales *versus* unitarios

Desarrollo económico paraguayo

En Paraguay, los pequeñoburgueses tomaron el poder y dedicaron todas sus fuerzas a la construcción de un Estado Nacional, así como a su defensa.[1] En ese contexto, una de las primeras preocupaciones gubernamentales fue la diversificación de la agricultura y, en dicho proceso, se hizo énfasis en los cultivos destinados al mercado interno por encima de los dedicados a la exportación. A la vez, aunque una determinada cantidad de lotes se entregó a los peones de las antiguas plantaciones que habían sido expropiadas, la mayor parte de dichos latifundios permaneció en manos del Estado; el régimen del Dr. Francia prefería crear Estancias de la Patria en los predios que habían pertenecido a la oligarquía emigrada. En las referidas tierras estatales, las carnes producidas se destinaban al abastecimiento del mercado nacional, mientras los cueros iban a la exportación. En lo concerniente a las tribus guaraníes, se mantuvieron criterios similares, pues se respetó la posesión y cultivos colectivos de los tradicionales suelos comunales. Pero de su administración, se eliminó a los caciques.

En lo relacionado con las artesanías e incipientes manufacturas, el Estado adoptó una política protectora al prohibirse la competencia de artículos foráneos, para que se desarrollaran las producciones nacionales. De esta forma, se comenzó a vigorizar la economía paraguaya, que trabajaba sobre todo para el consumo interno, cuyas magnitudes eran respetables; en un área bien delimitada y relativamente compacta, el número de habitantes se asemejaba al existente en las tres extensas y distantes regiones argentinas. Gracias a dicha peculiaridad geodemográfica, la vinculación entre todas las zonas de Paraguay se hizo fortísima y creció el sólido mercado nacional. Junto a ese proceso, se produjo una acumulación de riquezas en manos de los más hábiles y fuertes productores, quienes, a la muerte del Dr. Francia en el año 1840, deseaban y estaban capacitados para dejar de pertenecer a su antigua clase social y empezar a componer otra: la burguesa.

Tras un breve forcejeo político, la burguesía nacional ocupó el poder en Paraguay dirigida por Carlos Antonio López. Este individuo, famoso por las ideas liberales que había expuesto en su *Tratado de los Derechos y Deberes del Hombre Social*, era un buen exponente de las proyecciones socioeconómicas de ese grupo, cuyos integrantes sobre todo producían para el mercado interno, sin estar asociados con capitales foráneos.[2]

El nuevo gobierno modernizó el sistema de impuestos, elaboró un avanzado reglamento proteccionista de aduanas, restableció el comercio con la provincia argentina de Corrientes, permitió a extranjeros adquirir la ciudadanía paraguaya, decretó una ley de vientres libres y emancipó a los esclavos de propiedad estatal. Estos eran la mayoría, ya que ese odioso régimen tenía poca importancia en el país, pues dicha fuerza laboral en el ámbito privado se empleaba mayormente en funciones doméstico-patriarcales. Luego, en 1844, esas proyecciones liberales se oficializaron mediante una Constitución llamada Ley que establece la Administración Política de la República. Esta instituía el voto censatario y garantizaba un desarrollo económico sostenido e independiente a la vez que evitaba el surgimiento de un sector privado agroexportador, que hubiera engendrado dentro de la misma clase a un grupo hermano, pero rival por el poder y adepto al librecambio. Por ello, sin importar quién poseyese las tierras, el gobierno decretó la propiedad estatal sobre la yerba mate y los árboles, cuyas maderas se empleaban en la construcción de buques.

Después, los suelos de las veintiuna comunidades agrícolas guaraníes existentes fueron incorporados a los bienes del Estado. Una parte de esos terrenos fue transformada en nuevas Estancias de la Patria, que entonces llegaron a ser 64, de cuyos pastos comían más de doscientas mil cabezas de ganado vacuno y caballar. Otras tierras fueron arrendadas en parcelas a muchos de sus antiguos cultivadores. El resto fue entregado a los propietarios que anhelaban extender sus cosechas destinadas al mercado nacional, con el empleo de la fuerza de trabajo aborigen disponible tras la desaparición de sus antiguas colectividades agrícolas.

Las positivas consecuencias económicas de las referidas transformaciones se evidenciaron a partir del surgimiento de la vecina Confederación Argentina (1852-1861), encabezada por Justo José de Urquiza, quien proclamó la libertad de navegar por los ríos de la cuenca del Plata y reconoció diplomáticamente a Paraguay, lo cual le permitió a este país negociar por sus propios medios con las naciones más avanzadas del mundo.

En Paraguay, la vida demostró que la burguesía nacional, fuerte en el agro y débil en las manufacturas, aún no tenía la capacidad económica para acometer el importante desarrollo industrial independiente necesitado por el país. Por eso, dicho grupo social fue el primero en América Latina en recurrir al capitalismo de Estado, con el propósito de impulsar una moderna actividad fabril en diversas esferas de la economía. Dichos recursos gubernamentales permitieron construir en Asunción una impresionante marina mercante nacional, la mayor del Río de la Plata, integrada por cincuenta veleros. Incluso, en dichos astilleros se llegaron a botar al agua once buques de acero provistos de calderas de vapor, cuyos insumos de hierro y acero se forjaban en la fundición estatal de Ibicuy, inaugurada en 1854, con magníficas instalaciones en las que trabajaban casi doscientos obreros. Mientras, en el arsenal del gobierno en la capital, se fundían cañones de hasta doce pulgadas, armas ligeras, proyectiles, implementos agrícolas y otros artículos más, gracias al empeño de casi trescientos asalariados. Dicha fábrica, además, en 1854 empezó a proveer los recursos necesitados para construir el primer ferrocarril de trocha ancha del Río de la Plata, que debía llegar desde la capital hasta Guaira, departamento densamente poblado donde se encontraban las mejores haciendas privadas y Estancias de la Patria.

El esplendor económico del país se reflejó en poco tiempo en su comercio exterior, que se cuadruplicó en menos de diez años, debido a lo cual a principios de la séptima década del siglo, más de trescientos buques de vapor atracaban anualmente en el puerto de Asunción.

Así, en Paraguay, el capitalismo de Estado y el proteccionismo constituyeron recursos fundamentales mediante los cuales se capitalizaron los medios de producción y de vida, para abreviar el tránsito a un moderno sistema económico. Solo una gran derrota militar podía eliminar el continuo financiamiento gubernamental a las fábricas y abolir los altos aranceles aduaneros exigidos por la burguesía nacional.

Crecimiento industrial brasileño

En el Imperio de Brasil, mientras tanto, las dificultades experimentadas por el fisco llevaron al gobierno liberal a emitir circunstancialmente en 1844 la tarifa proteccionista llamada Alves Branco. A partir de ese momento, una pléyade de burgueses se comprometió con el desarrollo del país y llegaron, incluso, a auspiciar su crecimiento industrial a pesar del impacto negativo de la esclavitud, que restringía la demanda solvente en el mercado interno. Los más destacados representantes de dicha incipiente burguesía nacional fueron los hermanos Cristian y Teófilo Otoni, aunque no alcanzaron la notoriedad de Irineo Evangelista de Souza, barón de Mauá. Este individuo, el más poderoso banquero e industrial de Brasil, sin embargo, no pertenecía a dicho grupo social porque estaba estrechamente ligado a capitalistas de Inglaterra. En 1845, Irineo compró un taller de fundición en Niterói, Río de Janeiro, e incrementó mucho sus volúmenes productivos al amparo del mencionado arancel proteccionista; a los dos años, la fábrica agrupaba ya a trescientos obreros y producía a la semana ciento cincuenta grandes tubos de hierro para las obras públicas. Poco tiempo después, dicho establecimiento contaba con unos mil trabajadores; era la instalación fabril más grande del país y elaboraba múltiples rubros, como por ejemplo, buques mercantes y de guerra, fuesen de vela o vapor, capaces de superar las doce millas náuticas por hora. En once años, construyeron 72 navíos, desde cañoneras hasta barcos para largas travesías. Luego, empezó la fabricación de piezas para ingenios azucareros, calderas para máquinas de vapor. Pero la compañía tenía un peligro: el control del Estado brasileño se encontraba en manos de los ricos plantadores que producían con fuerza de trabajo esclava, no interesados principalmente en el mercado interno. Bastaría un giro político librecambista en el gobierno, para que los referidos negocios fabriles quedaran arruinados. Y fue esto lo que sucedió en 1860, cuando se sustituyó la tarifa Alves Branco por otra más conveniente al sector agroexportador, que requería de grandes capitales con los cuales comprar más esclavos y tierras para sus cultivos en expansión.

De esa manera, se evidenció que la gran diferencia entre los regímenes de Brasil y Paraguay era el grupo social burgués que detentaba el poder. En el primer caso, estaba compuesto por esclavistas anómalos que producían para el exterior. En el otro, lo constituían productores nacionales orientados hacia el mercado interno.

Pacto Federal rioplatense

En la región del antiguo Virreinato del Río de la Plata, que actualmente conforma la República Argentina, luego del Tratado del Pilar del 20 de febrero de 1820, los ganaderos se fortalecieron mucho; esto, sobre todo a partir de la enfiteusis[3] dictada para ellos por el liberal Rivadavia, pues dicho edicto les permitió extender sus dominios a dos tercios de todas las tierras. Pero la desvinculación económica entre los distintos territorios hoy argentinos, y la incapacidad entonces de cualquier sector de la heterogénea y ascendente burguesía del área para imponerse sobre los demás, provocó una situación de constantes luchas de todo tipo.

Al respecto, los intereses del Interior deseaban proteger sus producciones de la concurrencia de las manufacturas europeas y, debido a ello, les disgustaban los reclamos de libertad de comercio exigidos por el Litoral. También se oponían a las tendencias librecambistas defendidas por los comerciantes de Buenos Aires; este grupo mercantil, en el que había ingleses dueños de 39 casas comerciales, además, defendía en política tesis unitarias, pues sus integrantes deseaban apropiarse de los ingresos aduaneros del exclusivista puerto, sin compartirlos con los otros territorios. El Litoral, por su parte, repudiaba tanto el monopolio mercantil porteño, que rechazaba el empleo de cualquier facilidad portuaria ajena a la suya, como el proteccionismo del Interior, pues anhelaba comerciar directamente con el exterior sin pagar altos derechos arancelarios y mediante sus propios puertos, ubicados aguas arriba de las grandes vías fluviales.

Esas contradicciones desembocaron en la llamada *anarquía del año XX*, de la cual emergió como figura de gran relieve Juan Manuel de Rosas. Este era un rico ganadero bonaerense, quien junto a dos socios había fundado el primer saladero con rasgos industriales de la región, y tenía una tropa compuesta por gauchos que lo idolatraban, pues los protegía de la temida Ley contra la Vagancia de 1815.

Este grupo vinculado al negocio saladeril exportaba tasajo hacia las zonas de plantaciones esclavistas —el Caribe inglés y Brasil; Cuba se sumó después de la pérdida de Texas por México, donde antes lo comprara—, lo cual les brindaba una relativa independencia con respecto al comercio y las concepciones propugnadas por Inglaterra. Por eso, no buscaban el apoyo inglés para realizar la unidad nacional argentina, que deseaban llevar a cabo mediante un entendimiento con las demás provincias.

La legislatura bonaerense designó a Rosas como nuevo gobernador en diciembre de 1829, quien de inmediato cesó el pago de intereses engendrados por los empréstitos que Rivadavia y demás gobernantes centralistas o unitarios habían concertado con Gran Bretaña.[4] Después, acometió las Reuniones de Santa Fe, que concluyeron con el Pacto Federal firmado en enero de 1831, el cual vinculaba a Buenos Aires con la Liga del Litoral o descoyuntada asociación que aglutinaba Santa Fe, Corrientes y Entre Ríos. Luego, todos se aliaron con La Rioja y derrotaron a Córdoba. Pero como el equilibrio entre las áreas debía alcanzarse sobre todo en lo económico y no exclusivamente debido a una contienda militar, que solo había abierto las puertas al compromiso político, en 1835 se dictó una Ley de Aduanas, que prohibía la importación de muchos artículos concurrentes con los autóctonos, en especial textiles y metalurgia, y ratificaba la prohibición de navegar por los ríos del Plata. Esto implicaba que el gran perdedor sería el Litoral, por lo cual dichos territorios se apartaron de Buenos Aires y se acercaron a Uruguay, ya independiente y respaldado por Inglaterra, que gobernaban los comerciantes *colorados*, aliados de Brasil; así, todos emplearían el puerto de Montevideo como vía de escape por el Atlántico hacia el exterior.

En el Litoral, sin embargo, había quienes abogaban por reincorporarse políticamente a la Federación. Entre ellos, descollaba Justo José de Urquiza, quien tomó en 1841 el poder en Entre Ríos y se alió con Buenos Aires, lo cual permitió a las tropas federales derrotar en una larga guerra a las de Uruguay, República aliada con Inglaterra y Francia; al final, los europeos se vieron forzados a reconocer la exclusiva jurisdicción de Buenos Aires sobre las vías fluviales del Plata.

La gran victoria obtenida confundió a Juan Manuel de Rosas, acerca de la verdadera correlación de fuerzas en la región. Por ello, se empeñó en suprimir la libre navegación que de hecho existía por los ríos. Pero esa decisión resultaba inaceptable para el Litoral, que se consideraba también vencedor, y sobre todo salía muy fortalecido del conflicto; había aprovechado bien los cinco años del bloqueo anglo-francés a Buenos Aires. Por ejemplo y en solo doce meses, a Entre Ríos habían entrado más de dos mil buques extranjeros. Se gestó entonces una coalición nueva, que integraron los tres interesados —Litoral, Brasil, Uruguay— en evitar el dominio bonaerense sobre el estuario del Plata. De esa forma, en 1852, Buenos Aires perdió la guerra y Rosas el poder; en esta provincia la importancia de los saladeros había menguado mucho, pues ya no tenían el mercado de Brasil debido a las leyes proteccionistas de 1844 ni el del Caribe inglés, donde la metrópoli había abolido la esclavitud.

El viejo proyecto de construir la unidad alrededor de Buenos Aires caducó. En su lugar, surgió otro, el del enriquecido Litoral, cuyo primer peldaño se alcanzó en el propio 1852 al firmarse los acuerdos de San Nicolás, que instituían la Confederación Argentina. Esta implicaba un esfuerzo muy serio por erigir un Estado Nacional a partir de concepciones liberales, pues la avanzada Constitución de 1853 implicaba la convocatoria a un Congreso —dos diputados por provincia—; libre tránsito por los ríos del Plata, con reconocimiento de la independencia de Paraguay; supresión de las aduanas internas y nacionalización del puerto bonaerense; impulsar el desarrollo de la agricultura, la industria y las comunicaciones; elevar la educación; libertades individuales —de pensamiento, palabra, propiedad, comercio—; así como igualdad jurídica para todos los ciudadanos ante las leyes. A la vez, se acometieron las tareas correspondientes al establecimiento de una administración federal.

Las provincias del Interior no rechazaron la Confederación porque las leyes proteccionistas de 1835, aún vigentes, defendían en cierta medida sus mercados tradicionales. Pero la anuencia de Buenos Aires era imposible. La burguesía comercial porteña recién había conquistado el gobierno de la provincia y rechazaba todos los objetivos de la Confederación, menos el de crear el mercado nacional. Por eso, erigió un poder autónomo y se dotó de una Constitución unitaria, que le conservaba los privilegios aduaneros.

El prolongado conflicto entre federales y unitarios oponía dos concepciones políticas distintas, en el marco de la misma ideología liberal. Dicha pugna se expresaba, incluso, en dos individuos que habían tenido un origen similar: Juan Bautista Alberdi[5] y Domingo Faustino Sarmiento eran fruto de la llamada Generación del 37, que también comprendía a otros brillantes intelectuales como Esteban Echeverría,[6] quienes pretendían identificar los problemas de Argentina para luego transformarla en un país moderno. Pero Alberdi y Sarmiento diferían en los métodos para alcanzar el objetivo.

En sus principales escritos —*Fragmento preliminar al estudio del Derecho; Cartas sobre la prensa y la política militante de la República Argentina*, más conocidas como *Cartas Quillotanas; Grandes y pequeños hombres del Plata*— Alberdi mostró su adhesión a las tradiciones criollas y a las masas populares, lo cual se evidenciaba también en su respeto por la figura de José Gervasio Artigas y sus simpatías hacia los gauchos. Entendía que la Confederación heredaba dichos valores y hasta reconocía que los caudillos representaban a las masas incultas, pero por medio de una deficiente institucionalización. Por eso, defendía el voto censatario como algo adaptado al carácter y naturaleza de una sociedad mestiza formada por *hombres de tierra adentro*.

Sarmiento, en contraste, se puso al servicio de los aristocratizantes y exclusivistas unitarios, que rechazaban el sufragio masculino universal y enarbolaban criterios de perfección étnica; en sus libros más importantes — *Civilización y Barbarie. Vida de Juan Facundo Quiroga*; *Conflictos y armonías de las razas en América*; *Carta de Yungay*— condenaba la mezcla de sangres por degenerante y defendía una inmigración proveniente del norte europeo que ayudase a erradicar a gauchos e indios.

En contraste con la bonanza económica de Buenos Aires, cada día más vinculada y dependiente del comercio inglés, el Litoral sufría una creciente asfixia mercantil, pues los buques europeos casi nunca atracaban en los puertos confederados. Así, Corrientes, Santa Fe y Entre Ríos vieron su decisión flaquear. Hasta que bajo el empuje de las tropas bonaerenses dirigidas por Bartolomé Mitre, nuevo caudillo de los mercaderes del puerto monopolista, la Confederación se disolvió en septiembre 1861, luego de su derrota en la batalla de Pavón.

La República Argentina heredó el aparato administrativo federal, lo transformó y unió al de Buenos Aires, y de esa manera se acercó aún más a lo que sería el Estado Nacional. Pero los vínculos de esta provincia no tenían la misma fuerza con el Litoral y el Interior; en esta última región, la penetración de los productos británicos importados por la burguesía comercial porteña no era todavía muy importante. La evolución conocida hasta ese momento les había preservado, en cierto grado, su dominio sobre los mercados locales. Y la victoria de Buenos Aires respaldada por Inglaterra, ponía a la orden del día la eliminación de dicho proteccionismo, que debido a la ausencia de otra alternativa se expresaba por medio de sublevaciones; no quedaba otro recurso a los dueños de artesanías e incipientes manufacturas. En contra de estos, el presidente Mitre enviaba a sus mejores armas: los ferrocarriles ingleses.

En Argentina, las grandes concesiones ferroviarias se hicieron a partir de la Ley Mitre en 1862, que otorgaba en propiedad considerables porciones de tierra a ambos lados de las vías a las compañías británicas. Al respecto, Sarmiento dijo «...multiplicar los ferrocarriles es, pues, reconquistar para la civilización, para la industria, para el litoral, el terreno que nos había arrebatado la barbarie, la holgazanería y el arbitrio...».[7]

La resistencia popular finalmente se agrupó en el Interior alrededor de la figura de Ángel Vicente *el Chacho* Peñaloza, quien se había destacado como militar en la Confederación y era gobernador de La Rioja. Luego de una cruel y sangrienta guerra, las montoneras de este caudillo fueron derrotadas en 1863, lo cual marcó el surgimiento del Estado Nacional argentino, caracterizado entonces por una creciente penetración de Inglaterra.

A Paraguay le llegó el turno después. Cinco años de continuos ataques por sus vecinos, financiados y abastecidos desde Inglaterra, fueron necesarios para sojuzgar a dicha República. En la horrible guerra, perecieron las dos terceras partes de la población paraguaya, lo que implicó la muerte del 90% de todos los hombres. Por ello, en campos y ciudades, solo sobrevivió la desolación.

Las Provincias Unidas centroamericanas

En Centroamérica, el Congreso Constituyente que inició sus sesiones el 24 de junio de 1823 estableció una Federación conocida por el nombre de Provincias Unidas, la cual aglutinaba a Guatemala, El Salvador, Honduras, Nicaragua y Costa Rica. Aunque dominada en un inicio por la burguesía liberal, que abolió los estancos, proclamó la libertad de comercio, estableció el voto censatario y ofreció a plantadores o comerciantes algunas tierras baldías y realengas, dicha convención casi no afectó los poderosos intereses de los terratenientes laicos ni los de la Iglesia católica. Luego, se estableció una Junta ejecutiva encabezada por Manuel José Arce, José Cecilio del Valle y

Tomás O'Haran, que gobernó durante dos años, hasta las elecciones generales. Pero los conflictos políticos generalizados se incrementaban sin cesar: no solo pugnaban liberales y conservadores por el control de las diversas instancias de poder, sino también se producían crecientes choques entre los gobiernos provinciales y el federal, pues sus respectivas funciones estaban muy mal delimitadas.

Las discrepancias gradualmente comenzaron a resolverse por las armas, tanto en el interior de cada uno de los territorios asociados, como entre estos y el poder central. En Guatemala, por ejemplo, la conservadora ciudad capital tuvo grandes litigios con los plantadores de Quetzaltenango; en Nicaragua, la lucha opuso a la liberal León contra Granada; en Honduras, se enfrentaban Tegucigalpa y Comayagua. La situación solo tenía características distintas en El Salvador, donde primaba la gran burguesía latifundista, y en Costa Rica. En esta, la inexistencia de terratenientes y de una fuerza de trabajo indígena servil, la cual aquellos hubieran podido explotar, permitió que desde un inicio se instituyera un régimen liberal muy progresista respaldado por los finqueros o propietarios de pequeñas fincas rurales, quienes sembraban tabaco y café que empezaban a exportar hacia Inglaterra. Así, durante una década gobernó Juan Mora Fernández, quien emitió una moneda local, introdujo la imprenta, publicó el primer periódico, creó ferias agrícolas con productos destinados al mercado interno, distribuyó en parcelas terrenos baldíos, eximió a los pequeños propietarios del pago del diezmo, fundó un alto centro de estudios que después se convirtió en la Universidad de Santo Tomás, prohibió la construcción de nuevas iglesias sin permiso gubernamental y mantuvo alejada la provincia de las sangrientas guerras civiles que tanto afectaron al resto de Centroamérica.

En 1833, la Federación entró en crisis y Mora cesó en su cargo, que fue ocupado durante dos años por un gobernante interino, quien finalmente lo entregó a Braulio Carrillo. Este proclamó a San

José como capital, lo cual motivó la revuelta de los departamentos de Cartago, Heredia y Alajuela, que formaron una liga opositora con el apoyo de los conservadores nicaragüenses. Los finqueros, sin embargo, obtuvieron el ilimitado respaldo del campesinado, y juntos lograron vencer. Después, se trazaron caminos hacia el Pacífico, lo cual beneficiaba las exportaciones, y se impulsaron medidas democrático-burguesas al expropiar todas las tierras no cultivadas en los últimos diez años. Y ese era, precisamente, el período en que los grandes plantadores dejaban en barbecho parte de sus latifundios cacaoteros. Luego, dichos predios se distribuyeron en parcelas a nuevos dueños. También Carrillo ordenó el fraccionamiento de muchas tierras estatales, con las cuales multiplicó el número de pequeños propietarios e incrementó su poderío, fortalecido con ventajosos créditos gubernamentales.

En Centroamérica, una guerra civil generalizada duraba ya dos años, cuando en 1829 el hondureño Francisco Morazán organizó en la provincia de Nicaragua un gran ejército liberal y con él triunfó en su patria chica. Después, marchó a unirse con sus congéneres salvadoreños, que resistían una ofensiva de los conservadores guatemaltecos, quienes a su vez enfrentaban la sublevación de Quetzaltenango. En definitiva, la coalición forjada por los liberales resultó demasiado poderosa para sus enemigos, que perdieron el ejecutivo federal en la ciudad de Guatemala. Entonces, Morazán expulsó al obispo de la capital, suprimió algunas órdenes monásticas, abolió el fuero eclesiástico y recordó a Roma que las bulas papales solo eran válidas tras su sanción por el ejecutivo federal.[8] Luego, trasladó a San Salvador, baluarte de comerciantes y plantadores, la sede de la Federación.

En las elecciones provinciales de 1831 en Guatemala, ganó Mariano Gálvez, político liberal quien suprimió el diezmo, decretó la libertad de testar y dispuso la entrega a propietarios privados de los antiguos realengos. Pero si al traspasar dichas tierras estatales, se beneficiaba a unos y se perjudicaba a pocos, no sucedió lo mismo con la disolución de las comunidades agrícolas indígenas, pues dejaba sin tierras a los aborígenes, cuyos resguardos habían sido relativamente protegidos por la legislación feudal del colonialismo absolutista. Fue entonces cuando la pobreza surgió entre esas poblaciones, por lo cual no asombró que la referida disposición liberal empujase a esas desposeídas tribus al bando conservador.

Morazán se disgustó mucho con Gálvez, pero cuando este enfrentó la sublevación de Rafael Carrera al mando de los terratenientes guatemaltecos y del despojado campesinado maya, el presidente centroamericano envió a su homólogo provincial un fuerte apoyo en tropas federales, que por el momento le dieron el triunfo. Sin embargo, otra insurrección del perseverante caudillo mestizo, ahora al grito de «Viva la religión y mueran los extranjeros», fue exitosa, pues permitió a dicho jefe conservador expulsar a los militares salvadoreños y separar de la Federación a Guatemala. Esta, por su parte, enfrentó la escisión de Quetzaltenango en 1838, que formó un gobierno propio y seudoindependiente junto con los departamentos de Sololá, Totonicapán, Huehuetenango y San Marcos, bajo el nombre de Provincia de Los Altos.

Nicaragua también se apartó de las Provincias Unidas el 30 de abril, y Honduras la imitó el 26 de octubre, ambas ya bajo dominio conservador. Se evidenciaba de esa manera, que dicha Federación solo había constituido un conjunto administrativamente unido, poco articulado, con la facultad de unirse o separarse según la victoria o derrota de una tendencia política, pues no existían sólidos vínculos económicos entre sus diversos integrantes. Carecían, por lo tanto, de una nacionalidad común y hasta de importantes nexos mercantiles entre sí. Guatemala, por ejemplo, comerciaba más con México que con el resto de Centroamérica; Honduras, por su parte, negociaba de manera intensa con Cuba por el puerto de Omoa; Nicaragua tenía fuerte intercambio de productos con Colombia; El

Salvador exportaba sus cosechas hacia Europa, donde compraba gran cantidad de manufacturas. Por ello, la unificación temporal de los territorios centroamericanos solo abarcaba el nivel de la superestructura, razón por la cual aquella podía romperse o reconstituirse en cualquier momento, ante la indiferencia de la mayor parte de la población, ajena a lo que sucedía fuera de su reducida esfera de actividad. Como se sabe, más de la mitad de los habitantes de la Federación vivían en Guatemala, y en esta preponderaba el campesinado maya, agrupado todavía en múltiples grupos tribales.

Carrera culminó en 1840 su predominio en Centroamérica, menos en Costa Rica, al invadir y ocupar El Salvador. Pero dicha supremacía fue puesta en peligro, porque en ese pequeño país los conservadores se dividieron en partidarios y rivales del presidente guatemalteco, lo cual facilitó que a los dos años allí tuviera lugar una insurrección liberal. Aunque entonces derrotados, los referidos salvadoreños volvieron a rebelarse en 1846, cuando triunfaron. Y de inmediato auspiciaron el alzamiento y segregación de Los Altos, en Guatemala, cuyo territorio más tarde se constituyó en República independiente. Derrotado, Carrera se exilió en Yucatán, lo cual aceleró la victoria liberal en Honduras, que ulteriormente envió fuerzas hacia Nicaragua con el mismo propósito. En Guatemala, sin embargo, la concordia no imperaba en las filas liberales, que se dividieron en dos corrientes. La moderada, dirigida por el acaudalado comerciante Juan Martínez, y la progresista, compuesta en su mayoría por plantadores de café, encabezada por los hermanos Francisco, Vicente y Serapio Cruz, así como por el joven Justo Rufino Barrios. Estos no se sometieron a aquellos, y en Quetzaltenango mantuvieron la segregación de la República de Los Altos. Para vencerla, los liberales moderados se aliaron con los conservadores, quienes así pudieron regresar al poder en octubre de 1851, acaudillados de nuevo por Carrera. Y a los dos años, con toda solemnidad, con el título de alteza, a este se le nombró presidente y capitán general vitalicio, con derecho a nombrar sucesor.

El renovado empuje conservador indujo a los gobiernos liberales de El Salvador, Nicaragua y Honduras, a firmar un pacto tripartito, pero una ofensiva militar guatemalteca derrotó a los salvadoreños en el combate de La Arada. Luego de tamaño revés, aunque Honduras y Nicaragua firmaron el 13 de octubre de 1852 un Estatuto Provisorio que recreaba la disuelta Federación, el poder de los liberales estaba ya en crisis. A estos se les desplazó del gobierno en Managua debido al empuje de los conservadores locales, mientras Carrera ordenaba en 1853 la invasión de Honduras, que triunfó al cabo de dos años de combates. Los éxitos militares del caudillo conservador guatemalteco lo convirtieron, de hecho, en tutor de las tres vecinas Repúblicas centroamericanas; en ellas puso y depuso presidentes a su antojo, no solo por motivos ideológicos, sino también teniendo en cuenta la fidelidad personal que tuvieran hacia él.

El filibustero William Walker

En Nicaragua, la supremacía de los conservadores se había hecho evidente desde que estos retornaran al poder sin gran ayuda del exterior. Entonces los liberales, carentes del suficiente sostén interno, tuvieron la peregrina ingenuidad de recabar el apoyo de una fuerza mercenaria estadounidense llamada Falange Americana, a las órdenes del aventurero William Walker. Estos se apresuraron en aprovechar la oportuna coyuntura que les permitía burlar el Tratado Clayton-Bulwer,[9] y penetraron por el puerto de Realejo. Allí, recibieron la ciudadanía nicaragüense, así como altos grados militares de manos de sus patrocinadores liberales y pronto controlaron todos los mandos. Luego, derrotaron a los conservadores y el 30 de octubre de 1855 colocaron en la presidencia a Patricio Rivas, quien mantuvo a Walker y sus asociados en la dirección del Ejército.

Pero casi de inmediato una intensa pugna se desató entre ambos hombres, debido a la cual el primero perdió el cargo y el segundo lo ocupó. El norteamericano de inmediato se apresuró a preparar las condiciones para anunciar la anexión de Nicaragua a Estados Unidos, en tanto Rivas acudía a la solidaridad centroamericana. El filibustero, sin embargo, no tuvo tiempo para alcanzar sus propósitos pues Juan Rafael Mora Porras, gran finquero de café y nuevo presidente liberal de Costa Rica, envió un contingente militar compuesto por labradores y artesanos en defensa de la soberanía nicaragüense, el cual fue seguido poco después por efectivos armados de Guatemala, Honduras y El Salvador, que recibían importante ayuda financiera de Perú. Esto, a su vez, facilitó que en la propia Nicaragua pactaran liberales y conservadores, con el objetivo de luchar juntos contra el usurpador enemigo.

La referida y sagaz política de alianzas cambió la correlación de fuerzas en la región, debido a lo cual Walker pudo ser arrinconado en el istmo, entre los lagos y el Pacífico, de cuyo sitio solamente pudo escapar en mayo de 1857 gracias a la ayuda de la Marina de Guerra de Estados Unidos.

El prestigio de los liberales nicaragüenses, como era de esperar, salió muy deteriorado de esta odisea, en parte ocasionada por su descomunal desacierto, lo cual facilitó que durante más de treinta años los conservadores mantuvieran su hegemonía en el país.

En El Salvador, la situación era bastante diferente, pues cada vez les resultaba más difícil mantenerse en el poder a los conservadores impuestos por Carrera; los plantadores dominaban por completo la economía y su vitalidad se demostró con la exitosa insurrección del 26 de junio de 1860, encabezada por un afamado veterano de la gesta contra Walker: Gerardo Barrios. Después, este ayudó a sus conmilitones de Honduras a rebelarse, quienes en 1862 lograron dar muerte al presidente y controlar todo el país. Barrios enseguida dispuso que las tierras de los ejidos indígenas fueran subastadas entre los plantadores de café, mientras obligaba a sus antiguos propietarios colectivos a vender barata su fuerza de trabajo a los nuevos dueños, mediante la emisión de una serie de leyes que sancionaban por «vagabundaje» a los que no tuvieran un centro laboral fijo y reconocido.

La irritación causada por estas medidas entre el campesinado salvadoreño coincidió con otra invasión lanzada por Carrera, factores que unidos obligaron a Barrios a abandonar el gobierno en octubre de 1863. Luego, la furia del conservador caudillo guatemalteco se dirigió contra Honduras, cuyo régimen liberal destruyó mediante una expedición armada.

La muerte de Rafael Carrera en 1865 fue un golpe duro para los conservadores centroamericanos, quienes además veían declinar su primacía económica, pues la exportación de sus tradicionales rubros, como la grana, se desplomaba debido a la aparición en Europa de tintes artificiales. En esa crítica coyuntura, el conservador régimen guatemalteco tuvo, contra su voluntad, que auspiciar las exportaciones de café para incrementar el aflujo de las imprescindibles monedas foráneas. Ambos hechos estimularon a los plantadores, quienes al año estimaron que su oportunidad había llegado, por lo que de nuevo se rebelaron en Quetzaltenango. Pero fueron aplastados.

2. Conservadores *versus* liberales: trascendencia revolucionaria de Juárez

El Congreso Constituyente mexicano de 1824

En la época de las luchas por la independencia, la sociedad mexicana se caracterizaba por desarrollar tres tipos básicos de actividades económicas. En primer lugar, se encontraba la agricultura, que ocupaba la mayor parte de la fuerza de trabajo. Dicha práctica estaba conformada sobre todo por las inmovilizadas propiedades colectivas de la Iglesia y las comunidades indígenas; entre ambas compartían, casi en términos de igualdad cuantitativa, dos tercios de todos los predios rurales. Luego, en menor medida, se encontraban: terratenientes privados, haciendas ganaderas, plantaciones y minifundios. Sin embargo, la minería, cuyos orígenes se remontaban a la época precolombina, tenía relevancia monetaria. Después, se situaban las artesanías, tanto de autoconsumo —obrajes indígenas, con frecuencia dedicados a la lana—, como comerciales —sobre todo textiles de algodón—, cuyas producciones rivales europeas tenían mayor precio; estas debían transitar por el monopolio comercial de España y luego por múltiples gravámenes en México con objetivos fiscales.

En las ciudades, las artesanías tenían descollante connotación laboral, pues quienes emigraban de campos y minas no tenían más recurso que emplearse en talleres de artesanos como medio de sostenerse; en México no escaseaba la materia prima, ya que había lana en abundancia, y el cultivo del algodón con frecuencia lo financiaban los comerciantes. La principal dificultad para la multiplicación de los talleres eran los gremios, que habían impuesto el requisito de ser maestro tejedor para aspirar a convertirse en propietario de uno y hasta cuatro; más, no se podían poseer legalmente. Pero al calor de las luchas independentistas, dicha reglamentación feudal-colonialista fue derogada.

Los representantes de la mayoría de estos intereses se habían enfrentado en la Constituyente, en la cual se diseñaron diversas tendencias, no muy bien perfiladas aún, compuestas por brillantes intelectuales. Sus debates habían girado en torno a los polémicos asuntos del *laissez faire*, la religión y la Iglesia, el centralismo, la herencia hispana, el federalismo, el desarrollo del país. Entre todos los congresistas, tal vez los más sobresalientes hayan sido José María Luis Mora, Lorenzo de Zavala y Lucas Alamán.

Los dos primeros deseaban la transformación de la sociedad mexicana, esgrimiendo los criterios liberales de que el Estado debería ser un simple guardián del orden, separado de cualquier credo espiritual. Pero diferían en algunas cuestiones: Zavala, presidente del Congreso Constituyente de 1824, era ferozmente federalista, mientras que Mora predicaba la conveniencia de mantener al menos por algún tiempo la práctica unitaria. Coincidía en esto con fray Servando Teresa de Mier, quien también temía ver a la República estallar en disgregación. Mora, además, tenía una visión poco afortunada sobre los indígenas, quienes constituían la población mayoritaria del país: deseaba excluirlos como ciudadanos por considerarlos personas incapaces de decidir por sí mismas, pues decía que se habían acostumbrado a la servidumbre y no merecían suerte mejor. Por eso, argumentaba que México debía atraer inmigrantes españoles e ingleses, para fortalecer la ascendente nacionalidad en contra de las influencias despojantes de los estadounidenses; siempre afirmaba que «en la raza blanca debe buscarse el carácter mexicano de la nueva república».

En definitiva, ambos representaban de alguna manera los anhelos de medianos hacendados vinculados al naciente mercado, así como los de profesionales y comerciantes.

Frente a ellos se alzaban los conservadores, quienes esgrimían las tradiciones de religión, monarquía, autoridad, legislación y propiedad emanadas de la colonia. Nadie como el descollante Lucas Alamán defendía estos criterios, orientados a regresar al orden y la tranquilidad precedentes para encauzar la maltrecha economía; era enemigo de la agitación política, pues decía que ella podría quebrar la incipiente unidad del país, amenazada por la voracidad de los vecinos del Norte. Alamán deseaba, además, impulsar la industria transformadora en México por medio de la mecanización de los talleres y manufacturas existentes con maquinaria moderna importada, cuyas producciones luego se beneficiarían con un régimen proteccionista. Sin embargo, este planteamiento resultaba endeble, dada la escasa capacidad inversionista de los propietarios. Los mayores dueños de capital eran la Iglesia, los comerciantes españoles y otros extranjeros. Pero la primera invertía en hipotecas sobre bienes raíces; los segundos se habían ido del país o se aprestaban a hacerlo; y los terceros preferían el comercio o la minería, en la que pronto se constituyó la importante Compañía Minera Anglomexicana.

En la Constituyente, también se había discutido acerca de las garantías a la libertad, la seguridad y los derechos ciudadanos, así como sobre los fueros de religiosos y militares, enajenados del poder judicial. Los partidarios de que este fuese independiente, criticaban la extensión de los tribunales militares a civiles, susceptibles de esgrimir leyes de excepción y con ellas, encarcelar durante meses a ciudadanos por «delitos políticos».

En relación con las propiedades comunales indígenas, había quien argumentaba que deberían seguir inmovilizadas, pero alquilando parcelas a los individuos; así, la producción aumentaría y se evitaría que inescrupulosos grandes propietarios privados usurparan parte de dichos predios o que imprudentes aldeanos vendiesen sus tierras. Otros deseaban disolverlas, y algunos mantenerlas como estaban.

La Constitución de 1824, en definitiva, había establecido un sistema federal con 19 estados y cuatro territorios; desentendiéndose de muchas cuestiones que remitió a las constituciones estaduales para que fuesen resueltas según la correlación de fuerzas en cada lugar; mantuvo los privilegios jurídicos del clero y los militares; aseguró la protección oficial a la Iglesia católica —el Patronato se transformó, de Real en Nacional— y esta se convirtió así en eficiente aparato burocrático eclesiástico o brazo del gobierno con funciones jurisdiccionales.

Al iniciarse el mandato de Guadalupe Victoria, en el país se habían diseminado con rapidez las obras de los economistas liberales europeos, como Juan Bautista Say, que vituperaban la prohibición de importar, así como el intrusismo gubernamental en la economía. El presidente convirtió esos criterios en política oficial, cuando estableció que el Estado se limitaría a construir obras públicas y anunció solo algunos reajustes arancelarios a la Ley aduanera librecambista emitida en diciembre de 1821. Estos fueron en beneficio exclusivo de los sastres o fabricantes de ropas, pero no en el de los productores de textiles, a quienes se limitó a socorrer mediante la compra de tejidos para uniformar al Ejército. No obstante, hubo gobiernos estaduales, como los de Jalisco y Puebla, que prestaron o invirtieron fondos públicos en empresas privadas dentro de su jurisdicción, sobre todo en las dedicadas a fabricar papel. Dichas producciones, sin embargo, luego tenían que pagar aranceles al penetrar en los demás territorios nacionales, como si procediesen del extranjero, pues las aduanas internas no habían desaparecido.

Hasta 1825, la principal fuerza que en México desarrollaba actividades políticas, aunque de corte ideológico no muy bien definido, era la Logia del Rito Escocés Antiguo y Aceptado,[10] que había cumplido funciones decisivas, tanto en la consecución de la independencia como en el Congreso Constituyente. Pero su ambigüedad se notaba en el hecho de que, hombres tan diferentes como José María Luis Mora y Lucas Alamán, eran miembros de ella. Su contenido empezó a definirse cuando, en 1825, la rival logia del Águila Negra adoptó el rito de los Antiguos Masones Yorkinos, con el objetivo de hacer un llamado al pueblo para que se organizara según principios liberales y democráticos, contra las «clases aristocráticas». Entre sus fundadores se encontraban Vicente Guerrero y Lorenzo de Zavala, quienes acusaban a los *escoceses* de defender los intereses del Ejército y el clero, así como todos los privilegios conservadores del antiguo orden colonial. Algunos otros masones liberales trataron de crear, paralelamente, la del Rito Nacional Mexicano, pero sin lograr imprimir a dicha corriente la misma vitalidad de las otras dos.

En las elecciones de 1828, la candidatura de los generales Vicente Guerrero y Anastasio Bustamante prometía disposiciones proteccionistas, unidas a otras medidas populares. Aunque en las urnas, la mayoría de los votantes fue proclive a ellos, en dichos comicios para designar al presidente y su vicepresidente se empleaba el método de seleccionar un llamado *cuerpo electoral*, que en este caso utilizó arbitrariamente sus atribuciones y proclamó vencedor al otro binomio de aspirantes. Entonces, las descontentas masas de artesanos se lanzaron a las calles y saquearon los almacenes importadores de tejidos. Hasta que se produjo la rebelión de La Acordada, que entregó el poder a Guerrero. Luego el Congreso, encabezado por Zavala y dominado por los *yorkinos*, lo ratificó en el cargo.

El nuevo presidente prohibió importar tejidos extranjeros; envió al Congreso un proyecto auspiciado por Lucas Alamán de fundar un Banco de Avío, que prestaría dinero o efectos; expulsó del país a los españoles; abolió la esclavitud; incluyó el problema de los indios en la política; rechazó vender el territorio de Texas a Estados Unidos; prohibió la inmigración estadounidense en los territorios fronterizos; exigió pasaporte a los extranjeros que desearan entrar en la República y les hizo difícil la compra de tierras. También durante su gobierno surgió una tendencia liberal, republicana y federalista, llamada Partido Popular. Esta nueva fuerza política, apoyada por la Logia Nacional, aun cuando era ajena a cualquier rito masónico, tenía entre sus principales impulsores a Valentín Gómez Farías, muy conocido por su destacada participación en la Constituyente.

Guerrero fue derrocado y muerto por mandato de Bustamante, quien desde la presidencia apoyó a Mora para que desplazara a Zavala de la jefatura del Congreso. Este, en octubre de 1830, aprobó el referido banco y le otorgó un capital de un millón de pesos, que había sido recaudado por los aranceles impuestos a la compra en el extranjero de concurrentes géneros de algodón. La misión de esta entidad financiera consistía en estimular a los empresarios privados a dedicarse a la industria, para lo cual se les prestaba capital y maquinaria pagaderos con réditos del 5% anual. Ese empeño en alejarse del *laissez faire*, pretendía impulsar el tránsito de los talleres artesanales a la industria mecanizada, sobre todo en lo relacionado con tejidos de algodón y lana, fábricas de papel y vidrio, elaboración de cera y miel de abejas, explotación de minerales férreos, fundiciones y talleres mecánicos.

Como director del referido banco, Alamán gestionó que se le autorizara a erigir sus propias empresas, sin mediación privada, pero el Congreso no autorizó dicha tentativa de capitalismo de Estado. Este revés, sin embargo, no tenía entonces gran importancia, pues en aquel momento lo trascendente eran las enormes propiedades territoriales de las comunidades agrícolas aborígenes y la Iglesia católica. La inmovilización de esos gigantescos predios mediante la legislación vigente relativa a los resguardos indígenas o a las clericales Manos Muertas, apartaba del desarrollo al mayor núcleo económico de la sociedad, cuyo mercado estaba, además, fraccionado por innumerables aduanas internas. ¡Había que eliminar primero las formas feudales de propiedad y, consecuentemente, las relaciones de producción emanadas de ellas, antes de poder plantearse el problema del avance integral del país! Se requería una revolución social, pues las inversiones y avances técnicos, por sí solos, no podían resolver el problema cualitativo —o fundamental— de la República mexicana.

La reforma de Valentín Gómez Farías

La sublevación en Veracruz del general Antonio López de Santa Anna inició un período de gran turbulencia bélica, que duró todo el año 1832, hasta que los rebeldes, respaldados por la burguesía liberal federalista —ganaderos y plantadores— y los pequeñoburgueses —artesanos y rancheros— impusieron sus condiciones. Entonces se celebraron elecciones, en las cuales triunfó aquel como primer magistrado, mientras que Valentín Gómez Farías ocupaba la vicepresidencia. De inmediato, este dispuso un sustancioso conjunto de reformas a la Constitución, que entre otros aspectos contemplaban reducir los privilegios del clero, limitar la creación de nuevos conventos, suspender la coacción civil para el cumplimiento de los votos monásticos, transferir los inmuebles de la Iglesia a sus inquilinos mediante moderados pagos a plazos, entregar a las autoridades estaduales todos los predios que hubiesen pertenecido a la orden de los jesuitas, abolir el pago del diezmo, combatir las primicias de la Iglesia sobre la usura, secularizar, en agosto de 1833, los bienes de las misiones religiosas en Alta y Baja California —medida que se extendió al resto de la República el 16 de abril de 1834—, encargar al Estado la educación pública y laica, disolver todos los cuerpos del Ejército que en alguna oportunidad se hubieran pronunciado contra la Constitución y dedicar parte fundamental de las tropas a la defensa de las amenazadas fronteras norteñas. Este aspecto era importante, pues la economía de los territorios septentrionales mexicanos estaba en auge por aquellos tiempos, debido al desarrollo ascendente y generalizado de la actividad minera. Además, en Nuevo México, por ejemplo, se incrementaba mucho la ganadería vacuna y ovina, mientras la ciudad de Santa Fe adquiría inusitado dinamismo en la esfera mercantil debido a sus fuertes vínculos con la importante villa fluvial de Saint Louis, en las márgenes del río Missouri, así como con los notables centros portuarios oceánicos de Los Ángeles y San Francisco, en las costas del Pacífico. En Alta California, sin embargo, el comercio no era la principal actividad económica, ya que preponderaba la ganadería —ovejas, cerdos, vacunos—, en adición a la cual se cultivaban viñedos, frutas y algunos granos. Por eso los artesanos tenían allí gran importancia, pues elaboraban exquisitos vinos con las célebres uvas locales, transformaban el sebo y la grasa en magníficos jabones y velas, producían gran cantidad de famosas monturas, botas y arreos debido a la abundancia de cueros, confeccionaban muchas lonas, telas, ropas y frazadas gracias al constante suministro regional de una excelente lana.

Tiranía centralista de Santa Anna

Las reformas adelantadas por Gómez Farías provocaron la violenta oposición de la Iglesia católica, poseedora de la tercera parte de las riquezas mexicanas, así como la repulsa del Ejército, cuyos gastos absorbían más de la mitad del presupuesto republicano. Entonces, Santa Anna se erigió en defensa de los intereses del clero y los militares, destituyó a Gómez Farías, quien se refugió en Zacatecas, mientras Mora y Zavala huían hacia Francia, y bajo el lema de «Religión y Fueros», clausuró el Congreso y derogó la legislación liberal. Después, en 1835, el presidente-dictador decretó las llamadas Siete Leyes Constitucionales, las cuales establecían: una rígida administración centralista que se apropió de las rentas hasta entonces percibidas por las antiguas autoridades estaduales, la obligatoriedad de ser católico, un alto censo para ser congresista y el proteccionismo para los productores de algodón y manufacturas textiles.

La tiranía de Santa Anna enfrentó el más decidido rechazo popular, que en la zona central, Zacatecas, se expresó por medio de una poderosa rebelión, la cual solo pudo ser aplastada por el empleo de enormes contingentes militares. Sin embargo, la repulsa al restablecido régimen conservador se orientó por otros derroteros en los territorios situados al sur y al norte de México; en ellos, considerados ahora como simples provincias por el gobierno central, los liberales decidieron temporalmente separarse de la República, mientras en esta no se restableciera el sistema federal. Ese procedimiento demostraba que no existían vínculos materiales indisolubles entre todas las regiones mexicanas, pues las mismas tenían la facultad de separarse o unirse según el grupo que se encontrara en el gobierno; el Estado no había alcanzado todavía suficiente unidad, como para fundir en un haz indestructible sus diversas partes. Cierto es que en México existía ya una colectividad social históricamente formada, pero al carecer la economía de una importante vida común, rasgo primordial y muy difícil de alcanzar, se evidenciaba que el país no había culminado aún todo su desarrollo nacional.

Esta realidad permitió que en Yucatán, a pesar de las múltiples ofensivas militares del régimen dictatorial, el circunstancial separatismo se mantuviera hasta 1846, cuando el federalismo fue restablecido en el país. En Alta California los sucesos se desarrollaron de forma parecida, pues allí las autoridades conservadoras tuvieron que huir ante el avance del liberalismo en armas; en su lugar se estableció un gobierno independiente que disfrutaba del respaldo de los fortalecidos rancheros, en cuyas manos habían terminado casi todas las tierras de las misiones religiosas secularizadas. Este se mantuvo en el poder hasta 1840, fecha en que se reincorporó a la República a cambio de ciertas concesiones. En Nuevo México, a pesar de que el equilibrio de fuerzas entre conservadores y liberales era mayor, el gobernador nombrado por Santa Anna pereció a manos de los insurrectos federalistas en 1835. Sin embargo, esta rebelión liberal no pretendió proclamar la independencia, pues los nexos económicos de la ascendente burguesía local, compuesta por comerciantes y ganaderos, tenían bastante solidez con el resto de México y en especial con Chihuahua. Por eso, la acción política de estos simpatizantes con el federalismo se orientó por cauces moderados, y establecieron un pacto con sus enemigos conservadores para juntos buscar el reconocimiento del gobierno central, lo cual lograron. Esta mesurada gestión obtuvo también el respaldo de la inmigración estadounidense, numéricamente demasiado pequeña para actuar por sí sola, en busca de objetivos propios o diferentes a los de sus congéneres mexicanos.

En Texas, los acontecimientos tomaron por rumbos muy distintos, aunque tuvieron un inicio semejante. El gobierno centralista y conservador también fue rechazado allí por los liberales, que de manera similar a los de Yucatán y California, proclamó el 7 de noviembre de 1835 su separación temporal de la República, hasta que en ella se restableciera la Constitución de 1824. El inicio de dicha declaración decía:

> El pueblo de Texas se considera con derecho, en tanto que dure la desorganización del sistema federal y reine el despotismo, a segregarse de la Unión, a establecer un gobierno independiente o a adoptar aquellas medidas que consideren las más adecuadas para proteger sus derechos y libertades conculcadas pero que permanecerá fiel al Gobierno mexicano siempre que se gobierne por la Constitución y leyes que se dio la nación para el gobierno de la asociación política.[11]

El primer gobierno tejano tuvo a David G. Burnet por presidente, a Lorenzo de Zavala, quien había pasado de Francia a Estados Unidos, y de ahí a Texas, como vicepresidente, y a Samuel Houston en tanto que general en jefe.

Lo que no se imaginaban los ingenuos federalistas liberales mexicanos era que la enorme oleada de inmigrantes estadounidenses pretendía segregar definitivamente la provincia, con el fin de incorporarla a Estados Unidos. Este proyecto fue facilitado por la captura de Santa Anna por los tejanos el 21 de abril de 1836, quienes devolvieron la libertad personal al dictador a cambio de que reconociera la independencia del territorio. Luego, los estadounidenses hostigaron a Zavala hasta que presentó su renuncia. Después, vino la anexión.

El Congreso estadounidense incorporó Texas a la Unión como estado federal esclavista el 29 de diciembre de 1845, y a los cuatro meses el Ejército de ese país invadió la República mexicana. La resistencia a los agresores, ejemplarmente simbolizada en la heroica conducta de los Niños Héroes de Chapultepec, no pudo compensar el desequilibrio militar. Los vencedores impusieron en 1848 un tratado de paz, que arrebataba a México su mitad septentrional y separaba a los ciudadanos de esa región de sus hermanos al sur del Río Grande. Empezaba así la insólita existencia de una población, a la que de súbito se le consideraba extraña en la tierra que siempre había sido suya, al ser transformado el norte mexicano en el sudoeste de Estados Unidos.

Al tener lugar la agresión estadounidense de 1846, el movimiento liberal impulsado por Gómez Farías resurgió, debido a lo cual sus simpatizantes se lanzaron a ocupar el poder en toda la República. En ella, los conservadores habían devuelto a la Iglesia todos sus fueros y privilegios, incluido el cobro del diezmo, así como el monopolio de los cementerios y cualquier tipo de registro, fuesen matrimonios, nacimientos o defunciones. Claro, mediante las previas y onerosas ceremonias religiosas de bautizo, casamiento o extremaunción.

Los centralistas, también hacía cuatro años, habían sustituido el Banco de Avío —en quiebra por deudas no cobradas, entre ellas las de Lucas Alamán—, por una Dirección General de la Industria Nacional. Esta especie de gremio cuasi obligatorio inspirado en los existentes durante la era colonial, y cuyo primer director volvió a ser Lucas Alamán, al año había logrado que se estableciera, en contra de los deseos de los comerciantes, un amplio proteccionismo aduanero. Eso permitió que los productos de algodón elaborados en el país pronto equiparasen, por el monto general de su valor, al de la acuñación de metales preciosos, considerada hasta entonces la principal fuente de riqueza nacional.

El Plan de Ayutla

Benito Juárez, indio zapoteca que aprendiera el castellano a los once años de edad, tuvo un origen tan humilde, que siendo estudiante de derecho había tenido que fungir como sirviente —descalzo— a Santa Anna, en casa de un catedrático que homenajeaba al general; luego se había graduado en 1831 con una tesis muy influida por las obras de Benjamín Constant de Rebecque y las de Montesquieu, en la cual defendía la trilogía de poderes constitucionales, la soberanía popular y el principio de elecciones presidenciales directas. Juárez después había entrado en política, y durante el primer empeño de reforma liberal llevado a cabo por Gómez Farías, había sido electo a la Legislatura estadual de Oaxaca; desde este foro, él había rendido homenaje a Guerrero, apoyado la abolición de los mayorazgos y propuesto confiscar en beneficio del Estado mexicano las enormes heredades de los descendientes de Hernán Cortés.

Derrotado por los conservadores el primigenio intento liberal, Juárez había sido perseguido, confinado y preso. Al respecto, escribió:

> Estos golpes que veía sufrir casi diariamente a todos los desvalidos, que se quejaban contra las arbitrariedades de las clases

privilegiadas en consorcio con la autoridad civil, me demostraron de bulto que la sociedad jamás será feliz con la existencia de aquellas y su alianza con los poderes públicos y me afirmaron en mi propósito de trabajar constantemente para destruir el poder funesto de las clases privilegiadas.[12]

En 1846, el nuevo Congreso Federal, al cual Juárez se incorporó como diputado liberal por Oaxaca, restableció la Constitución de 1824, pero la reformó al establecer la venta por el Estado de los bienes eclesiásticos acogidos a la legislación de las Manos Muertas. Fue así, porque se necesitaba de inmediato recaudar fondos para defender la República. Pero además, ya muchos habían comprendido que el patrimonio de la Iglesia era el baluarte detrás del cual se atrincheraba el arcaico régimen feudal de propiedad territorial.

Durante la agresión estadounidense a México, en Yucatán se inició una importantísima insurrección indígena llamada Guerra de las Castas, que duró de 1847 a 1849, y la cual enseguida formó parte del debate nacional entre liberales y conservadores. Aquellos decían que los aborígenes mayas se estaban rebelando contra tres siglos de abusos bajo el sistema colonial, pues se habían acostumbrado a ver a los blancos únicamente como usurpadores de sus tierras y derechos. Estos respondían, que al ser proclamado el «dogma liberal de la igualdad», había quedado borrada de un solo golpe «la sabia legislación de Indias» que les había garantizado privilegios y exenciones; añadían, que los ataques liberales contra el sistema comunal pretendían sumir a los pobladores originarios en otro tipo de explotación, pues no era cierto que se fueran a convertir en iguales de los hacendados, plantadores y ganaderos, si perdían sus tradicionales comunidades agrícolas heredadas de la época precortesiana.

La insurrección yucateca fue derrotada y en todo México los conservadores retomaron el poder, pero esta vez decididos a realizar sus viejos anhelos monarquizantes. Y con el propósito de llevarlos a cabo, convencieron a Santa Anna para que regresara al ejecutivo con el título de alteza serenísima y con derecho a nombrar sucesor.

Benito Juárez y otros jóvenes liberales decidieron renovar la lucha revolucionaria y se pusieron en contacto con el viejo caudillo guerrillero Juan Álvarez, quien combatiera en la insurgencia a las órdenes de Vicente Guerrero. Surgió así el Plan de Ayutla, que engendró una poderosa insurrección mediante la cual lograron derrotar a Santa Anna, quien renunció definitivamente al poder.

El Partido Liberal formó entonces gobierno, pero en su seno había dos corrientes políticas divergentes. La de los llamados *puros*, auspiciada por la pequeña burguesía que anhelaba multiplicar las propiedades, en la cual militaban Juárez, ministro de Justicia, Instrucción Pública y Asuntos Eclesiásticos; Melchor Ocampo; Ponciano Arriaga e Ignacio Ramírez. Estos dos últimos defendían un *liberalismo social*, que exigía la participación de los asalariados en las ganancias de las empresas y representaba una mezcla de preceptos liberales con el proudhonismo.[13] La otra tendencia era la *moderada*, animada por la burguesía, que encabezaba el general Ignacio Comonfort, ministro de la Guerra, la cual no deseaba quitar al clero su derecho a votar ni quería reformar el Ejército.

En la puja entre las corrientes pura y moderada, Juárez tomó la iniciativa e hizo aprobar, el 25 de diciembre de 1855, la Ley que porta su nombre, mediante la cual se suprimían los fueros eclesiástico y militar; a partir de ese momento ambos grupos hasta entonces privilegiados estarían sujetos a la misma legislación que los miembros de la sociedad civil. Luego, propuso que se disolvieran las Fuerzas Armadas profesionales como única garantía para evitar un retorno al pasado. Entonces, el choque de intereses adquirió dimensiones colosales; los conservadores se levantaron en armas al grito de «Religión y Fueros»; el viejo Álvarez renunció a la presidencia en favor de Comonfort, quien formó un nuevo Gabinete sin Juárez, aunque cedió ante los puros al convocar una Asamblea Constituyente.

En esa convención, la Ley Juárez pronto fue secundada por otra auspiciada por Miguel Lerdo de Tejada, que decretaba la desamortización de los bienes inmovilizados de las comunidades, fuesen del clero o resguardos indígenas, pero sin expropiar dichas tierras, pues solo obligaba a sus dueños colectivos a venderlas con el propósito de introducirlas en la circulación mercantil. También se dispuso eliminar las aduanas internas, prohibir los gremios feudales, abolir los privilegios y títulos nobiliarios, suprimir todos los monopolios y estancos; abandonar el precepto de un parlamento bicameral; decretar el voto universal masculino. Pero este se atemperó con el procedimiento de solo celebrar comicios para conformar *colegios electorales*, que luego seleccionarían al Congreso y presidente nacionales. En fin, la Constitución aprobada el 5 de febrero de 1857 asimismo estableció la soberanía del pueblo, los derechos del hombre, la igualdad ante la ley, la supremacía del poder civil, la propiedad exclusivamente privada y calificó al nuevo régimen como «representativo, democrático y federal». Después, se realizaron elecciones para el cargo de presidente, así como para el de primer magistrado de la Suprema Corte de Justicia que implicaba también la vicepresidencia de la República. Aquel puesto fue ocupado por Comonfort y este por Juárez, que a la vez recibió la cartera más importante del Gabinete: el Ministerio de Gobernación.

Las pugnas entre ambas concepciones del liberalismo fueron incrementándose, a medida que los *moderados* se tornaban más tolerantes hacia los trajines conspirativos de la Iglesia católica y los terratenientes; se rumoraba que el general Zuloaga, hombre de confianza de Comonfort, encabezaba un complot con el propósito de derogar la recién emitida Constitución, y nada se hacía para prevenirlo.

El Plan de Tacubaya, dirigido por Zuloaga, impulsó el reaccionario golpe militar que depuso al presidente y encarceló a Juárez, quien no obstante logró ser liberado por Comonfort y pudo escapar hacia Guanajuato, donde estableció la sede legal del gobierno y fue reconocido como presidente de la República por diez gobernadores liberales. Entonces, se inició un trienio de guerra, entre los conservadores y las fuerzas de la revolución.

Transcurrido un tiempo y con el propósito de establecer la sede constitucional en el sitio más estratégico, el gobierno se trasladó a Veracruz, puerto que junto a los territorios norteños representaba un bastión militar liberal. Fue en ese momento cuando Juárez decidió profundizar el proceso revolucionario, pues nacionalizó sin indemnización los bienes del clero el 12 de julio de 1859, para con dichos recursos financiar la Guerra de la Reforma. Después, separó la Iglesia del Estado, exclaustró a monjas y frailes, extinguió las corporaciones eclesiásticas, transformó el matrimonio en acto contractual reversible y laico, instituyó el registro civil, secularizó cementerios y conmemoraciones festivas o de duelo, dictó la libertad de cultos en diciembre de 1860. Gracias a estas disposiciones se eliminó la base material del poderío clerical en México, estableciéndose la soberanía estatal en todo lo concerniente a la vida pública del país.

Luego del triunfo de las armas liberales, Juárez entró victorioso en la ciudad de México el 11 de enero de 1861. Apretaba en sus manos un pliego en el que poco antes escribiera:

> A cada cual, según su capacidad y a cada capacidad según sus obras y su educación. Así no habrá clases privilegiadas ni preferencias injustas [...]
> Socialismo es la tendencia natural a mejorar la condición o el libre desarrollo de las facultades físicas y morales.[14]

Reinstalado en la capital federal, el gobierno constitucional multiplicó las medidas transformadoras: decretó la secularización de los hospitales y demás establecimientos filantrópicos administrados por el clero, así como las fincas, dineros y rentas de capellanías de la Iglesia; convirtió en escuelas trece conventos de la capital; permitió que en otro, los artesanos fundaran el centro cultural Gran Familia Artística.

El imperio de Maximiliano y su derrota

Elegido a la presidencia de la República, en propiedad, por primera vez, Juárez tuvo que ocuparse de la economía del país, destrozada por años de conflicto armado. En especial, resultaba agobiante la situación de la deuda externa, que era abultadísima a causa del prolongado período de despilfarro gubernamental de los conservadores; casas bancarias de París exigían el pago de los enormes pasivos contraídos durante lustros por Santa Anna y sus continuadores. Además, compañías comerciales de Londres insistían en recibir compensaciones por los daños ocasionados a sus bienes durante la guerra civil; y Madrid reclamaba indemnizaciones para súbditos suyos, expropiados por los liberales debido a la colaboración de aquellos con los golpistas. Pero dada la objetiva incapacidad del erario mexicano para enfrentar tales erogaciones, Juárez ordenó el receso por dos años de cualquier pago por dichos conceptos el 17 de julio de 1861. La respuesta europea no se hizo esperar. Reunidos en la capital británica, los representantes de Francia, Inglaterra y España acordaron una agresión tripartita contra México, la cual se inició el primero de diciembre de 1861 con el bloqueo a Veracruz.

Mediante negociaciones, el gobierno mexicano logró la retirada de las tropas de Inglaterra y España. Pero el Ejército francés continuó su ofensiva, hasta imponer en la ciudad de México una regencia compuesta por connotados políticos conservadores, más el arzobispo. Juárez, por su parte, decidió atraer a su lado a la mayor cantidad posible de moderados y por eso designó ministro de la Guerra al general Comonfort, quien le sirvió con lealtad hasta la muerte. Sin embargo, muchos de esa tendencia se dejaron seducir por el encanto del archiduque de Austria, quien decía profesar vocación liberal. Incluso, luego de ser proclamado emperador, Maximiliano quiso atraerse a Juárez a su lado, pero este rechazó la indigna propuesta, y dirigió la resistencia armada de los patriotas hasta la cruenta victoria militar republicana.

El Imperio se terminó el 19 de junio de 1867, cuando tras ser capturado en el Cerro de las Campanas durante su fuga, un consejo de guerra enjuició y condenó a muerte a Maximiliano, quien fue fusilado junto a sus principales generales, el conservador Miguel Miramón y el indio otomí Tomás Mejía, los tres por haber traicionado a la Nación.

En México, la Constitución de 1857 se consideraba como la Ley de Leyes: protectora de libertades civiles, instituciones representativas, garante de la tripartición de poderes, el federalismo y la autonomía municipal; establecía la idea del hombre libre sin ataduras gubernamentales e igual a los demás bajo el imperio de la legalidad. Todo para proteger al individuo del «despotismo» asociado con entidades corporativas, las cuales deberían desaparecer, tales como Iglesia, Ejército, gremios, comunidades agrícolas indígenas.

En dicha Constitución, libertad y derecho a la vida se asociaban a la propiedad privada, cuya magnitud dividía a los liberales en puros y moderados. Los primeros querían multiplicar la pequeña, mientras los segundos no deseaban establecer límite alguno a las grandes; decían que la «mano invisible» del mercado, según Adam Smith,[15] se encargaría de distribuir armoniosamente las riquezas generadas por la iniciativa de las personas, la división natural del trabajo y el libre intercambio entre los seres humanos.

Benito Juárez algo se apartó de los más estrictos criterios liberales, al permitir la formación del gremio sindical llamado Círculo Obrero y, en mayo de 1872, autorizar que se organizara la sección mexicana de la Asociación Internacional de Trabajadores, creada ocho años antes por Carlos Marx.

Muerto Juárez el 18 de julio de 1872, el vicepresidente Sebastián Lerdo de Tejada ocupó la primera magistratura de la República y decidió seguir las huellas políticas de su predecesor; aceptó que se constituyera en noviembre de 1872 el Gran Círculo de Obreros de México, cuyo órgano oficial se denominó *El Socialista*. Dicha asociación proletaria, que pronto alcanzó los ocho mil afiliados, impulsaba, en beneficio de sus miembros, la educación, el mutualismo y el cooperativismo. Aquel funcionaba mediante cajas de ahorro para socorrer a los accidentados o enfermos e, incluso, auxiliar a las familias desamparadas de los trabajadores incapacitados o muertos. Sin embargo, como buena parte del dinero recaudado permanecía estancado u ocioso, la directiva del Círculo decidió crear cooperativas. Estas podían ser de consumo, para adquirir productos y entregarlos a bajo precio a sus miembros; de crédito, asumiendo funciones de bancos; de producción, para conformar talleres, pequeñas fábricas, molinos y hasta pensaban crear empresas ferrocarrileras. En dicho gremio se creía que, al poseer acciones o algo semejante, los trabajadores serían convertidos en propietarios que forjarían entonces una sociedad nueva, de abundancia y justa, bajo la forma de propiedad colectiva. Esas unidades económicas, según proyectaban, se vincularían entre sí en cada municipio, e imaginaban que después podrían entrelazarse por medio de una confederación de ayuntamientos. Soñaban que el cooperativismo se desarrollaría hasta el colectivismo y ulteriormente llegarían al comunismo, sin necesidad de arrebatar el poder político a la burguesía para tomar la conducción del Estado con manos propias.

En marzo de 1876, durante el cuatrienio de Lerdo, los asalariados mexicanos celebraron su primer Congreso, en el cual los delegados se dividieron en anarcosindicalistas y socialistas. Esa gran asamblea proletaria contó con la presencia de algunos representantes de otros países latinoamericanos, entre los que descollaba el cubano José Martí.

Lerdo también se opuso a la penetración en México de capitales extranjeros, incorporó a la Constitución de 1857 las grandes Leyes de la Reforma y dictó para ellas reglamentos progresistas, pues compartía los criterios de los liberales puros sobre la propiedad. En especial, fue importante su Decreto de mayo de 1875 concerniente a los terrenos baldíos, mediante el cual pretendía entregar a los campesinos sin tierra, algún suelo que cultivar.

Porfirio Díaz, general famoso por sus campañas en el sur de México contra el Imperio de Maximiliano, llevó a cabo una asonada militar el 26 de noviembre de 1876, que realizó bajo los auspicios de la alta burguesía, comercial y agroexportadora, la cual discrepaba del rumbo antioligárquico tomado por la República. Entonces se acabó, con dicho golpe de Estado, la herencia democrática de Juárez y su avanzado proyecto de revolución.

Triunfos liberales en las Repúblicas centroamericanas

En Centroamérica, tras la victoria de Juárez en México, los plantadores y comerciantes liberales empezaron a ocupar definitivamente el poder, al iniciarse la octava década del siglo diecinueve. El primer triunfo duradero tuvo lugar en El Salvador, mediante una poderosa insurrección que estalló en abril de 1871. A partir de ese momento, en el país fueron secularizados los cementerios, se reformó el sistema bancario, se acometió la construcción de las primeras líneas telegráficas y ferrocarrileras y se disolvieron las comunidades agrícolas indígenas. Se hacía gran énfasis en esta medida, porque los plantadores exigían más tierra para ampliar sus cafetales. La expropiación de los aborígenes y la entrega de dichos suelos a la gran burguesía agraria, convirtió a esta pequeña República, y en primer lugar a su región occidental, en el Estado con mayor concentración de propiedad territorial en el área.

La victoriosa rebelión salvadoreña estimuló a los liberales guatemaltecos, cuyas filas se robustecieron al sumarse la tendencia moderada a la lucha iniciada por los más radicales, que organizaban en México un Ejército de Liberación. Con dicha fuerza armada, los revolucionarios cruzaron la frontera y avanzaron hasta Quetzaltenango, donde constituyeron un gobierno provisional a mediados de 1871. Unas semanas después, el 30 de junio, los insurrectos ocuparon la ciudad de Guatemala. Pero los conservadores no aceptaron su derrota, por lo cual se alzaron al grito de «Viva la religión» con el respaldo de Honduras. Este apoyo engendró una guerra que solo terminó en mayo de 1872, con el definitivo establecimiento en suelo hondureño de un régimen liberal.

En Honduras, la Reforma tuvo menor trascendencia que en los países vecinos, pues en esta República la Iglesia tenía pocas propiedades territoriales, no existían numerosas comunidades agrícolas indígenas ni tampoco había una abundante fuerza de trabajo aborigen. Las transformaciones, por lo tanto, se efectuaron principalmente en el ámbito supraestructural, en el cual se manifestaban con persistencia las huellas del feudalismo. En dicha esfera se suprimió el diezmo y se abolieron los fueros eclesiásticos, la Iglesia fue separada del Estado, los cementerios secularizados e instituidos la enseñanza laica y el matrimonio civil, pues se decretó la libertad de culto. Asimismo, se estableció la posibilidad de testar libremente, pues suprimía los mayorazgos. A la vez, la Ley de Agricultura emitida solo repartía las tierras realengas o estatales y los escasos suelos hasta entonces propiedad del clero. Dichos predios fueron entregados a burgueses que practicaban la ganadería, cultivaban el coco, y acometían la siembra del banano en plantaciones de la costa norte. Pero la escasez de dinero inactivo que pudiera situarse en ferrocarriles y telégrafos o minas, indujo al gobierno a favorecer la entrada de capitales extranjeros.

En Guatemala, con el triunfo de la Reforma Liberal, se proclamó la libertad de prensa, así como la de comercio y la de cultivar el tabaco, al prohibirse los estancos o monopolios estatales; también se expulsó la Orden de los jesuitas y se confiscaron sus bienes, se clausuraron los monasterios y se expropiaron sus dominios. Después, se derogaron las Manos Muertas y se desamortizaron las propiedades de la Iglesia, el principal terrateniente, las cuales se pusieron bajo el control de un banco estatal constituido al efecto. El objetivo de esta institución era propiciar la entrega de dichos predios a los burgueses agroexportadores. Luego, se evidenció que el Estado guatemalteco se había puesto al servicio de los plantadores de café, al disolver las comunidades agrícolas indígenas. Al mismo tiempo, se emitieron unos *mandamientos*, que significaban una versión guatemalteca de las *leyes contra los vagos*; según estas, cada poblado indígena tenía que suministrar a las plantaciones de café una determinada cantidad de fuerza de trabajo.

3. República Artesana, en Colombia, y Guerras de Independencia, en Cuba

En Colombia, muerto Bolívar y derogadas sus medidas revolucionarias, el régimen conservador se consolidó mediante la Constitución de 1831, que implantaba una República oligárquica muy centralizada; garantizaba privilegios o fueros a militares y grandes propietarios, fuesen estos laicos o eclesiásticos. Incluso, bajo la égida de Santander, el nombre del país fue sustituido por el usado en la época del colonialismo: Nueva Granada. Entonces, se restablecieron el diezmo y los mayorazgos, las alcabalas y las Manos Muertas, así como el sistema tributario feudal, que gravaba con exorbitantes impuestos las actividades productivo-mercantiles y disponía el pago de onerosos peajes por concepto de comunicaciones y transportes. Para colmo, en 1834, Santander concertó con Inglaterra un gran empréstito mediante la entrega en garantía del *quinto* percibido por el Estado sobre las extracciones de oro, así como buena parte de las rentas obtenidas por el estanco del tabaco, que era una supervivencia del conocido monopolio colonial.

A esas prácticas conservadoras, se opuso la pequeña burguesía integrada sobre todo por dueños de talleres artesanales urbanos, en los cuales se realizaba una producción mercantil en escala menor y con formas primitivas de capital. Estas, para desarrollarse, necesitaban incrementar la cooperación, así como una mayor división social del trabajo, lo que significaría que se transformaran en manufacturas. De conseguirlo, ello sería un paso de gran importancia en su progreso hacia el capitalismo industrial. Alcanzar ese objetivo, sin embargo, requería antes suprimir las aduanas internas y reducir o eliminar los gravámenes al acarreo de mercancías entre provincias; así se podrían disminuir los costos y facilitar las ventas de sus confecciones de telas, objetos de papel, muebles, lozas, vinos, jabones, velas, monturas, cristales, mantas, frazadas, artículos de ferretería.

El presidente de 1845 a 1849, Tomás Cipriano Mosquera, representante de la burguesía plantadora y comercial, intentó alterar el viejo sistema tributario y fiscal por uno que facilitase la compra de manufacturas foráneas, a cambio de exportar productos agropecuarios. Esos propósitos chocaron con los intereses de los propietarios de artesanías y, en primer lugar, con los de Bogotá, cuya tendencia «extremista» organizó entonces una asociación que terminó llamándose Sociedad Democrática, que, en poco tiempo, extendió sus funciones a las actividades militares, pues formó un batallón compuesto por cuatro compañías, germen de la Guardia Nacional.

En política, la referida organización artesana respaldó en 1849 la elección de un Congreso liberal y de José Hilario López como presidente. Pero la decepción fue mayúscula cuando ambos poderes emitieron sus primeros Decretos: fin de los resguardos, libre navegación por el Magdalena y abolición de la esclavitud. Los dos primeros afectaban negativamente el mercado interno, hasta entonces dominado por las producciones autóctonas; debido a la nueva Ley, los indígenas perderían sus tierras y se empobrecerían, por lo cual dejarían de adquirir productos artesanales. A su vez, estos artículos criollos serían invendibles, dada la fácil penetración ulterior de las rivales y baratas manufacturas foráneas. Solo el fin del régimen esclavista incrementaba la demanda, pero como nada más quedaban dieciséis mil personas por emancipar, su eliminación no representaba un elevado número de consumidores adicionales, quienes además tenían una ínfima capacidad adquisitiva.

El descalabro de los pequeñoburgueses empezó cuando numerosas capacidades productivas artesanales se arruinaron en 1851, por lo cual la Sociedad Democrática exigió del gobierno medidas proteccionistas a la vez que rompía sus vínculos con el liberalismo y la burguesía. Por su parte, los asalariados de los referidos talleres incrementaron su lucha al quedar sin trabajo, lo que llevó a su vanguardia a esgrimir el programa del socialismo utópico, concebido por Carlos Fourier[16] y Saint Simon.[17] Después, gradualmente, comenzaron los choques callejeros: de un lado, ambos componentes del artesanado, propietarios y obreros; del otro, las fuerzas animadas por los burgueses.

Tras renovarse el Congreso a finales de 1853, las contradicciones entre los elementos democráticos y los diputados liberales se agravaron, al disponer estos una lapidaria rebaja de aranceles. Esta hizo que el Ejército se dividiera, porque José María Melo, su general en jefe, y demás adeptos a los sectores populares, se manifestaron en su contra. Mientras, a favor se colocaban los oficiales de origen aristocrático u oligárquico, apoyados por los eclesiásticos, terratenientes y burgueses. Entonces, la mayoría de los congresistas dictaron una importante reducción de los efectivos militares, con el objetivo de utilizarla como pretexto para separar de sus filas a quienes consideraban indeseables. Ante la nueva situación Melo se insubordinó, disolvió el Congreso y, el 17 de abril de 1854, ocupó el poder bajo el acicate de la impactante consigna artesana: «Trabajo y pan o muerte».

El nuevo gobierno que Melo encabezaba movilizó a los citadinos; sustituyó a los gobernadores provinciales; derogó la Constitución de 1831; reestructuró la Corte Suprema de Justicia; decretó el fin de las constricciones gremiales, con lo cual se hacía libre el ejercicio de las artes y oficios o profesiones; abolió cualquier tipo de monopolio; prohibió la usura; persiguió a los acaparadores y agiotistas; obligó a los ricos a que le otorgaran a su Gabinete ministerial préstamos y créditos. Pero más allá de las regiones del altiplano, donde los artesanos de las ciudades eran fuertes, el movimiento no obtuvo gran respaldo. Esto indujo a la tendencia democrática a concebir tácticas bélicas inmovilistas, pues temían alejarse de los sitios donde se encontraba su base de sustentación. Tampoco estas fuerzas revolucionarias incluían en sus reivindicaciones las de otras clases o sectores y grupos relegados de la sociedad. Por ello, no pudieron conformar una poderosa marejada política, susceptible de eliminar los rezagos feudales o afectar los intereses de los grandes comerciantes y plantadores, en beneficio de la pequeña burguesía y demás estratos humildes o explotados en el país.

La contraofensiva oligárquica, ayudada por Estados Unidos,[18] enrumbó sus tropas contra Bogotá, defendida por los efectivos democráticos encuadrados en la Guardia Nacional. Esta la encabezaban hombres como Agustín Toro y el herrero Miguel León, quienes lucharon con heroísmo. Pero fueron vencidos a principios de 1855. Después, siguió una catástrofe económica, pues la derrota artesana desquició los vínculos comerciales en el mercado interno, en el cual de súbito faltaron buena parte de los tradicionales abastecimientos.

Se inició entonces una época de interminables guerras civiles, con frecuencia locales, que a veces culminaban en el establecimiento de gobiernos regionales completamente autónomos, por no decir independientes. De esa manera, se evidenciaron las nefastas consecuencias de la victoria conservadora sobre los artesanos, pues, a partir de ese momento, el proceso de organizar el Estado Nacional colombiano se dilató.

El incipiente movimiento obrero en América Latina

En otras partes de América Latina, el grupo social compuesto por quienes trabajaban en las producciones artesanales no tuvo la capacidad de organizar un importante movimiento político, propio y diferenciado, que optara por el poder. Por ello, sus integrantes con frecuencia tendieron a fundirse con el naciente movimiento obrero, a pesar de que procedían de dos clases distintas —dueños y asalariados—, pues en estos casos no resultaba excepcional que las diferencias de comportamiento entre ambas fuesen pequeñas; la mayoría de los propietarios trabajaban en los talleres como obreros y casi siempre sostenían relaciones fraternales con sus escasos empleados, junto a los cuales a menudo conformaban una especie de familia ampliada. Además, a causa de la desventajosa competencia de las manufacturas extranjeras, quienes ganaban su sustento en dicha actividad sufrían un creciente proceso de empobrecimiento, lo cual tendía a emparentar aún más a ambos componentes sociales; en caso de quiebra de la artesanía, no había otra alternativa al hambre y miseria o pauperización completa, que la de todos proletarizarse.

Las primeras organizaciones obreras en América Latina se estructuraron hacia mediados del siglo XIX, con el objetivo de hacer frente a la voracidad capitalista; entonces no existía legislación laboral alguna y no asombraban las jornadas diarias de dieciséis horas de faena, sin importar que fuesen mujeres o niños quienes hicieran el trabajo. Por lo tanto, con el propósito de auxiliarse recíprocamente, los asalariados comenzaron a crear sociedades de socorro mutuo destinadas a constituir fondos para accidentes, o cajas de auxilio para casos de enfermedad y despido, así como de ayuda a las familias desamparadas de los trabajadores incapacitados o muertos. Pronto, sin embargo, la experiencia enseñó a la naciente clase obrera, que la simple solidaridad no bastaba; se empezó a tomar conciencia, a veces bajo el influjo de politizados inmigrantes europeos, muchos de los cuales habían participado en la Comuna de París, de que resultaba imperioso organizarse en gremios de nuevo tipo o sindicatos, con el propósito de dirigir la lucha contra los patronos por medio de pliegos reivindicativos o protestas y hasta huelgas. Sin embargo, gradualmente surgieron nuevos grupos, que preferían la acción directa, cuasi terrorista, orientada a lograr la desaparición inmediata del mundo burgués, aunque sin saber a ciencia cierta cuál sociedad lo sustituiría: eran los anarquistas.

Ambas corrientes luego se fusionaron para crear el anarcosindicalismo, tendencia predominante en el movimiento obrero latinoamericano hasta la Primera Guerra Mundial. Sus impulsores rechazaban incorporarse a los partidos o tomar parte en la lucha política, por considerar que representaban un engendro burgués. Por ello, solo confiaban en las acciones orientadas a desembocar en una huelga general proletaria, gracias a la cual se terminaría con la explotación de unos seres humanos por otros. Después —creían—, todos serían felices.

Mientras llegaba el momento de dar el puntillazo final al capitalismo, los anarcosindicalistas estructuraron Federaciones Obreras Regionales. Estas denominaciones estaban destinadas a evitar el término «nacional», pues decían que ese era otro invento de la burguesía. «Los proletarios no tienen nacionalidad ni patria», aseveraban. Esa afirmación, a su vez facilitaba la lucha de los gobiernos contra dicho movimiento de los asalariados, pues lo acusaban de ser antinacional y estar controlado por extranjeros, que pedían la abolición de toda propiedad privada y del Estado.

Guerra de los Diez Años en Cuba

En Cuba, después de las cuatro frustradas conspiraciones que habían existido entre 1810 y 1830, los empeños independentistas fueron momentáneamente abandonados. En ello incidió la existencia de una gran cantidad de esclavos, lo cual indujo a que se estableciera una especie de entendimiento entre el poder metropolitano y la burguesía plantadora anómala. Tal vez dicha concordia se manifestara por el ascenso de un liberalismo reformista en la Isla, cuyo principal dirigente era José Antonio Saco, el más brillante alumno de Félix Varela, extraordinario filósofo abolicionista cubano que alentara el bien común por encima del individual.

En el Reino de España, mientras tanto, la creciente influencia de los liberales provocó la subasta de las tierras de la Iglesia y la eliminación de las Facultades Omnímodas de los gobernantes en todas partes, menos en la referida isla antillana. Ello se debía al ascendente deseo peninsular por privilegiar a la burguesía comercial española, que anhelaba poner en función suya a la economía cubana. Por eso, el capitán general recién enviado a esos territorios caribeños expulsó a la oligarquía criolla de su palacio gubernamental en 1834, y en su lugar auspició que la trata estuviera en manos hispanas. En Madrid, al mismo tiempo, una Convención Constituyente instituía en la nueva carta magna, a diferencia de lo que había establecido la de 1812, la condición colonial de Cuba, que por lo tanto no tendría derecho a representación alguna en las Cortes liberales. Esto liquidó la influencia del movimiento reformista en la Isla y en ella, involuntariamente, auspició el desarrollo de sentimientos patrióticos.

La evolución sociodemográfica de esta colonia fue notable hasta 1868, pues alcanzó una población de casi millón y medio de personas, calificada como «blanca» en más de su mitad. Mientras, menos de un tercio de esos habitantes eran esclavos, cuyo número apenas aumentaba debido a la prohibición internacional de la trata. Por eso, era en el azúcar en donde podía sobrevivir dicho repugnante sistema, pues ningún otro negocio tenía la capacidad de asimilar el encarecimiento de esta fuerza de trabajo. Debido a esa realidad, crecían en la Isla tendencias abolicionistas, las cuales se fortalecieron mucho cuando, en medio de la Guerra de Secesión de Estados Unidos, el presidente Abraham Lincoln prohibió la esclavitud.

A principios de la década de 1860, en esta Isla se había organizado, en secreto, una logia independentista, laica, democrática y republicana, llamada Gran Oriente de Cuba y las Antillas, cuyo lema de «Libertad, Igualdad y Fraternidad» motivó que algunos con odio la calificaran de «Club Central de Jacobinos». Pronto, ella extendió sus actividades por todo el territorio insular y llegó a contar entre sus militantes a Salvador Cisneros Betancourt, Pedro *Perucho* Figueredo, Francisco Vicente Aguilera, los hermanos Maceo, Calixto García, Bartolomé Masó, Carlos Manuel de Céspedes, Vicente García y algunos dominicanos, entre ellos, Máximo Gómez.

El independentista Grito de Lares, en Puerto Rico el 23 de septiembre de 1868, acicateó el ánimo emancipador en Cuba y, en especial, el del abogado bayamés Carlos Manuel de Céspedes, quien concluyó que había llegado el momento de iniciar la revolución nacional liberadora. Por eso él, quien devino en Padre de la Patria, el 10 de octubre de ese año, proclamó la independencia, liberó a sus esclavos e inauguró el mando único cívico-militar en tanto que forma de gobierno. Casi de inmediato, el movimiento se amplió por toda la zona oriental y culminó con la toma de Bayamo, ciudad proclamada sede gubernamental de la naciente República. Poco después, en Camagüey, se produjo otro alzamiento, cuyos dirigentes —Ignacio Agramonte y Salvador Cisneros—, proclamaron la abolición total e inmediata de la esclavitud y promovieron el concepto de separar las subordinadas funciones militares de las civiles, que debían ser las preponderantes y conformadas según la más clásica tripartición de poderes, como se hacía en todas partes en tiempos de paz.

Contra los sublevados, el poder español despachó sus fuerzas en una campaña, conocida como *guerra a muerte*, debido a los desmanes que llevaban a cabo, en su desespero por liquidar toda oposición a la presencia colonial en la Isla. Dicha ofensiva llegó hasta la capital de los *mambises*, como se denominaba a los independentistas, quienes prefirieron quemarla antes que entregarla al enemigo. Luego, todos se internaron en los campos o manigua.

En abril de 1869, las distintas corrientes emancipadoras se reunieron en la camagüeyana villa de Guáimaro, con el propósito de lograr la necesaria unidad revolucionaria. En la Asamblea allí convocada, se elaboró una Constitución que establecía los tres poderes civiles tradicionales, así como el militar, cuyo general en jefe sería nombrado por la Cámara de Representantes y rendiría cuentas al presidente de la República en Armas. Pero esa complicada estructura engendró considerables dificultades en tiempos de guerra, pues la protección a los congresistas absorbió muchos de los pocos recursos existentes y, además, demostró que no era una práctica eficiente en la urgencia de los combates. Estas complejidades se evidenciaron en las constantes pugnas entre el presidente Céspedes y el legislativo, que lo depuso en octubre de 1873 y luego terminó fungiendo como centro rector de la contienda, con todas las dificultades que en esas circunstancias una dirección colegiada puede ofrecer para el triunfo de la revolución. No obstante, la mencionada institucionalidad permitió que muchos países latinoamericanos reconocieran la beligerancia de los cubanos, y en la medida de lo posible, la ayudaran.

Máximo Gómez, principal autoridad militar de los mambises, comprendió que resultaba imperativo extender la lucha armada hacia occidente mediante una invasión. Y hacia allá, marchó tras sostener en el departamento del Centro batallas como Las Guásimas, de cinco días de duración, en marzo de 1874, en la cual ocasionó unas ochocientas bajas a las tropas colonialistas. Así, a principios del año siguiente, cruzó la considerada inexpugnable Trocha de Júcaro a Morón y se adentró en el oeste. Pero su ulterior avance fue detenido por graves pugnas en el campo insurrecto: no recibía refuerzos; ocurrieron importantes sediciones militares en Lagunas de Varona y Santa Rita; se fortalecía el regionalismo hasta con la proclamación de algún cantón independiente; jefes locales disintieron de su mando y exigieron la destitución del dominicano;

los órganos civiles mostraban incapacidad para resolver los problemas militares; se sucedían cambios frecuentes en el poder ejecutivo. Se quebraba, en fin, la imprescindible unidad revolucionaria en el esforzado movimiento nacional liberador.

En 1877, mientras el presidente de la República en Armas caía preso de los españoles, estos lanzaron una política de «pacificación» que pretendía imprimir una conducción «humanitaria» al conflicto, con el propósito de borrar el proverbial salvajismo de las huestes colonialistas. Se proclamó entonces, para los alzados que desertaran, un indulto con gratificación monetaria y la entrega de ciertos recursos de subsistencia, así como el cese de los embargos a los insurrectos, con posible devolución de los bienes que hubieran sido confiscados.

El Pacto del Zanjón, firmado el 10 de febrero de 1878 entre cubanos y españoles, acordó una paz sin independencia, aunque reconoció la condición de hombres libres a todos los negros esclavos y chinos *culíes* que se encontraran en las filas rebeldes. Pero un prestigioso general insurrecto de la región oriental, Antonio Maceo, quien acababa de vencer al afamado batallón de San Quintín ocasionándole unas doscientas cincuenta bajas, se negó a acatarlo. De igual forma, actuó en Sancti Spíritus otro destacado mambí, Ramón Leocadio Bonachea, quien dejó constancia de su rechazo en la Protesta de Jarao. Más importante, sin embargo, fue el repudio llevado a cabo por Maceo en presencia de la suprema autoridad española en la colonia, el general Arsenio Martínez Campos, cuando ambos se entrevistaron delante de algunos destacadísimos jefes militares, en un lugar conocido como Mangos de Baraguá, donde el valiente mambí anunció el reinicio de las hostilidades.

Luego, los oficiales protestantes eligieron un gobierno provisional que juró fidelidad al pueblo y a la revolución. La correlación de fuerzas, no obstante, impedía continuar la lucha y, el 9 de mayo, el propio Maceo debió embarcar hacia Jamaica. Terminaba así la Guerra de los Diez Años.

El Partido Revolucionario Cubano de José Martí

Cuando en los campos orientales de Cuba estalló la primera guerra por la independencia, el adolescente habanero José Martí tenía quince años. Y en octubre del año siguiente, fue detenido y condenado a trabajos forzados en las canteras, por tildar de apóstata a uno de sus condiscípulos que se había alistado en el Ejército metropolitano. Doce horas diarias al sol, con grillete y cadena en la pierna derecha, picaba piedras Martí, hasta que enfermó y fue deportado a España.

Desde su llegada a Madrid, Martí se vinculó con los cubanos revolucionarios que allí se encontraban y, junto a ellos, continuó laborando a favor de la emancipación de su patria. Pero decidió dirigirse a México a finales de 1874, donde comenzó a trabajar en la prensa, en la que expresaba una penetrante visión del mundo e insistía en la búsqueda de soluciones autóctonas a los problemas de América Latina. Esos criterios pronto encontraron cálida acogida en las páginas del periódico *El Socialista*.

La vida constitucional en México fue interrumpida en 1876 por un golpe militar oligárquico, hecho que fue públicamente repudiado por Martí y lo forzó a salir del país. Entonces viajó a Guatemala, donde se llevaban a cabo reformas liberales. Pero no transcurrió mucho tiempo, antes de percatarse del abuso que se cometía contra los indígenas, a quienes se les arrebataban sus tierras y se les coaccionaba para que entregaran barata su fuerza de trabajo a los plantadores. Martí, por supuesto, no concebía un proceso revolucionario sin la completa incorporación de los aborígenes a la sociedad y volcó dichos criterios en el libro titulado *Guatemala*, cuya publicación lo obligó a irse de allí.

De nuevo en Cuba, tras la paz del Zanjón, José Martí se sumergió en labores conspirativas y, en marzo de 1879, llegó a ser electo vicepresidente del Club Central Revolucionario, actividades que fueron para él una valiosa experiencia, pues le permitieron comprender los errores y contradicciones que habían dado al traste con la Guerra de los Diez Años. Al mismo tiempo desplegó, dentro de la limitada vida política que permitía el régimen colonial, una labor de divulgación de los principios patrióticos y acerca de lo falaz de las soluciones propuestas por los agrupados en el claudicante Partido Autonomista, enemigo de la independencia.

Apenas se inició en Cuba, el 24 de agosto de 1879, la llamada Guerra Chiquita, Martí fue detenido por sus actividades revolucionarias y otra vez deportado a España, de donde a fines de año escapó rumbo a Francia, y desde allá viajó a Nueva York, sede del Comité Revolucionario Cubano, cuya presidencia interina ocupó. Pero la derrota sufrida por las fuerzas cubanas en la nueva y breve contienda militar, hizo renacer las divergencias entre los revolucionarios. Esto hizo comprender a Martí que el proceso emancipador se encontraba en una tregua. Entonces marchó a Venezuela, donde se percató de que un tirano liberal-positivista la gobernaba en beneficio de la burguesía criolla aliada con el incipiente imperialismo. Martí criticó dicho régimen, convencido de que mediante esa vía no se podían garantizar las libertades imprescindibles para el desarrollo armónico de la sociedad ni se lograba la verdadera democracia, ni se resolvían las profundas desigualdades imperantes entre las distintas clases y grupos sociales. Pero sus constantes denuncias, de nuevo motivaron su expulsión, por lo cual regresó a Nueva York.

A pesar de su dependencia colonial con respecto a España, por esta época se incrementaba en Cuba la inversión de capitales de Estados Unidos, que ya dominaban la rama energética y el alumbrado de la capital. Luego, dichos monopolios se introdujeron en la minería, así como en las industrias tabacalera y azucarera. Martí, en su trabajo de 1889 acerca de la Conferencia Internacional Americana, criticó esa penetración económica, al decir:

> Jamás hubo en América, de la independencia acá, asunto que requiera más sensatez, ni obligue a más vigilancia, ni pida examen más claro y minucioso, que el convite que los Estados

Unidos potentes, repletos de productos invendibles, y determinados a extender sus dominios en América, hacen a las naciones americanas de menos poder [...], y ahora, después de ver con ojos judiciales los antecedentes, causas y factores del convite, urge decir, porque es la verdad, que ha llegado para la América española la hora de declarar su segunda independencia.[19]

Y a principios de 1891, de nuevo fustigó las posiciones de Estados Unidos durante las sesiones de la Comisión Monetaria Internacional Americana, cuando escribió:

Creen en la necesidad, en el derecho bárbaro, como único derecho: «esto será nuestro porque lo necesitamos». Creen en la superioridad incontrastable de la «raza anglosajona contra la raza latina». Creen en la bajeza de la raza negra, que esclavizaron ayer y vejan hoy, y de la india que exterminan [...] Mientras no sepan más de Hispanoamérica los Estados Unidos y la respeten más [...], ¿pueden los Estados Unidos convidar a Hispanoamérica a una unión sincera y útil para Hispanoamérica? ¿Conviene a Hispanoamérica la unión política y económica con los Estados Unidos?[20]

Martí realizó una colosal tarea en Estados Unidos, con el propósito de aglutinar a todas las fuerzas independentistas cubanas en un movimiento político único. A esos efectos, en enero de 1892, asistió a la reunión de los presidentes de las agrupaciones patrióticas de Cayo Hueso, en la cual fueron aprobadas las *Bases y Estatutos Secretos del Partido Revolucionario Cubano*, para cuyo más elevado cargo, el de Delegado, fue electo. Dicha organización unía en sus filas una amalgama multiclasista, compuesta por hombres que la represión o arbitrariedades coloniales habían lanzado fuera de su patria: comerciantes, obreros, industriales, campesinos, profesionales, militares. Pero dado que la Guerra de los Diez Años había provocado la disminución del caudal financiero de los más ricos, así como el empobrecimiento de muchos otros, y el desarrollo socioeconómico de la colonia había multiplicado a la clase obrera, que liderada por los tabaqueros, se convertía en el principal sostén del patriotismo y en el contribuyente más firme de la revolución. Mientras, contra la independencia, en Cuba se asociaban la oligarquía azucarera y los sectores burocráticos, integrados por cubanos y españoles que defendían el poder colonial.

En febrero de 1895, estalló la guerra preparada por Martí, quien semanas más tarde desembarcó por las costas de Oriente para morir poco después, el 19 de mayo, en el combate de Dos Ríos. La víspera había escrito:

> [...] ya estoy todos los días en peligro de dar mi vida por mi país y por mi deber — puesto que lo entiendo y tengo ánimos con que realizarlo — de impedir a tiempo con la independencia de Cuba que se extiendan por las Antillas los Estados Unidos y caigan, con esa fuerza más, sobre nuestras tierras de América. Cuanto hice hasta hoy, y haré, es para eso.[21]

En Jimaguayú en el mes de septiembre, se reunió una Asamblea Constituyente a la que asistieron delegados de todos los cuerpos del Ejército insurrecto existentes en ese momento. Allí, se decidió instituir un Consejo de Gobierno que aunase los poderes ejecutivo y legislativo y, además, se decidió que si en dos años no se alcanzaba la victoria independentista, se debía refrendar otra Constitución que definitivamente organizara el Estado Nacional. En ese contexto, el generalísimo Máximo Gómez y su lugarteniente general Antonio Maceo se pusieron de acuerdo para comenzar la Invasión a Occidente el 22 de octubre de 1895. El proyecto consistía en iniciar el avance desde Mangos de Baraguá y cruzar la Trocha de Júcaro a Morón, para adentrarse en las planicies de Matanzas. Culminada esa parte del plan y después del combate de Calimete, el 29 de diciembre, los mambises penetraron en La Habana y pudieron celebrar el fin de año en las inmediaciones de la capital.

Ambos jefes decidieron que Maceo marchara hasta Mantua, último lugar habitado en Pinar del Río, adonde llegó el 22 de enero. Mientras, Gómez permanecía en La Habana en una muy exitosa campaña conocida como La Lanzadera, por la forma de desplazarse los rebeldes para enfrentar al enemigo. Ese triunfante despliegue militar evidenció el fracaso de Arsenio Martínez Campos por detener la revolución y facilitó que en febrero de 1896 Madrid lo sustituyera por el sanguinario Valeriano Weyler, quien llegó a Cuba para aplicar la inhumana política de «reconcentración». Esta obligaba a los campesinos a trasladarse a pueblos y ciudades para evitar que ayudaran a los sublevados, por lo cual casi doscientos mil civiles cubanos perecieron de hambre y enfermedades.

La lucha independentista en la mayor de las Antillas alcanzó así connotación universal y sus principales jefes se convirtieron en renombrados héroes en muchas partes del mundo. Pero la intensidad del conflicto cobraba sus víctimas y los más prestigiosos jefes caían uno tras otro: Flor Crombet, Guillermón Moncada, José Maceo, Serafín Sánchez, Juan Bruno Zayas y, sobre todo, Antonio Maceo junto a Panchito, el hijo del generalísimo. Esto, sin embargo, no hizo disminuir el batallar insurrecto. Gómez así lo demostró durante todo el año 1897 en el Departamento Central, con su campaña de La Reforma, la cual desgastó por completo al Ejército colonialista. A la vez, en Oriente, el nuevo lugarteniente general, Calixto García, ocupaba importantes poblaciones con ayuda de la artillería.

La persistencia del batallar cubano terminó por lograr la remoción de Weyler, sustituido cuando ya los gobernantes españoles admitían que la metrópoli se encontraba «al borde del último hombre y la última peseta». En esas circunstancias, y según lo previamente determinado, se convocó a otra Asamblea Constituyente en la villa camagüeyana de La Yaya, de la cual emergió como presidente de la República en Armas, el prestigioso general del 68, Bartolomé Masó.

Ocupación estadounidense y República neocolonial en Cuba: la Enmienda Platt

En noviembre de 1897, España decretó el régimen autonómico para Cuba, debido al cual se estableció un parlamento insular con dos Cámaras, la de Representantes y el llamado Consejo de Administración. Ambas estaban conformadas por algunos miembros designados y otros elegidos, luego de cumplir una serie de requisitos que se alejaban de los preceptos del voto masculino universal. Como era de esperar, dichos escaños fueron ocupados en primer lugar por los jefes del Partido Autonomista acompañados de un menor número perteneciente a su congénere Reformista, todos partidarios de mantener en la Isla el poder colonial español.

En 1898, la Guerra de Independencia mantenía sus conocidas características, cuando a mediados de febrero en la bahía habanera misteriosamente explotó el acorazado norteamericano *Maine*, buena parte de cuya tripulación pereció. En Estados Unidos, la noticia originó consternación, lo cual finalmente condujo al Congreso a reconocer que «el pueblo de la isla de Cuba, es y de derecho debe ser, libre e independiente», tras lo cual intervino en el conflicto armado. Entonces, las fuerzas estadounidenses coordinaron con Calixto García las acciones que pretendían desarrollar en la zona oriental, por lo que el nuevo lugarteniente general ordenó inhabilitar los accesos a Santiago de Cuba, mientras la Armada norteña bloqueaba las costas occidentales y en especial el puerto capitalino.

Así, a la guerra de liberación nacional se superpuso la de dos potencias, una decadente y otra en ascenso, en un conflicto único. Las fuerzas estadounidenses por fin desembarcaron a mediados de año para combatir junto a los cubanos en San Juan y El Caney, en tanto hundían la flota española en solo una hora en Santiago de Cuba.

Rendidas las tropas colonialistas, las estadounidenses se comportaron como un verdadero ejército de ocupación: impidieron desvergonzadamente la entrada de los mambises en Santiago de Cuba; Máximo Gómez y el Consejo de Gobierno fueron por completo ignorados; se trató en igualdad a los efectivos armados independentistas y a los de la antigua metrópoli, sin hacer distinción entre vencedores y vencidos; se acordó un armisticio que soslayó a los heroicos soldados insurrectos; luego, con la total ausencia de cubanos, se firmó un Tratado de Paz que traspasaba Cuba, Puerto Rico y las Filipinas —donde también se combatía por la independencia— a Estados Unidos.

Disuelto el Partido Revolucionario Cubano y licenciado el Ejército Libertador, Cuba padeció un cuatrienio de total dominación militar por su vecino del Norte, período en el que este se apropió de muchas de sus riquezas y, al final, impuso a la emergente República mediatizada la espuria Enmienda Platt, que cercenaba su independencia al permitir que en cualquier momento se repitiera por voluntad norteamericana, la ocupación de la Isla. Por eso, en Cuba, para alcanzar la victoria, se tenía que continuar la lucha por la vía de una revolución.

4. Diferencias entre positivistas: los gobiernos de México y Brasil

La tiranía de Porfirio Díaz

En México, tras el golpe militar de Porfirio Díaz, los adeptos a su régimen criticaron la Constitución de 1857 guiados por las enseñanzas de Gabino Barreda. Este filósofo positivista repudiaba elementos centrales de la teoría liberal —como por ejemplo el *derecho natural*—, los cuales consideraba legalistas, abstractos y de cuestionable aplicación universal. Los *porfiristas* también rechazaban la noción del hombre autónomo como la raíz fundamental de la sociedad, pues decían que el individuo debe ser una parte integral del organismo social, condicionado por lugar y tiempo.

El periódico *La Libertad*, que tenía el lema de «Orden y Progreso», era el principal órgano de prensa del gobierno, y su director más importante fue el eminente educador Justo Sierra.[22] En sus páginas, se enfatizaba la necesidad de que los mexicanos cambiaran intelectual y socialmente, si deseaban sobrevivir en la lucha por la vida; se afirmaba, siguiendo la teoría de Darwin,[23] que solo los más fuertes podían triunfar. Argumentaban que solo así México escaparía al peligro que lo acechaba desde el Norte. Alcanzar el progreso deseado, añadían, requería ineludiblemente establecer el orden en la organización social del país. Y decían que en esa empresa la ciencia sería la base de la nueva educación inspirada ideológicamente en el positivismo, cuya expresión política en México era el *porfirismo. La Libertad* también criticaba a los liberales por no haber entendido la «simple verdad» de que al pueblo no se le podían dar derechos para los cuales no estaba educado, pues se terminaría en la anarquía; criticaba la Constitución de 1857 como metafísica y elaborada por utópicos para un país inexistente, aunque reconocía que la Reforma y la referida carta magna habían destruido la vieja sociedad teológica y corporativa de los conservadores. Pero acentuaban que los liberales no tenían la capacidad para construir el nuevo orden científico e impulsor del impetuoso progreso anhelado por los positivistas. Todos ellos aceptaban que la evolución política de la sociedad debía ser sacrificada con miras al desarrollo social y económico, pero las dos tendencias diferían sobre el rumbo que debían imprimir a ambas cuestiones. Una minoritaria, compuesta por los adeptos a Comte,[24] subordinaba el individuo a la sociedad en todas las áreas materiales, la cual opinaba que debía ser dirigida por una *sociocracia* en un Estado fuerte. La otra, integrada por los partidarios de Spencer,[25] representados por el ministro de Finanzas, José Ives Limantour, abogaba por una libertad que permitiera formar y acumular capital, a la vez que limitase al mínimo el intervencionismo estatal en la economía; todo debería subordinarse al orden que permitiera adquirir riquezas constantemente incrementadas. Para dicha corriente, los beneficios de la burguesía se convirtieron en sinónimo de libertades nacionales. Por eso, el Gabinete de los «científicos» tomaba las luchas sociales y de clase como manifestaciones reaccionarias, provocadas por agitadores ajenos a los humildes y explotados; estaba convencido de que el régimen político impuesto conducía a México de la mejor manera posible, razón por la cual los pronunciamientos en contra resultaban intolerables. Justificaba así la «honorable tiranía» porfirista, que «científicamente» impulsaba el orden y progreso. Claro, se le olvidaba siempre añadir: burgués.

El *porfiriato*, para eternizarse como régimen, decidió satisfacer las insaciables apetencias de sus auspiciadores, por lo que tergiversó las leyes de la Reforma en beneficio exclusivo de la cúspide burguesa; las ordenanzas porfiristas de 1883, que alteraban las de 1875, permitieron organizar en México «compañías deslindadoras» cuyo objetivo era delimitar las tierras baldías, eclesiásticas y antiguos realengos, con el propósito de ponerlas a producir sobre todo para la exportación. En pago por sus gastos en esas tareas, dichas empresas recibían la tercera parte de los dominios mesurados. Y una vez que se acabaron los suelos estatales y de la Iglesia, las referidas entidades anónimas se lanzaron sobre los campos de las comunidades agrícolas indígenas. En resumen, a causa de ese proceso de despojo que arrebató sus parcelas a muchos pequeños campesinos, en 1889 las «compañías deslindadoras» habían recibido gratis dos millones setecientas mil hectáreas y comprado a precios ínfimos catorce millones ochocientas mil más. También muchos ricos propietarios agrandaron entonces sus ranchos y haciendas, que bajo los preceptos del positivismo especializaron sus producciones en uno u otro cultivo para el mercado. De esa manera, se transformó la agricultura, que adquirió un carácter comercial o de empresa, lo cual provocó el auge de la economía mercantil. Por eso, las formas de las nuevas haciendas «científicas» se asemejaban cada vez más a las de las plantaciones, aunque entre ellas hubiera gran diversidad; este novedoso capitalismo agrario porfirista variaba según los cultivos, las zonas y hasta por dueño. Sin embargo, el tránsito a un sistema completamente nuevo no podía operarse de golpe; no existían todas las condiciones para una súbita y masiva producción agraria con relaciones de producción capitalistas, pues los indígenas no estaban habituados al trabajo asalariado. Su cultura y tradiciones estaban acostumbradas a la economía natural, con técnicas arcaicas y ligazón inquebrantable con los terratenientes, fuesen laicos o eclesiásticos; la esencia del viejo sistema feudal autosuficiente estribaba en que la tierra se dividía entre estos propietarios y los campesinos comuneros, cuyo plustrabajo consistía en laborar los suelos de los explotadores. De esa manera, los indios trabajaban los campos, unos días para sí y otros para los terratenientes, pues todo se basaba en la prestación personal. Esto motivó que las relaciones de producción burguesas no pudieran surgir de inmediato en las haciendas «científicas»; el único sistema de economía posible era uno de transición, que reuniese los rasgos de la prestación personal y los del capitalismo. Por eso, paralelamente a la entrega de algún salario a sus peones, muchos hacendados continuaban recurriendo a la coerción extraeconómica —estado de dependencia, caución solidaria, castigos corporales, condenas a trabajos públicos— o a la amenaza de enviarlos a servir largo tiempo en el Ejército. Pero también con el nuevo sistema, la fuerza de trabajo logró mayor productividad, pues se empleaba de manera especializada. Ello permitió que la parte de los indígenas no mantenida en los antiguos predios para continuar laborándolos, fuese enviada a la construcción de una extensa red ferrocarrilera. Esta se desarrollaba impetuosamente bajo el porfiriato por el capital foráneo, con el objetivo de transportar hacia los puertos de embarque las crecientes producciones mineras y agropecuarias vendidas al extranjero.

En México, bajo el influjo de los preceptos positivistas y, sobre todo, a partir de 1890, se produjo el surgimiento de la burguesía nacional formada por intereses bancarios, industriales, agrícolas y comerciales, vinculados exclusivamente al mercado interno. La importancia de su aparición se comprende al saber que entre 1886 y 1907, las inversiones de los mexicanos en las diversas ramas industriales superaron a las de los extranjeros. Ese innegable desarrollo provocó, hacia 1910, la existencia de unos doscientos mil obreros industriales, frente al medio millón de artesanos que sufría, cada vez con más fuerza, la concurrencia de las producciones originadas por la burguesía nacional.

Proclamación de la República en Brasil

En Brasil, la guerra contra Paraguay (1865-1870) resultó contraproducente para los intereses del Imperio, respaldado por la burguesía esclavista azucarera; los enormes gastos del conflicto agravaron los problemas financieros del país y aumentaron la dependencia con respecto a Inglaterra. En este reino europeo, al terminar las guerras napoleónicas, se evidenció que los intereses industriales se habían distanciado de los comerciales y, entre ambos, la índole de los negocios difería cada vez más; los productores vivían de la plusvalía, mientras que los vendedores se enriquecían en la esfera de la circulación. A partir de entonces, los que elaboraban las mercancías desearon expandir sus mercados, en tanto quienes las ponían en venta solo querían mantener su control sobre las más valiosas, como por ejemplo la mano de obra africana, muy codiciada por los plantadores. Al final, bajo presión de su burguesía industrial, el gobierno de Londres abolió la esclavitud en sus propias colonias, a la vez que prohibió en los océanos el horrible tráfico de esclavos que sus comerciantes tanto habían auspiciado. Desde ese momento, la persecución británica a la trata hizo cada vez más difícil y costoso adquirir en América esta fuerza de trabajo. Entonces, muchos capitales en Brasil quedaron ociosos, aunque pronto una parte encontró beneficios al ser invertidos en novedosas plantaciones de café; este aromático grano, en detrimento del encarecido azúcar, se convertía en el ascendente rubro de exportación. Sus crecientes cosechas se recogían por una avalancha de humildes emigrados europeos, cuya mano de obra hacía innecesario en los cafetales el empleo de africanos. Sin embargo, hubo también capitales, previamente dedicados a la compra de esclavos, que se reorientaron hacia las industrias. De esos establecimientos, habían sido inaugurados más de setecientos a principios de la década del ochenta, en Río de Janeiro, Minas Geraes y Sao Paulo, sobre todo dedicados a fabricar hierro, papel y textiles.

Durante la referida Guerra de la Triple Alianza contra la República paraguaya, el Ejército brasileño creció mucho y se metamorfoseó, pues la oficialidad pequeñoburguesa que ascendió por sus méritos esgrimía criterios abolicionistas. Esto resultaba trascendente porque el principal problema de Brasil en aquellos momentos era el de la esclavitud, inhumano sistema de explotación cuya existencia solo había sido posible debido a la trata. En la mencionada evolución ideológica de las Fuerzas Armadas, desempeñó un papel fundamental la filosofía de Augusto Comte, que se enseñaba en la Escuela Militar del Imperio, donde era sobresaliente el desempeño del coronel Benjamín Constant Botelho de Magalhaes. Este, sin cesar, predicaba la necesidad de implantar en Brasil una dictadura militar republicana. Luego, esos oficiales se vincularon con civiles positivistas como Miguel Lemus y Teixeira Méndez, también opositores del desprestigiado Consejo de Ministros liberal, encabezado por el vizconde de Ouro Preto. Así las cosas, en 1888, el Ejército se negó a perseguir cimarrones, tras lo cual dotaciones enteras abandonaban los ingenios. De esa manera, el régimen esclavista entró en crisis. Entonces, el gobierno se vio forzado, el 13 de mayo de ese mismo año, a proscribir esa repugnante forma de explotación, medida que fue el puntillazo final para el decadente Imperio. En tales circunstancias, el 16 de noviembre de 1889 el general Manuel Deodoro da Fonseca ocupó con sus tropas la capital y publicó un Decreto proclamando la República.

El nuevo Gabinete instituido representaba una alianza de los poderosos plantadores cafetaleros con la emergente burguesía nacional, encabezada por la parte de la oficialidad que era positivista. Esta, desde el gobierno, reformó la enseñanza, separó la Iglesia del Estado, suprimió el Senado vitalicio, estableció una Ley de naturalización que facilitaba a los extranjeros el cambio de ciudadanía, impuso a las provincias Juntas Interventoras para dominar a las oligarquías locales, auspició una política crediticia favorable a la inflación que aumentaba la demanda solvente en el mercado interno, incrementó las tarifas aduaneras para proteger la naciente industria nacional, convocó a una Constituyente. En esta, surgieron dos tendencias. Una, formada por el grupo comtiano de la oficialidad, aglutinado en el Club Militar, que deseaba un fuerte régimen centralista y autoritario, cuyo estandarte dijese «Orden y Progreso». La otra, se organizó con toda la burguesía plantadora, azucarera y cafetalera, que bajo el liderazgo de esta última se habían unificado y reclamaban una república federal y presidencialista, semejante a la estadounidense.

La Constitución de Estados Unidos de Brasil abolió los títulos nobiliarios y adoptó la bandera positivista. Pero dividió al país en veinte territorios federales con leyes y constituciones propias, regidas por gobernadores con capacidad para contraer empréstitos, recaudar impuestos y organizar fuerzas militares estaduales autónomas; esto, para escapar al tutelaje del sector de la oficialidad que anhelaba mantener su permanente supervisión sobre todo el país. Desde entonces los políticos positivistas fueron perdiendo el control de los distintos territorios de Brasil, los cuales pasaron a manos de las diferentes oligarquías, que finalmente impusieron el sistema llamado del «café con leche». Ese fue un ardid antidemocrático que respondía a los intereses de la burguesía cafetalera de Sao Paulo, asociada con los ganaderos de Minas Geraes y los plantadores azucareros del Nordeste. Solo Río Grande do Sul representaba una excepción, pues en dicho estado, la tendencia positivista mantuvo su influencia, encabezada por Julio de Castilho.

5. Penetración extranjera y reformismo de la burguesía nacional

Intereses de Inglaterra, Francia y Alemania

Gran Bretaña, al independizarse América Latina, era un país que se caracterizaba por la libre competencia y la venta de mercancías hacia el extranjero. Por ello, de inmediato firmó con los nuevos Estados importantes tratados comerciales y, en 1825, llegó a negociar con el subcontinente el equivalente de unos ochenta millones de dólares, la cuarta parte de ellos con Brasil. Este Imperio, por sí solo, constituía el tercer mercado de Inglaterra, superado nada más que por Estados Unidos y los territorios alemanes. La creciente penetración mercantil británica en la región, desarrolló eficientes mecanismos, basados en numerosas sucursales de las más importantes casas comerciales inglesas. Dichos establecimientos abundaban, por ejemplo, en Veracruz, Río de Janeiro, Montevideo, Buenos Aires, Valparaíso. Sin embargo, la superioridad económica de Inglaterra también se evidenció en el control que desde el inicio de la independencia tuvo sobre las finanzas latinoamericanas. Dicha situación se había originado en la necesidad que tenían las fuerzas patrióticas de recibir suministros para combatir a las metrópolis ibéricas. En aquella época solamente Gran Bretaña podía brindarlos, y los vendía a los insurgentes luego de otorgarles empréstitos. Así, todos los emergentes Estados de América Latina, menos Haití y Paraguay, tuvieron que recurrir a los banqueros de Londres, quienes de esa forma les prestaron cerca de veinte millones de libras esterlinas, es decir, unos cien millones de dólares de aquel entonces. Después, resultó imposible escapar del ciclo infernal: el servicio de los intereses de la referida deuda externa y el pago a militares o funcionarios, exigieron nuevos empréstitos, que al tener lugar el crac de la Bolsa de Londres en 1825 totalizaban unos veinticinco millones de libras. Luego, la llegada de nuevos capitales para reactivar minas y adquirir tierras hizo ascender a doscientos millones de dólares los intereses británicos invertidos en Latinoamérica. La magnitud de esta cifra se comprende al saber que, en 1833, el conjunto de capitales situados en la importantísima industria textilera británica solo llegaba a treinta y cuatro millones de libras esterlinas. Y en dicho año, las exportaciones de telas representaron la mitad de las ventas al extranjero de Inglaterra.

A mediados de la década del treinta del siglo XIX, esta coyuntura económica cambió, pues se iniciaron las grandes inversiones inglesas en los ferrocarriles de la propia Gran Bretaña; ello provocó una notable disminución de la afluencia de dichos capitales hacia América Latina. Tres décadas más tarde, esos dineros regresaron, pero cargados del contenido imperialista; para entonces las mayores compañías de Inglaterra se habían convertido en verdaderos monopolios y su principal exportación era de capitales ociosos. Sin embargo, en general, la economía productiva y comercial británica aún conservaba la preponderancia mundial; sus industrias, sobre todo metalúrgica y textil, no tenían rivales y sus empresas controlaban el flujo de materias primas, que después revendían a las demás naciones. También la banca de Londres fungía como centro financiero del orbe, y los buques de esa bandera primaban en la navegación por todos los mares. Debido a ello, a principios de la octava década del siglo XIX el imperialismo inglés era hegemónico, por no decir el único, en América Latina. En esta región tenía colocado el equivalente de setecientos millones de dólares, o sea, el 20% de sus capitales exportados. Dicha cifra se componía de cuatrocientos millones en empréstitos, sobre todo a tres países: Perú (159), Brasil (96), Argentina (64,5); inversiones directas por doscientos cincuenta millones, de las cuales la mitad se encontraban en dos países: Argentina (70,5) y Brasil (60,5). Y en 1885, el total británico invertido en nuestro subcontinente ascendía a ochocientos treinta y cinco millones de dólares, de los cuales el 50% se encontraba en Argentina, Brasil y México.

Desde el punto de vista de su orientación por tipo de actividades, los inversionistas ingleses dieron preferencia a la infraestructura y las esferas productivas. De esa manera, tenían situados en: ferrocarriles 97,5 millones de dólares; compañías de agua, gas, electricidad, 37,5; empresas de navegación, 35; telégrafos, 30; firmas comerciales, 15; haciendas de ganadería ovina, 15. Las inversiones en bancos, aunque solo ascendían a diecinueve y medio millones de dólares, cumplían funciones estratégicas, pues las pocas instituciones financieras locales existentes servían sobre todo como cajas de depósito o centros de crédito y emisión monetaria. Mientras, las británicas funcionaban cada vez más en tanto que centros inversionistas, los cuales a veces se asociaron con sus pequeños homólogos latinoamericanos cuando no los absorbieron: surgieron así el Mauá, McGregor and Company Bank of Rio de Janeiro en 1854, el London and River Plate Bank of Buenos Aires en 1862, el London Bank of Mexico and South America en 1865, el Anglo-South America Bank of Tarapacá en 1884, hasta totalizar once semejantes instituciones de primer orden a principios de la década de 1890.[26]

Francia, a los dos años de terminarse la fracasada aventura de Napoleón III en México, realizó su primera operación financiera de envergadura en América Latina. Se trataba de la compañía Dreyfus Freres, que en 1869 firmó con Perú un trascendente contrato de consignación concerniente al guano, codiciado fertilizante natural exportado a Europa. Dicho negocio estaba respaldado por uno de los más poderosos bancos del mundo, la Societé Generale de Paris, que adelantó sesenta millones de francos para impulsar el acuerdo. Luego la Dreyfus, asociada con la Scheller et Compagnie, suscribió un préstamo por cincuenta millones de francos con Honduras. Pero el ascendente influjo francés en Latinoamérica se detuvo a consecuencias de la guerra franco-prusiana e, incluso, llegó a provocar su reflujo; hasta el contrato relacionado con el valioso excremento de las aves tuvo que ser cancelado.

El regreso de Francia a sus actividades económicas en América Latina tuvo lugar en el segundo lustro de la propia década, cuando se instituyó la Societé Civil Internationale du Canal Interoceanique que dirigía Ferdinand de Lesseps, prestigioso constructor del Canal de Suez, quien se proponía construir una vía interoceánica sin esclusas entre el Pacífico y el Caribe. El audaz proyecto se pudo concretar por no estar los franceses involucrados en el Tratado Clayton-Bulwer, que excluía a ingleses y estadounidenses de cualquier intento semejante, sin tener la aprobación de la nación rival. Sin embargo, la operación de Lesseps se vio mancillada por turbios manejos desde el inicio; la empresa debió ser revitalizada con nuevos capitales, que instituyeron la flamante Compagnie Universelle du Canal Interoceánique de Panamá. Esta firma obtuvo de Colombia, en 1880, la concesión para construir la ruta acuática en el plazo de dos años y, además, compró la Panamá Railroad Company a sus propietarios norteamericanos. Estos habían construido dicho ferrocarril a través del istmo entonces colombiano, luego del arrebato territorial a México —que los puso en contacto con el Pacífico— para facilitar la imprescindible vinculación entre las costas este y oeste de Estados Unidos. Y dado el mencionado pacto internacional existente, los estadounidenses preferían disponer de un canal francés que no tener ninguno.

De forma complementaria al empeño canalero, Francia se lanzó a una política prestamista en el área del Caribe; a partir de sus colonias de Guadalupe, Guayana y Martinica, pretendía crear en la zona una esfera de intereses favorables a su construcción interoceánica. Así, en Haití, se instaló el Crédit General Francais que luego fundó la Banque Nationale D'Haiti, la cual se apoderó del erario de ese pequeño país; en Costa Rica, se implantó la Societé Eslonges; en República Dominicana, se le concedió a la Compagnie Universelle el control de una estratégica bahía, para que le sirviese como base de aprovisionamiento en la construcción del canal. Luego, en 1888, en esta República se estableció la Banque Nationale de Santo Domingo.

Pero el espejismo caribeño de Francia empezó a derrumbarse por donde mismo había comenzado: el anuncio de la quiebra de la novedosa compañía canalera en 1889 provocó un escándalo que llevó a Lesseps a la cárcel y paralizó las obras en Panamá, donde la economía se estancó. Entonces, el gobierno de París decidió labrarse un verdadero imperio en otras partes del mundo, por lo cual abandonó sus sueños antillanos, menos en sus tres pequeñas colonias y en Haití; allí poseía el ferrocarril de Port au Prince a Saint Marc, el de Cul de Sac y el de Cap Haitien, era dueña de la mayor parte de los servicios públicos, controlaba el exiguo comercio exterior de la República.[27]

Alemania, luego de su unificación tras la guerra franco-prusiana, se dedicó a hostigar los territorios bajo influencia de Francia. Por ello, en 1872, envió contra Haití una amenazante flota, comandada por el almirante Batsch. Allí, con el pretexto de pérdidas sufridas por comerciantes germanos durante revueltas locales, los buques alemanes ocuparon varios navíos haitianos fondeados en Port-au-Prince, aunque el verdadero propósito era hacer ostentación de la fuerza germana. Después, el capital alemán hizo su aparición en Guatemala, donde estableció una moderna empresa eléctrica y construyó un ferrocarril. Pero en este país centroamericano, el mayor interés del gobierno de Berlín era que sus ciudadanos se establecieran en los campos para desarrollar eficientes plantaciones de café. Más tarde en Perú, luego de la Guerra del Pacífico, los inversionistas alemanes adquirieron las devastadas plantaciones de la costa. Mientras, en Chile, otorgaron préstamos al presidente Balmaceda. Después, Berlín tornó de nuevo su mirada contra Haití y, en diciembre de 1897, dos de sus acorazados volvieron a presentarse frente a Port-au-Prince para renovar sus alardes de fuerza. Estos se agravaron cuando, en 1902, los alemanes apoyaron la rebelión de los terratenientes negros del norte haitiano, que luchaban contra el régimen filofrancés de los mulatos sureños; ellos perdieron su aprovisionamiento proveniente de Francia, cuando la Armada germana hundió los navíos haitianos que lo transportaban. El triunfo de los insurrectos permitió a los alemanes irrumpir con su banca y comercio en Haití, lo cual fortaleció la ascendente posición de este país europeo en América Latina, donde ya realizaba el 10% de su comercio exterior. Su mercadeo era especialmente fuerte en el Río de la Plata, sobre todo en Uruguay; los germanos utilizaban Montevideo como centro reexportador hacia Sudamérica y, además, en la referida capital oriental contaban con el financiamiento del Banco Trasatlántico, filial del Deutsch Reich Bank, que ya había propiciado desde 1903 el desarrollo de buena parte de la red de tranvías de esa importante ciudad. A los dos años, la banca alemana se estableció en Perú, la cual también se implantó con fuerza en Brasil desde 1908, con el Dresden Bank y el Disconto Besellschaft, frecuentemente asociados con la compañía Theodor Wille.

Así, al estallar la Primera Guerra Mundial, la presencia del imperialismo germano en América Latina estaba en rápido incremento; había invertido en la región el equivalente de novecientos millones de dólares. Dichos capitales tenían especial importancia en Argentina y Brasil, pues contaba en cada uno de ellos con el equivalente de doscientos cincuenta millones de la referida moneda. Mientras, ocupaba ya el tercer lugar por el volumen de su intercambio comercial con la región.[28]

La expansión de los Estados Unidos

Estados Unidos se expandió más allá de sus límites originales, cuando en 1803 Francia le vendió su territorio de la Louisiana, incluidas las villas de Saint Louis y Nueva Orleans, que solo tres años antes había recuperado de España. Esto engendró la frontera común con lo que aún era el Virreinato de México. Pero entonces, los estadounidenses, prioritariamente, anhelaban todavía imponer su control sobre las estratégicas vías lacustres y fluviales del norte. Por ello desataron la guerra de 1812 contra Inglaterra, durante la cual las tropas canadienses defendieron con éxito Montreal, ocuparon Detroit e invadieron Michigan; tuvieron lugar importantes batallas navales en los Grandes Lagos; efectivos británicos ocuparon, en agosto de 1814, la incipiente capital federal. El desenlace adverso de todos los referidos combates indujo a los norteamericanos a firmar, a los cuatro meses de la quema de la ciudad de Washington, un Tratado de Paz acorde con el cual se regresó al statu quo anterior.

Incapacitados de avanzar hacia el norte debido al poderío de las fuerzas anglocanadienses, Estados Unidos se giró al sur, hacia la Florida. Allí, aunque a principios de 1817 había desembarcado una expedición bolivariana que proclamó una República, con capital en La Fernandina, el Ejército norteamericano, al mando del general Andrew Jackson, cuyo principal subalterno era Samuel Houston, los expulsó en diciembre del propio año de la península, que fue anexada a la Unión. Luego, el gobierno de ese país propuso en 1819 al trono absolutista español un acuerdo general sobre límites fronterizos mutuos. Este determinaba la intangibilidad de la frontera existente con el Virreinato de Nueva España a lo largo del río Sabina, así como la formal renuncia estadounidense a poseer Texas. Pero en diciembre de 1826 aunque México había alcanzado ya su independencia, James Long, al mando de un grupo de filibusteros norteamericanos, penetró en dicho territorio, proclamó en Nacogdoches una hipotética República de Freedonia, de la cual él sería presidente, y avanzó hasta tomar Goliat en octubre del propio año. Sin embargo, en febrero de 1827, fue derrotado por las fuerzas del gobierno de Guadalupe Victoria. No obstante, en 1835, México sufrió la segregación de Texas, que una década más tarde fue anexada como territorio esclavista a Estados Unidos. Esto alteraba el acuerdo precedente entre el Norte y el Sur estadounidense sobre la incorporación paritaria de nuevos territorios en la Unión —uno esclavista por otro abolicionista—. Entonces, en 1850, se forjó un compromiso político diferente entre septentrionales y meridionales, que endilgaba a cada gobierno estadual el problema de autorizar o no, en su ámbito, la existencia de tan repugnante sistema. A partir de ese momento, los políticos sureños se lanzaron con desenfreno a buscar otros territorios esclavistas que pudiesen incorporar a la República. De inmediato, pensaron en Cuba, donde intentaron repetir la experiencia tejana con ayuda de un aventurero nacido en Venezuela llamado Narciso López. Su segundo al mando era William Crittenden, coronel sudista e hijo de un íntimo amigo de Jefferson Davis, más tarde presidente de los Estados Confederados de América. Pero dichos intentos fracasaron definitivamente en 1851. Luego, lo repitieron en Nicaragua con William Walker y su Falange Americana, derrotados en 1860 con la ayuda interesada de Inglaterra; esta hacía una década había firmado con Estados Unidos el Tratado Clayton-Bulwer, el cual neutralizaba para los dos países el referido istmo y les prohibía a ambos la construcción por él de un canal interoceánico, y no estaba dispuesta a que se violara ni siquiera indirectamente lo acordado. Por ello, al menos durante un tiempo, los estadounidenses tuvieron que conformarse con poseer un ferrocarril transístmico a través de la entonces provincia colombiana de Panamá. Terminada la Guerra de Secesión, el exgeneral en jefe norteño y nuevo presidente de Estados Unidos, Ulises Grant, trató de anexarse la República Dominicana, lo cual fue impedido por la gesta patriótica de Gregorio Luperón.

Estados Unidos, una década después de finalizar su Guerra Civil, aún sostenía débiles vínculos económicos con América Latina. A ella, en 1875, le compraba el doble de lo que le vendía, y allí invertía poco y lentamente. Ese proceso se limitaba a las actividades de contados individuos, como Henry Meiggs o Minor Cooper Keith, quienes aventuraban en Centroamérica sus escasos capitales. Impulsaban de esa forma la interconexión de las diversas redes ferroviarias en la región ístmica, entre sí y con México, para extraer con facilidad los anhelados productos tropicales cultivados en las plantaciones que se establecían en la cuenca del Caribe. Entre los frutos entonces más deseados sobresalía el banano —sabroso, muy barato y nutritivo—, cuyo comercio empezaba a controlar la Standard Steam Navigation, de Lorenzo Row Barker, quien en 1885 se asoció con la Andrew Preston Seavern's para fundar la Boston Fruit Company, que pronto operó también en Jamaica, Santo Domingo y Cuba. Esta colonia insular española se había convertido en el principal mercado exterior de Estados Unidos, pues de ella obtenía sus importaciones azucareras. Por eso, la industria norteamericana refinadora de la sacarosa, en proceso de monopolización, había comenzado a colocar sus dineros en la Isla, que en 1895 absorbía ya cincuenta millones de dólares, preferentemente situados en minas y centrales de caña. Dada esa magnitud, dicha cifra en América Latina solo se ubicaba detrás de las inversiones estadounidenses en México.

Estados Unidos encontró la coyuntura adecuada para impulsar su «frontera» hacia el Caribe luego del reinicio de la lucha independentista animada por Martí en Cuba. El pretexto se lo brindó la misteriosa voladura en el puerto de La Habana del acorazado *Maine*. Sus secuelas fueron la interesada participación norteamericana en dicha contienda y el Tratado de Paz de París que en 1898 traspasó Cuba, Puerto Rico, Filipinas, Guam y las islas Ladrones, de la caduca metrópoli ibérica a sus nuevos dueños.

El salto de calidad que para Estados Unidos representó la dominación de ambas islas antillanas, tras su corta y victoriosa guerra contra España, estimuló que en 1899 se organizara la United Fruit Company (UFCO) —debido a la fusión de la Hoadles and Company of New Orleans, propiedad de Keith, con la Boston Fruit— que estructuró sus intereses en el Caribe de forma monopolista. Luego, se sustituyó el Tratado Clayton-Bulwer por el Hay-Pouncefote, mediante el cual Inglaterra reconoció el derecho norteamericano a construir en el istmo caribeño un canal interoceánico hasta el Pacífico, con las fortificaciones correspondientes y bajo su exclusivo control. Surgía el poderoso imperialismo estadounidense.[29]

El gobierno de Balmaceda en Chile

En América Latina, el reformismo de la burguesía nacional comenzó por Chile, República que emergió victoriosa de la Guerra del Pacífico (1879-1883)[30] contra Bolivia y Perú. Debido a las consecuencias de dicho conflicto, el meridional Estado se apoderó de unos ciento ochenta mil kilómetros cuadrados, ricos en yacimientos mineros. Entonces, en el país se incrementaron mucho las exportaciones, se mejoró el fisco republicano, se multiplicaron las filas de la clase obrera, se amplió el mercado interno y la burguesía nacional se fortaleció al incrementar sus producciones. Pero la burguesía minero-exportadora tenía el poder político en alianza con Inglaterra, a la que entregaba los recursos naturales, sobre todo el salitre o caliche, excelente fertilizante mineral.

A los tres años de finalizada la sangrienta guerra, el emergente Partido Nacional forjó una coalición con el sector progresista del gobernante Partido Liberal y propuso la candidatura de José Manuel Balmaceda para los siguientes comicios presidenciales de 1886. Su plataforma se basaba en impulsar los intereses de la ascendente burguesía industrial, a la vez que se atendían los reclamos básicos de las masas populares. Por eso, Balmaceda anhelaba desarrollar obras públicas que facilitaran las comunicaciones, aumentar los salarios para elevar la demanda solvente, implantar el proteccionismo arancelario, nacionalizar el salitre y los ferrocarriles, establecer el capitalismo de Estado, apoyar los pequeños y medianos negocios, generalizar la instrucción pública, colonizar el territorio meridional —recién conquistado a los aborígenes mapuches— con inmigrantes europeos, crear un Banco Nacional en manos del gobierno para trazar una adecuada política monetaria.

Una vez en el poder ejecutivo, Balmaceda se empeñó en democratizar las instituciones y auspiciar la industrialización del país gracias al intervencionismo estatal. Para alcanzar estos objetivos, en las aduanas se impusieron altos derechos a las importaciones —solo se eximían los medios de producción— y se decuplicaron los gravámenes a las exportaciones de salitre, con cuyos ingresos se financió el progreso económico nacional. Después, se estatizaron los ferrocarriles, se construyeron mil kilómetros de vías férreas y una cantidad semejante de carreteras, se tendieron millar y medio de kilómetros de líneas telegráficas, se erigieron trescientos puentes y se edificaron ochenta establecimientos educacionales. Sin embargo, el gobierno de Balmaceda no pudo llevar a cabo una política nacionalista, de oposición a todos los monopolios foráneos; Chile debía buscar mercados en los cuales colocar sus productos y donde abastecerse de capitales y manufacturas, para romper su dependencia con respecto a Inglaterra. En esas circunstancias, Balmaceda decidió apoyarse en Alemania y Francia para enfrentar la agresividad inglesa; desde Londres se financiaban los trajines conspirativos de la burguesía minero-exportadora chilena, que se agrupaba en torno al Congreso, bajo su control.

El conflicto de intereses opuestos, al principio se manifestó como una pugna política entre los poderes ejecutivo y legislativo, pero con rapidez se transformó en sangrienta guerra civil. Hasta que las fuerzas alimentadas por Inglaterra se impusieron y entraron en la capital. Balmaceda se refugió en la legación Argentina, en la cual dejó transcurrir las tres semanas faltantes para que expirase, el 18 de septiembre de 1891, su período presidencial. Entonces, al día siguiente, se suicidó.

Presidencias de Batlle Ordóñez en Uruguay

En Uruguay, la prolongada crisis mundial cíclica del capitalismo, iniciada en 1873, propició que un par de años más tarde se comenzaran a implantar en las aduanas algunos altos aranceles, con el objetivo de aumentar los ingresos del erario. Desde ese momento, en dicha República oriental muchas artesanías empezaron a metamorfosearse en manufacturas, sobre todo en las producciones de calzado, vestimenta, curtimbres, vinos y licores, muebles, ladrillos, hornos y calderas, papel. Así, en 1883, ya existían en el país más de trescientas fábricas propiedad de nacionales. El auge de este sector favoreció el surgimiento de una coalición armada oriental en 1886, que bajo la bandera del Partido Colorado penetró en Uruguay desde Argentina. La comandaban el comerciante Rufino T. Domínguez, el banquero Claudio Williman y José Batlle Ordóñez, quien aglutinaba a la burguesía industrial y a la pequeña burguesía. Aunque esa tropa fue derrotada por el gobierno en Quebracho, la audaz gesta elevó el prestigio político de sus integrantes. Batlle, por ejemplo, pasó a dirigir el periódico *El Día*, en cuyas páginas recogía las principales reivindicaciones de los fabricantes nacionales y los asalariados.

El triunfo de esa tendencia reformista *colorada* en los comicios del fin de siglo abrió las puertas presidenciales al banquero Juan Lindolfo Cuestas, quien inició un período de cambios. Surgió entonces el Banco Central, que trazó la política monetaria de la República; se estatizó la empresa eléctrica de la capital a fin de brindar energía barata a los productores; se suprimieron los derechos de aduana para importar medios de producción; se elevaron los aranceles al

azúcar y los textiles con el propósito de evitar la competencia foránea; se acometió la modernización del puerto de Montevideo.

José Batlle Ordóñez ocupó en 1903 la primera magistratura del
Uruguay. Tenía el propósito de realizar reformas en el sistema de
tenencia de tierra para multiplicar las propiedades en el agro y de
esa manera ampliar el mercado interno. Pero la insurrección de los
grandes ganaderos que dominaban el Partido Blanco lo convenció
de abandonar dicho rumbo, aunque el gobierno derrotó la rebelión.
Batlle comprendió, además, que el país necesitaba las exportaciones agropecuarias para obtener las imprescindibles divisas con las
cuales importar los requeridos medios de producción. Luego, con
el objetivo de calmar la intranquilidad obrera, se dictaron algunas
leyes sociales; al finalizar su mandato, en la República existían dieciséis mil establecimientos fabriles con unos setenta mil asalariados.

Tras el interludio presidencial (1907-1911) del banquero Claudio Williman, Batlle regresó al poder ejecutivo para culminar su
gran obra reformista. A fin de crear un área pública en las finanzas,
como primer paso en el surgimiento de un poderoso capitalismo
de Estado, su gobierno decidió instituir el Banco de Seguros; estatizó el Banco Central, cuyas funciones se ampliaron; nacionalizó el
Banco Hipotecario. Después, con financiamiento estatal, se auspició
la industrialización del país; se formaron los institutos de Geología
y Perforaciones, así como el de Pesca; se monopolizó la producción
de energía eléctrica en las *usinas* del Estado y también todo el cabo-
taje por las extensas costas uruguayas; se estatizó buena parte de
los muelles del puerto de Montevideo; se comenzó a formar la red
del ferrocarril estatal mediante la compra a los ingleses de distintos
ramales; se nacionalizó el suministro de agua a hogares e industrias.

Terminada la fase de transformar el sistema de propiedad en
ciertas esferas, Batlle acometió los cambios en la superestructura
jurídica. Con ese fin, auspició que se emitiera la Constitución de
1918, que ampliaba las atribuciones del parlamento, implantaba

el voto secreto y la representación proporcional, daba derecho al sufragio a jornaleros y analfabetos, establecía la autonomía municipal, creaba un Consejo Nacional de Administración para dirigir la marcha del capitalismo de Estado. Este era un recurso muy apropiado para cumplir el objetivo de fortalecer un industrialismo autóctono, pues reflejaba la simultánea pujanza y debilidad relativas de la burguesía nacional. Fortaleza, porque no se podía negar que dicho grupo social ponía el poder estatal a su servicio. La endeblez se hacía patente por la incapacidad de los industriales de abordar determinadas producciones; había algunas, por la magnitud de la inversión o debido a su composición técnica, que no podían acometer aún. Y para eternizar la supremacía política de la burguesía nacional, se instituyó la Ley de Lemas. Esta era una forma organizativa de las elecciones según la cual la tendencia preponderante en cada partido sumaba a su caudal político los votos de las demás; cada una podía acudir a los comicios por separado, y de esa manera la hegemonía *batllista* entre los *colorados* la convertía prácticamente en inderrotable, ante los *blancos*.

Irigoyen y la Reforma Universitaria en Argentina

En Argentina, tras distintas insurrecciones fallidas, el Partido Radical logró en 1912 que se modificase la Ley de ciudadanía, a fin de otorgar el voto a los numerosos inmigrantes establecidos de manera definitiva en el país. La nueva realidad jurídica neutralizó el apoliticismo anarcosindicalista y alteró la correlación de fuerzas en el panorama electoral. Esto permitió que en los comicios presidenciales de 1916 triunfase Hipólito Irigoyen, candidato de dicho partido, respaldado por la ascendente burguesía nacional, la pequeña burguesía urbana y rural, así como por elementos del proletariado. Desde el ejecutivo, Irigoyen rebajó la jornada de trabajo, lo cual aumentaba el consumo nacional al tener que emplearse más asalariados para lograr la misma producción; creó jubilaciones con el propósito de garantizar a los retirados cierto poder adquisitivo; estableció el pago en moneda nacional; emitió las primeras leyes favorables a los arrendatarios, lo que ampliaba la capacidad de consumo de estos en detrimento de los terratenientes aburguesados, que cobraban la renta de la tierra en dinero. Durante su mandato, las industrias argentinas aumentaron mucho sus producciones; se implantaron fábricas de aceite, talleres metalúrgicos, establecimientos textiles, de vidrio y de muchos otros rubros más. Pero gran parte de ello se debió a la merma de las importaciones a causa de la Primera Guerra Mundial, pues su gobierno solo estableció determinados aranceles proteccionistas; en cierta medida esto era una consecuencia del enorme poderío de la oligarquía agroexportadora ganadera y cerealista, aliada de Inglaterra, a quienes Irigoyen no deseaba irritar. No obstante, durante su presidencia se impulsó la marina mercante nacional, para obviar las dificultades engendradas por el conflicto bélico en el arriendo de buques extranjeros; también se creó la Dirección Nacional de Petróleos, luego trasformada en Yacimientos Petrolíferos Fiscales, germen del capitalismo de Estado.

A pesar de sus concesiones a los obreros, Irigoyen reprimió al proletariado, cuando los asalariados manifestaron su independencia de clase durante la Semana Trágica y los sucesos de la Patagonia Sangrienta. En contraste, el presidente auspició la emancipación del estudiantado pequeñoburgués, que durante 1917 en Córdoba protestó contra la enseñanza dogmática y a favor de la autonomía en los centros de altos estudios. En dicha gesta, los participantes emitieron su famoso Manifiesto Liminar, que inició en América Latina el proceso de Reforma Universitaria y lanzó a los estudiantes al primer plano de la vida política del subcontinente.

Debido a las escasas medidas arancelarias de Irigoyen, al terminarse la Primera Guerra Mundial, las aduanas argentinas estaban relativamente abiertas a las baratas mercaderías foráneas. A causa de ello, tras ese gran conflicto internacional, las manufacturas extranjeras regresaron en abundancia y arruinaron a muchos productores autóctonos. Se debilitó así la burguesía nacional, mientras los pequeños y medianos agroexportadores se fortalecían. Por eso, una mayoría de militantes «radicales» escogió a Marcelo T. de Alvear como nuevo candidato presidencial, ya que representaba a los importantes intereses rurales en el partido y defendía la doctrina del *laissez faire*. Electo en 1922, las consecuencias de sus proyecciones socioeconómicas en poco tiempo se pudieron ver en las urbes; muchas industrias locales quebraron, bajaron los salarios de los obreros, se multiplicó el desempleo citadino. Esto provocó que dentro del «radicalismo» se estructuraran dos tendencias bien diferenciadas. Una, respaldaba a De Alvear bajo el pretexto, al parecer cierto, de que Irigoyen era un déspota; mientras, la otra apoyaba al expresidente y acusaba a sus rivales de ser *antipersonalistas*. Esta corriente, que se revigorizó en las ciudades, en los comicios de 1928 apoyó a Irigoyen, quien ganó y retornó a la primera magistratura. Al año, sin embargo, y proveniente del extranjero, la más pavorosa crisis cíclica del capitalismo conocida hasta ese momento, golpeó la economía argentina. Entonces, el anciano presidente esbozó un tímido proyecto nacionalista, que no pudo poner en práctica porque el Ejército, aún dominado por la oligarquía agroexportadora, lo derrocó en septiembre de 1930. Comenzaba una infame década.

6. De la Independencia a la Guerra de Secesión: Estados Unidos

En la historia de Estados Unidos, la *frontera* resulta toda una leyenda simbólica. Es así porque desde el inicio de la colonización inglesa, la vida en esas tierras norteamericanas había tenido por esencia la constante expansión hacia el occidente. *Ir al oeste*, representaba el paradigma de quien deseaba convertirse en un *self made man*; allá uno tenía que *probarse a sí mismo* hasta triunfar, morir o ser un fracasado. Este era, y es, el peor epíteto de la sociedad estadounidense, más aplastante que deshonesto o mala persona; en ese país el éxito, o su equivalente en dinero, lo limpia todo. Pero la frontera tenía dos caras, y de la otra estaban los perdedores, cuyo bando principalmente lo componían indios y mexicanos. Ellos resistían, se defendían y a veces atacaban los ranchos y diligencias del aluvión de recién llegados; por eso se les consideraba bandidos y se les trataba como tales. Hasta que la construcción del ferrocarril socavó la importancia de los antiguos habitantes, a los cuales con frecuencia se les empezó a denominar chicanos. Contra estos, los nuevos pobladores desarrollaron la discriminación racial, cultural, religiosa y de todo tipo; no solo se les despojaba de sus tierras, sino que se les pagaba menor salario y se les obligaba a vivir en áreas segregadas.

El proceso de expansión hacia el oeste —aún antes de la anexión de Texas y la premeditada agresión contra México— había provocado ya dificultades institucionales, pues el país estaba dividido en estados libres y esclavistas. Este odioso régimen, en contra de lo que podría pensarse, había sido incentivado por el desarrollo tecnológico; la invención de la máquina Whitney, que separaba la fibra de algodón de su semilla, multiplicó la necesidad de suelos y fuerza de trabajo para aumentar aún más las crecientes exportaciones agrarias. Esto había conducido en 1820 al llamado Compromiso de Missouri, que buscaba mantener en el Senado el equilibrio entre los veintidós miembros de cada bando, al acordarse que los futuros ingresos en la federación debían hacerse de manera igualmente proporcional: un estado abolicionista por cada uno que no lo fuera. Se impulsó así el empuje hacia occidente, por lo cual en 1830 se emitió la Ley que autorizaba a desalojar a todos los aborígenes, llamados indios, al oeste del río Mississippi. Pero la anexión de los territorios arrebatados a México, donde la esclavitud había sido erradicada hacía años por Vicente Guerrero, alteró inesperadamente las relaciones entre el Norte y el Sur.

Proteccionismo del Norte *versus* librecambio del Sur

Durante la primera mitad del siglo XIX en Estados Unidos, el avance de la economía había sido extraordinario. Pero mientras que el Sur crecía —una medida cuantitativa—, el Norte se desarrollaba —un concepto de calidad—. Así, a mediados de la centuria, de los casi seis mil kilómetros de canales y aproximadamente cuarenta y cinco mil de vías férreas, la inmensa mayoría se encontraba en la parte septentrional del país. Allí, también florecían las industrias, el comercio y las finanzas. Por ejemplo, el pequeño Massachussetts producía un poco más de manufacturas que todos los territorios meridionales, y Pennsylvania, el doble. Por su parte, Nueva York tenía más capitales en sus bancos que el total de los depositados en el Sur. A la vez, en las grandes ciudades yanquis, como se les denominaba a los veintidós millones de norteños, asombraba el progreso de la educación pública y de las innovaciones tecnológicas. Estas habían provocado un inconmensurable adelanto material, como el de introducir en la fabricación de máquinas el principio de *partes intercambiables*, lo cual abarataba muchísimo los costos.

En contraste, los sureños se ufanaban de que más de la mitad de las exportaciones de la Unión proviniera de sus tierras, donde cosechaban el 80% del algodón del mundo. Después estaba el tabaco, cultivado en Virginia y Carolina del Norte; el arroz, en Carolina del Sur; la caña de azúcar, en Louisiana. También se vanagloriaban de que el Sur, con solo un tercio de los habitantes libres de Estados Unidos, contara con el 60% de los más ricos. Pero sus capitales se encontraban inmovilizados por la esclavitud, padecida por la tercera parte de los pobladores meridionales, que en un 75% laboraban en la agricultura; esa fuerza de trabajo sojuzgada era la única empleada en las plantaciones. Por ello, había más dinero invertido en esclavos, cuyo precio se duplicó en la década de 1850, que en tierras e implementos o aperos, tomados en conjunto. Debido a esto, el financiamiento de las cosechas lo realizaban norteños e ingleses, pues los sureños no contaban con suficiente circulante. La referida polarización extrema de la sociedad engendró una poderosa élite constituida por una ínfima minoría enriquecida y culta, que gustaba de las tradiciones militares; la mitad de los esclavos pertenecían al 12% de los propietarios, pues solo un tercio de las familias tenía alguno, y nunca más de cuatro. Además, apenas uno de cada dos meridionales blancos sabía leer y escribir. Sin embargo, muchos de los que en esta región eran humildes o no poseían esclavos, veían esa institución como la única forma de mantener alguna superioridad social.

Pero la esclavitud no era el único punto contencioso entre ambos rivales, pues el Norte producía para el mercado interno y exigía el proteccionismo, frente al Sur agroexportador que defendía el librecambio. Y en 1852, los meridionales crearon una importante Convención Comercial dedicada a luchar contra la dependencia hacia los septentrionales; entre otras cuestiones, los sureños aducían que un escaso 6% de la capacidad de manufacturar el algodón del país estaba en el Sur. Pero al no poder remediar dicha situación, pronto el mencionado cónclave se tornó en un verdadero foro de secesionistas.

Guerra Civil y abolición de la esclavitud

Abraham Lincoln, humilde hijo de granjeros nacido en Kentucky, autodidacto que luego se hizo abogado, cuya fama se había generalizado por su oposición a la guerra contra México, así como por su profunda aversión a la esclavitud, fue postulado candidato presidencial por el Partido Republicano para las elecciones de 1860. Este prometió entonces aranceles proteccionistas y anunció una Ley que otorgaría tierras de forma gratuita a quienes se lanzaran a colonizar —muchos de ellos inmigrantes— el oeste. Dado el triunfo de Lincoln, Carolina del Sur, que deseaba unificar a todas las fuerzas enemigas del abolicionismo, declaró que se escindía de la Unión, lo cual casi de inmediato fue imitado por otros seis gobiernos estaduales, que el 7 de febrero de 1861 instituyeron los Estados Confederados de América. Pocos días después, Lincoln juró como presidente de Estados Unidos y afirmó que la decisión de los meridionales no tenía validez legal. Pero el 12 de abril, los soldados de la Confederación atacaron a las tropas de la Unión en el puerto de Charleston, Carolina del Sur. ¡Había empezado la Guerra Civil o de Secesión!

Tras el inicio de las hostilidades, el resto de los estados sureños se sumaron a la Confederación, con lo que los campos quedaron bien delimitados, y ello se evidenció cuando el virginiano Robert E. Lee declinó el mando supremo de los ejércitos de la Unión, para asumir el de los contingentes meridionales. Estos confiaban en la victoria porque pensaban llevar a cabo una contienda defensiva, pues su mera supervivencia significaría un gran éxito, dado el gigantesco desequilibrio existente entre las fuerzas que se enfrentaban. La primera de las grandes batallas del conflicto tuvo lugar en Virginia, cerca de Washington, en Bull Run, también llamada

Primera Manassas, y desvaneció las ilusiones acerca de un rápido o fácil triunfo de cualquiera de los dos bandos; se estableció, por un tiempo, que el Sur obtenía sangrientos y favorables desenlaces en dichos combates, aunque estos no se tradujeran en una decisiva ventaja militar. Las constantes derrotas de los norteños en los campos del este, susceptibles de ser ejemplificadas en sus reiterados fracasos por tomar Richmond, la capital de los confederados, contrastaban, sin embargo, con los sucesivos éxitos de la Unión en el mar y por los valles del Mississippi, lo cual condujo a la temprana pérdida de la mayor ciudad sureña: Nueva Orleans. De esta forma, un creciente bloqueo impidió cualquier intercambio de la Confederación con el exterior.

Luego de la nueva victoria confederada en Bull Run, o Segunda Manassas, el general Lee y su más brillante subordinado Thomas *Stonewall* Jackson, decidieron cruzar el río Potomac e invadir Maryland. Pero con el mortífero choque de Antietam —cuatro mil muertos y más del cuádruplo de heridos— se llegó a un equilibrio. Así los sureños se vieron obligados a desandar lo que habían avanzado, mientras Gran Bretaña y Francia abandonaban sus proyectos de reconocer diplomáticamente a la Confederación. Entonces, Lincoln decretó en su Proclamación Preliminar de Emancipación, que a partir del primero de enero de 1863 todos los esclavos en los rebeldes Estados sureños debían quedar en libertad. Pero la extraordinaria victoria confederada en Chancellorsville, en mayo de ese año, ofreció a Lee la posibilidad de penetrar en Pennsylvania. Hasta que en Gettysburg topó con el Ejército yanqui en tres días de cruento guerrear: siete mil muertos y seis veces esa cantidad de heridos. Después, el presidente nombró a Grant comandante en jefe de las fuerzas de la Unión y este, a principios de 1864, penetró en Virginia. Mientras, desde el oeste, y luego de su gran triunfo en Chattanooga, Tennessee, el general William Sherman invadió Georgia y ocupó Atlanta, su capital. A continuación, avanzó hacia el Atlántico a pesar de no contar con abastecimientos desde su retaguardia; pudo continuar, porque en su ofensiva saqueaba las comarcas y arrasaba con todo, hasta que finalmente tomó la ciudad de Charleston en febrero de 1865. Lee, por su parte, rodeado de enormes ejércitos norteños, se rindió ante Grant el 9 de abril de ese año en Appomattox. Terminó así la guerra en que más estadounidenses murieran en la historia de los conflictos bélicos, incluso las guerras mundiales del siglo XX.

Derrota confederada y reconstrucción sureña

Asesinado Lincoln por un fanático sureño pocos días después del triunfo de la Unión, su vicepresidente, Andrew Johnson, ocupó el ejecutivo y se dedicó a lo que se conoce como la Reconstrucción. En ese proceso, el Congreso Federal abolió constitucionalmente la esclavitud. Luego, a muchos sureños se les devolvieron sus derechos políticos, al indultarlos, con el propósito de captarlos para la compleja etapa que se iniciaba, y se designó a un gobernador para cada uno de los antiguos estados rebeldes. En estos, en asambleas controladas por los ocupantes, se repudió la secesión, se desconoció la deuda financiera confederada, se abolió la esclavitud y se reconoció la ciudadanía a todos los nacidos en Estados Unidos. Pero también en las nuevas legislaturas sureñas fueron emitiéndose los llamados Códigos Negros, que implantaban la discriminación racial y perpetuaban el sometimiento de los antiguos esclavos a los propietarios blancos. Eso motivó que el irritado Congreso Federal aprobara en marzo de 1867 una Ley mediante la cual se depuso a los nuevos gobiernos estaduales sureños y, en ellos, se entregó el poder a los oficiales norteños hasta que se otorgara derecho al voto a los negros. Al año, esto había sido aceptado en casi todas partes, pero eso lo habían aprobado nuevas legislaturas, ahora compuestas por yanquis recién llegados —conocidos como *carpetbagers*— que frecuentemente establecían alianzas con los exesclavos. Para luchar contra esta igualdad política entre las razas, muchos antiguos confederados recurrieron entonces a métodos violentos e ilegales, tales como el Ku Klux Klan, organización terrorista que asesinaba a negros y alimentaba el odio a norteños.

El general Grant fue electo a la presidencia dos veces sucesivamente, aunque desconocía la política por completo. Su gobierno se caracterizó por los fraudes y escándalos financieros que se hicieron a sus espaldas, auspiciados por ejecutivos de su propio gabinete. Durante sus ocho años en la Casa Blanca, los estados del Sur fueron readmitidos paulatinamente en la Unión, hasta que en 1877 cesó la ocupación militar. En esos territorios meridionales, arruinados durante la guerra, tanto los hacendados sin capitales como los libertos sin tierras, recurrieron al sistema de aparcería en la agricultura, con lo cual la economía no prosperó.

Monopolio e imperialismo yanqui

En contraste, en el Norte, las necesidades de la Guerra Civil fueron un enorme acicate para su desarrollo económico; se fomentó la energía eléctrica, la explotación del hierro y el avance de la inventiva y de las ciencias. Mientras, amparadas en el proteccionismo, se incrementaban las industrias del hierro y el acero. Luego de terminado el conflicto bélico originado por la secesión, la burguesía yanqui se lanzó a un desenfrenado proceso de inversión de capitales en las regiones del sur y el oeste de la Unión. Uno de los empeños más importantes de aquel período fue la culminación del primer ferrocarril, que vinculó de costa a costa al país, con lo cual surgió entonces un verdadero mercado nacional unificado. A la vez, algunas de las más importantes empresas comenzaron a dominar determinadas ramas de la economía. Dicha tendencia se puede ejemplificar en Andrew Carnegie, con fuertes intereses en la metalurgia, fábricas de insumos para locomotoras, flotas de barcos de vapor y yacimientos minerales. Esos negocios después se fusionaban con otros para impulsar el surgimiento de nuevas compañías, cuyos capitales se centralizaban y concentraban hasta constituir corporaciones o consorcios, que atraían accionistas de diversa procedencia y llegaban a controlar los mercados, lo cual las dotó de inconmensurable influencia política. Otras manifestaciones del referido proceso aglutinador pudieran ser la Standard Oil Company, fundada por Rockefeller, o la Armour y la Swift en el comercio de las carnes, así como el de la Western Union en las comunicaciones. De forma tal que en pocas décadas brotaron unos trescientos monopolios en esferas en las cuales antes funcionaban unas cinco mil entidades independientes. Pero el acelerado proceso de crecimiento y reorganización de la economía era tan impetuoso, que a pesar de comenzar Estados Unidos a rivalizar desde 1880 con Inglaterra por el volumen de su producción industrial —cada país representaba un 28% del total fabril del mundo—, la Unión continuaba requiriendo capitales europeos, pues no contaba con suficientes propios que estuviesen ociosos. Semejante impulso permitió que en una década esa rama de la economía estadounidense sobrepasara en el Producto Interno Bruto (PIB) al sector agrícola, aunque en este se transitó asimismo del trabajo manual al mecanizado. Ello se puede simbolizar bien en las cosechadoras McCormick, cuyo uso facilitó duplicar la superficie cultivada en toda la Unión, sobre todo en los territorios previamente arrebatados a México. De esa manera, aunque los inmigrantes europeos —dieciocho millones entre 1880 y 1910— incrementaron la población, había suficientes alimentos para dar comida a todos los habitantes de Estados Unidos, y aún quedaban excedentes para exportar.

Desde el punto de vista social, en aquella época fue precisamente en la McCormick Harvesting, ubicada en Chicago para encontrarse más cerca de su mercado, donde se produjo lo que tal vez fuera el más connotado conflicto vinculado con los obreros. En esas décadas, en Estados Unidos no existían leyes federales concernientes a las actividades de los proletarios —no las hubo hasta después de la gran crisis cíclica del capitalismo de 1929 a 1933—, por lo cual todos los asalariados y, en especial las mujeres y los niños, sufrían horribles condiciones laborales. Y cualquier protesta sistemáticamente enfrentaba las adversas decisiones judiciales. Por ello, surgió la Noble Orden de los Caballeros del Trabajo, sociedad secreta con ritual masónico y credo cooperativista que, en 1886, dirigió numerosas huelgas. Una de ellas tuvo lugar en la McCormick, cuya patronal despidió a más de mil afiliados a dicha asociación para sustituirlos por esquiroles. Al producirse choques entre los recién contratados y los cesanteados, la Policía reprimió salvajemente a los que habían sido expulsados de sus plazas, dejando cuatro muertos entre los huelguistas. Entonces, la Noble Orden y los anarquistas convocaron a una protesta en el sitio conocido como Haymarket. La Policía también arremetió contra quienes se manifestaban, pero alguien lanzó una bomba contra los efectivos uniformados y les ocasionó siete muertos. De inmediato, las autoridades de la ciudad acusaron del hecho terrorista a los organizadores del acto y arrestaron a un número de ellos; ocho fueron condenados a muerte, pero a tres se les conmutó dicha pena por la de cadena perpetua, que años más tarde se anuló por falta de pruebas. Fue en honor a la injusta ejecución de estos Mártires de Chicago que, en 1889, un Congreso Obrero Internacional reunido en París, acordó celebrar el Primero de Mayo de cada año, como Día del Trabajo. Los mencionados acontecimientos afectaron a la Orden de los Caballeros, sustituida gradualmente en la afiliación proletaria por la American Federation of Labor (AFL), que bajo la dirección de Samuel Gompers abandonó cualquier proyección socialista por una conducción apolítica y elitista.

El siglo XX estadounidense comenzó con la reelección de William McKinley, cuya candidatura estaba acompañada por la del joven Teodoro Roosevelt como aspirante a la vicepresidencia. Este había alcanzado notoriedad cuando dimitiera de su puesto de secretario asistente de la Marina de Guerra, con el propósito de crear el regimiento de Rough Riders —Jinetes Rudos— para con dicha tropa guerrear en Cuba, donde ganó aureola de carismático hombre de acción. Al año de haber iniciado McKinley su segundo mandato, murió asesinado por un inmigrante anarquista, debido a lo cual Roosevelt ocupó el cargo de presidente. Estados Unidos aún era entonces un país eminentemente rural, pues menos del 40% de la población vivía en áreas urbanas, considerados así los núcleos habitados por más de dos mil quinientas personas. Y en el Sur, donde se encontraba la inmensa mayoría de los negros, ocho de cada diez de ellos habitaban fuera de los referidos poblados. A pesar de todo esto, la sociedad en general se movía de manera creciente alrededor de los intereses del capital financiero, que empezaba a situar en posición de jaque a las pequeñas y medianas empresas; en síntesis, el 5% de los propietarios poseía la mitad de la riqueza nacional, mientras un tercio de los ciudadanos se encontraba por debajo de los umbrales de pobreza. En ese contexto, los defensores de los tradicionalistas criterios sobre la libre empresa clamaban porque el gobierno federal los respaldara ante el avance de los monopolios, lo cual originó el llamado *progresismo*. Este movimiento no radical pedía que se frenara a las grandes corporaciones, se luchara contra la corrupción política estadual, se otorgara el voto femenino, se detuviera el fundamentalismo agrarista, se mostrara mayor tolerancia hacia las nuevas costumbres de cosmopolitismo citadino.

Roosevelt respondió a los reclamos *progresistas* mediante la estructuración de un ejecutivo fuerte y eficiente, como una especie de árbitro regulador entre los divergentes intereses de las empresas de distinta envergadura, práctica que luego extendió a los ascendentes conflictos entre el capital y el trabajo; los asalariados laboraban como promedio algo más de sesenta horas a la semana. También para atraerse a dicha explotada clase, Roosevelt más tarde implantó la obligatoria mediación gubernamental en los conflictos relacionados con los proletarios, y les concedió un 10% de aumento en los sueldos. A la vez, benefició a la reformista AFL que agrupaba a la aristocracia obrera, en detrimento de la anarcosindicalista Industrial Workers of the World (IWW), que auspiciaba la irrestricta lucha social. La habilidad política de Roosevelt le granjeó amplio apoyo, con cuyo respaldo logró en 1904 su reelección con el lema de *Fair Deal* —Trato Justo—, que prometía más escuelas laicas y gratuitas, mejores condiciones de trabajo, horarios laborales diurnos y más cortos, impuestos sobre los ingresos elevados y las grandes herencias, regulación de las faenas infantiles, multiplicación de servicios públicos, control de ciertos precios, sistemático intrusismo federal en la sociedad.

En materia internacional Roosevelt decidió aprovechar al máximo las consecuencias del éxito estadounidense en la guerra contra España: a Cuba le castró su soberanía con la Enmienda Platt, que por completo eliminó para Puerto Rico y Filipinas, donde desató un cruel combate para aniquilar a los independentistas. Después, interesadamente colaboró con los panameños en que establecieran su República, pero solo para imponerles la aberrante Zona del Canal. Y en 1904, anunció su famoso *Corolario* que para el Caribe inauguraba la política del *Big Stick* —garrote—, mediante la cual se arrogaba el derecho de intervenir en los países que estimara pertinente y, en ellos, alterar tarifas aduaneras, tasas fiscales o disposiciones legales. Su heredero en la presidencia, el conservador William Howard Taft, mantuvo la práctica del Corolario Roosevelt y lo complementó con la denominada Diplomacia del Dólar, destinada a incentivar la presencia de los monopolios estadounidenses en la región. Por eso, ocupó Nicaragua, atropelló a Honduras y auspició que todos los ferrocarriles del istmo fuesen unificados por la International Railways of Central America, perteneciente a la UFCO, también propietaria de la Great White Fleet —Flota Blanca—, hegemónica en todo el negocio naviero caribeño.

Capítulo 4

Concepciones revolucionarias y nacionalismo burgués

1. La Revolución Mexicana: etapas y tendencias

Plan San Luis de Potosí

En México, el atropellado crecimiento económico, la aparición y fortalecimiento de nuevos sectores sociales, la injusticia generalizada, los intentos de Porfirio Díaz por eternizarse en el poder, condujeron a un poderoso estallido revolucionario. Se inició en noviembre de 1910, cuando alrededor del programa antirreeleccionista enarbolado por Francisco Madero en el Plan de San Luis de Potosí, se concentró el descontento de la mayoría de la nación. Millones de campesinos sin tierra —77% de la población—, cientos de miles de empobrecidos artesanos y mal pagados obreros u otros asalariados, los sectores latifundistas no beneficiados por el arrebato del suelo a los indígenas, la ascendente burguesía nacional cuyo crecimiento se dificultaba por la penetración de capitales foráneos y la estrechez del mercado interno, la pequeña burguesía disgustada con el antidemocrático régimen existente, se alzaron para luchar contra el porfiriato y sus defensores de la alta burguesía agroexportadora, dirigida por el despótico Gabinete de los «científicos».

El problema de la revolución, sin embargo, no consistía tanto en derrocar al viejo don Porfirio, quien renunció en mayo de 1911, como en determinar cuál agrupación, clase o coalición social emergería triunfadora después.

La primera etapa de la lucha comenzó con insurrecciones en el norte del país, en las que se destacaron Francisco Villa, sobrenombre de Doroteo Arango, y otros caudillos, al frente de pequeñas partidas rurales. Después, en Morelos, se formó un verdadero ejército campesino al mando de Emiliano Zapata, prestigioso cacique hereditario del calpulli de Anenehuilco. Un hito a principios de mayo fue la captura de Ciudad Juárez por Villa, mientras a la semana, los zapatistas ocupaban Cuautla y, a las pocas horas, Cuernavaca, capital estadual. Esas victorias rebeldes provocaron el abandono del poder de Porfirio, y permitieron la triunfal entrada de Madero en la ciudad de México el 7 de junio de 1911. Con ello, muchos dieron por concluida la revolución. Pero en realidad esta fue solo una etapa, la cual terminó al negarse el ya presidente Madero y los latifundistas que lo seguían a reconocer la legitimidad de las exigencias campesinas sintetizadas en el Plan de Ayala, lanzado por el líder agrarista Emiliano Zapata.

Con el asesinato de Madero el 22 febrero de 1913, cuya deposición había sido organizada en la embajada de Estados Unidos, empezó la segunda fase de la revolución. Esta se caracterizó por los empeños de los desplazados del poder político en hacer que el país regresara al porfirismo, ahora bajo la conducción del sanguinario general Victoriano Huerta. Entonces, se rebeló el gobernador de Coahuila, Venustiano Carranza, reconocido por muchos como el heredero de Madero al estructurar el Plan de Guadalupe. Dicha propuesta, no obstante, deseaba retomar el sendero constitucionalista sin reconocer el problema de las masas campesinas, que en el sur continuaban su lucha al mando de Zapata. Mientras, por el norte, el heterogéneo constitucionalismo desataba una ofensiva, que se desplazaba siguiendo las vías férreas, con tropas insurgentes al mando de los generales Pancho Villa y Álvaro Obregón. Pero la masividad constitucionalista solo se alcanzó gracias al Pacto de Torreón el 8 de julio de 1914, cuando Pancho Villa obligó a los latifundistas partidarios de Carranza a reconocer su validez. Este acuerdo estableció la puesta en práctica de repartos agrarios entre los desposeídos campesinos, y dispuso la convocatoria a una Convención Militar.

Convención Militar de Aguas Calientes

Dicha Asamblea se celebró en Aguascalientes a partir del 5 de octubre de 1914 y en ella se invitó a participar a una delegación zapatista que enarboló el Plan de Ayala, el cual agrupó a su alrededor a los campesinos y elementos progresistas carentes hasta ese momento de un verdadero programa de acción. La Convención de Aguascalientes señaló el comienzo de la tercera etapa e implicó una derrota para las posiciones burguesa y pequeñoburguesa dentro de la revolución. Después, los ejércitos campesinos con Villa y Zapata al frente entraron triunfantes en la ciudad de México el 24 de noviembre de 1914, donde se produjo el encuentro de ambos caudillos. Sin embargo, este período terminó en un fracaso, debido a las proyecciones del campesinado, cuyas características clasistas hacían imposible que bajo su propia y exclusiva dirección se condujera una revolución social hasta su definitivo triunfo. Además, en este caso, la carencia por el proletariado mexicano de una conducción organizada, capaz, decidida y firme, también impidió que los obreros cumplieran su papel histórico; no realizaron una alianza con los campesinos para juntos marchar hacia la victoria. Los hechos sucedieron a la inversa.

La dirección burguesa emitió la primera ley agraria el 6 de enero de 1915, luego su tendencia progresista constituyó los *batallones rojos* formados por proletarios, cuya clase al mismo tiempo recibió algunas mejoras, y con esos efectivos venció en la cuarta etapa a los ejércitos campesinos. La sangrienta derrota militar de esta fuerza social y sus graves consecuencias políticas, permitieron que las diferencias latentes en la alianza dominada por la burguesía se manifestaran. A partir de ese momento, la tendencia constitucionalista moderada dispuso la disolución de los batallones rojos; los efectivos obreros, cuyos principales núcleos se encontraban en la capital, Monterrey, Veracruz y Puebla, se tornaban peligrosos luego de la primera huelga general en la historia de México, el 31 de julio de 1916.

El Congreso Constituyente de Querétaro

En el Congreso Constituyente de Querétaro, los burgueses se escindieron en progresistas, encabezados por Álvaro Obregón, y moderados, acaudillados por Carranza. Los primeros resultaron vencedores al imponer en la Constitución de 1917 la prohibición del latifundio, la propiedad nacional del subsuelo, acápites que hablaban sobre derechos de los trabajadores —legalizar las huelgas y los sindicatos, disfrute de retiros y jubilaciones, y jornadas laborales de ocho horas—, así como preceptos referentes a una educación pública generalizada. En definitiva, los principios de la nueva Constitución mexicana establecían que los intereses de la sociedad estaban por encima de los individuales. Por eso, aunque la esencia de la Carta Fundamental era burguesa, el documento resultaba democrático y nacionalista. La participación popular en la gesta revolucionaria y el recuerdo de la reciente ocupación de Veracruz por Estados Unidos en 1914, que a los dos años también envió la llamada Expedición Punitiva, dirigida por el general Pershing, contra Pancho Villa, así lo determinaron.

Después de proclamada la nueva Constitución, Carranza ocupó la presidencia y desde ese elevado cargo se empeñó en derogar los acápites más radicales del magno texto. A la vez, frenaba los anhelos populares: se produjo el asesinato de Emiliano Zapata el 10 de abril de 1919, se reprimió al movimiento obrero y se trató de restablecer alguna variante de liberalismo.

Plan de Agua Prieta

Frente a esos intentos, se produjo en 1920 una reagrupación de fuerzas dirigidas por el imponente caudillo manco: Álvaro Obregón. Este, con el respaldo de Plutarco Elías Calles y otros notables jefes militares de Sonora, arrastraron tras sí a la mayoría del Ejército, lo cual forzó a Carranza a huir. Dicha insurrección, conocida como Plan de Agua Prieta, fue apoyada por la burguesía nacional, encabezada por rancheros e industriales, en alianza con la pequeña burguesía; ambas clases sociales retomaron entonces las aspiraciones de obreros y campesinos, lo cual facilitó que Obregón ocupara el poder. Terminó así la fase armada de la cruenta Revolución Mexicana, en cuyos combates entregaron la vida un millón doscientas mil personas, o sea, el 10% de la población.

Una vez en la presidencia, Obregón dirigió sus esfuerzos a disminuir la inquietud social: se otorgaron mejoras al proletariado y se acometió la reforma agraria destinada a aplacar al campesinado. Ambas medidas también convenían a rancheros e industriales, pues se aumentaban los niveles de consumo y, por ende, se incrementaba la producción. Ello enriquecía a los propietarios y al mismo tiempo daba trabajo a los desempleados. Obregón asimismo se pronunció en un Reglamento Agrario contra el fraccionamiento de las grandes haciendas constituidas por los porfiristas; las mantuvo como propiedad colectiva ejidataria. Dicha disposición tenía por objetivo, brindar seguridad a una población rural aprensiva de los repartos de tierra en lotes individuales; la experiencia de la Reforma Liberal había demostrado a los minifundistas que podían perder con facilidad sus pequeñas parcelas. Bajo esos lineamientos se entregó la mayor parte del millón de hectáreas distribuidas durante su cuatrienio gubernamental. Pero durante dicho período, y no obstante los esfuerzos llevados a cabo por acelerar el desarrollo económico del país, la burguesía nacional siguió siendo relativamente débil, lo cual impidió que México se enfrentara con éxito al poderoso vecino del Norte. Obregón, por lo tanto, se vio obligado a firmar con Estados Unidos los Tratados de Bucareli, que estipulaban el reconocimiento diplomático de su gobierno a cambio de garantías a las inversiones extranjeras. Pero el Gabinete presidencial quiso dar una muestra de su voluntad de independencia y, por eso, fue el primer Estado del continente americano en establecer relaciones diplomáticas con la Unión de Repúblicas Socialistas Soviéticas.

2. De la Primera a la Segunda Guerra Mundial: importancia de Roosevelt

Presidencia de Woodrow Wilson

A principios de la segunda década del siglo XX, en el Caribe preponderaban los capitales de Estados Unidos, los cuales en dicha zona llegaban a mil quinientos millones de dólares, repartidos sobre todo entre México (800); Cuba (515); Centroamérica en conjunto (112). En cambio, las inversiones estadounidenses en Sudamérica apenas superaban los doscientos millones de dólares. Por esta época, la importancia económica de la Unión norteamericana aumentaba sin cesar; se había erigido en el principal país capitalista del mundo por el volumen de su producción industrial, que ya ascendía al 38% de la de todo el planeta. También ocupaba el primer lugar en lo concerniente a la agricultura, pues cosechaban el 65% del algodón del orbe, y las grandes llanuras del oeste constituían la más importante región del globo en lo referente a la ganadería y el cultivo de cereales. En virtud de ello, su comercio exterior se amplió y alcanzó más de cuatro mil millones de dólares, cuyo saldo dejaba una balanza favorable de seiscientos millones. En la orientación geográfica mercantil sobresalía Europa, que adquiría el 67% de las exportaciones estadounidenses y le vendía a ese país el 47% de sus compras. En segundo lugar, en rápido ascenso, se colocaba América Latina, en especial el Caribe. El resto del orbe sostenía un intercambio mediocre con los norteamericanos, que importaban algún caucho de los actuales territorios de Malasia e Indonesia, así como seda japonesa y té chino. A cambio, Estados Unidos exportaba ciertos productos industriales y, en lo referente al Japón, algodón y petróleo. Nada más. Sin embargo, el cambio cualitativo experimentado en la estructura del comercio foráneo estadounidense en los últimos veinte años asombraba; la participación de las exportaciones agropecuarias había disminuido de casi el 80% a solo la mitad del volumen total, pues las ventas al extranjero de combustibles y materias primas destinadas a las industrias se incrementaban con rapidez. Por su parte, las producciones manufacturadas vendidas al exterior casi se habían duplicado, al llegar al 32% de todo lo exportado. A pesar de esos progresos, en 1914 la posición de Estados Unidos como país imperialista era todavía relativamente débil; mientras que en su propio territorio albergaba inversiones europeas por cinco mil quinientos millones de dólares, las suyas en el extranjero no rebasaban los tres mil seiscientos setenta millones. Es decir, que el monto de los capitales estadounidenses fuera de sus fronteras no llegaba a la mitad de los franceses o de los alemanes, y no era ni la cuarta parte de los británicos. Pero en el Caribe, Estados Unidos alardeaba de su hegemonía, pues al dominar a Cuba, como previsoramente alertase Martí, empezaba a caer con esa fuerza más sobre el resto de América Latina.

Woodrow Wilson, al ser electo a la presidencia en 1912, tenía fama de ser un intelectual de profundas convicciones democráticas, lo cual no le impidió ordenar —contra la Revolución Mexicana— la ocupación del puerto de Veracruz y la fracasada Expedición Punitiva para liquidar a Pancho Villa. Tampoco dudó en disponer que sus tropas invadiesen Haití y República Dominicana, países en los cuales, como en Nicaragua, los marines permanecieron durante casi veinte años. En contraste, en política interna se apropió del programa «progresista» que implicaba el intrusismo gubernamental en múltiples esferas. Ello se hizo evidente con la reorganización de la banca, proceso que en el país estableció doce distritos financieros, cada uno con un banco supervisor, coronados todos por una Junta de la Reserva Federal en la cúspide del nuevo sistema. También logró emitir la Ley Federal de Crédito Agrario que ofrecía préstamos a bajos intereses a los granjeros, con lo cual satisfizo una de las principales reivindicaciones del movimiento llamado «populismo».

Durante la presidencia de Wilson, la economía se activó acicateada por la fabricación de automóviles. En breve lapso, estos se multiplicaron de tal manera, que de unos pocos miles existentes cuando había accedido al ejecutivo, en 1916 se llegó a producir un millón de unidades en solo doce meses. Dicha industria deglutía cantidades antes inimaginables de acero, caucho, vidrio, textiles, petróleo, y estimuló la construcción de buenas carreteras. Asimismo, la prosperidad se incrementó debido al estallido de la Primera Guerra Mundial, cuando los europeos mucho engrandecieron sus pedidos de pertrechos militares a Estados Unidos. Ello ocasionó que las industrias norteamericanas implantaran nuevos turnos laborales y se vieran compelidas, debido al cese de la inmigración europea, a contratar mujeres, chicanos y negros. Estos, entonces aceleraron su *gran migración* hacia el Norte, donde su dimensión demográfica se triplicó en menos de dos décadas. Pronto los sectores más avanzados de esa población comenzaron a expresarse por medio del *nacionalismo negro*, cuyo principal dirigente era el líder obrero jamaicano Marcus Garvey, quien fundó la Asociación Unida para el Progreso del Negro, opuesta a la moderada Asociación Nacional para el Progreso de la Gente de Color.

El envío de un ejército de dos millones de hombres a la guerra europea estimuló en Estados Unidos la movilización pacifista encabezada por la IWW y el Partido Socialista, que fueron inmisericordemente reprimidos y miles de sus militantes condenados a largos períodos de cárcel. Poco después, la efervescencia contra la carnicería en los campos de batalla aumentó al triunfar en Rusia la Revolución Socialista de Octubre. Con el propósito de limitar el ejemplo del derrocamiento del capitalismo y disminuir el atractivo del llamado de Lenin a los pueblos para que hiciesen la paz, Wilson lanzó sus famosos catorce puntos en los que alentaba la autodeterminación de las minorías europeas oprimidas, transformó a los antibelicistas estadounidenses en agentes del bolchevismo y los persiguió, y envió unos diez mil soldados que desembarcaron por las zonas de Murmansk y Arcángel, para que lucharan contra los revolucionarios en la guerra civil rusa.

El año 1919 comenzó en Estados Unidos con la disposición del 16 de enero que prohibía fabricar y vender o transportar bebidas alcohólicas. Dos días más tarde, en París comenzó la Conferencia de Paz a la cual Wilson asistió y se mantuvo en ella durante casi medio año. Esa prolongada estancia en Europa le hizo perder contacto con la realidad de su país y propició que se deshiciera la coalición que lo había impulsado a la presidencia. Estas desastrosas —para él— consecuencias políticas, tuvieron su complementación física en la severa enfermedad que súbitamente lo aquejó el 2 de octubre del propio año, debido a la cual quedó paralizado del costado izquierdo para el resto de su vida.

La década de 1920 se inició en Estados Unidos con la autorización del voto femenino en un país con leve mayoría demográfica urbana. Esto significó el enfrentamiento de la tolerancia cosmopolita y laica citadina con el fundamentalismo religioso, conservador y banal de los pequeños conglomerados humanos rurales; estos veían a las crecientes megalópolis como grandes centros infestados de corrupción política, prostitución, juego, alcoholismo y forasteros delincuenciales que aprovechaban la *prohibition* para obtener enormes ingresos, fruto del ilegal tráfico de bebidas importadas desde Canadá, Cuba y México. En el otro bando, los más decididos defensores de la lucha contra el tradicionalismo fueron los estudiantes universitarios, quienes formaban una pequeña porción del sector más encumbrado de la sociedad, cuyas más audaces alumnas inauguraron la moda del pelo recortado, con sayas aún más cortas y escotes muy bajos, que participaban de fiestas desenfrenadas sin inhibición sexual alguna, y las cuales, junto a los varones, se embriagaban públicamente en tabernas clandestinas, donde se deleitaban a los compases del charleston y el jazz. Surgió así la fábula de que la década del veinte fue para todos los estadounidenses los *ruidosos años locos*, símbolo de un pedestre materialismo sensualista.

En contraste, para los asalariados, sobre todo si eran inmigrantes y con ideas avanzadas, así como para los negros, fue una época de *cacería de brujas*, pues la prensa había generalizado el criterio de que los extranjeros afiliados a sindicatos fomentaban la subversión para imponer el *terror rojo*. Este sentimiento xenófobo y aislacionista desembocó en 1920 en la elección del conservador y —ocultamente— disoluto republicano Warren Gamaliel Harding, quien se proponía deshacer el progresismo mediante la eliminación de todas las regulaciones federales establecidas por sus predecesores, a la vez que implantaba un sistema de cuotas de inmigración que en 1924 desembocó en la Ley de Orígenes Nacionales, la cual redujo al 10% el arribo legal permanente de extranjeros, y los que llegaran en un 86% debían ser procedentes del norte y el occidente de Europa. Al mismo tiempo, Harding permitió el resurgimiento del Ku Klux Klan con sus valores blancos, anglosajones y protestantes, cuya sigla en inglés es WASP, el cual multiplicó el linchamiento de personas de piel negra, así como la persecución de todo lo que se calificara de «exótico», como la teoría evolucionista de Darwin. Tal vez ese pavoroso ambiente represivo se reflejara bien en el célebre caso de Nicola Sacco y Bartolomeo Vanzetti, anarquistas nacidos en Italia y finalmente enviados con cargos falsos a morir en la perversa silla eléctrica.

Fallecido Harding en 1923 de una apoplejía, le sucedió su vice, el dormilón —trece horas al día— Calvin Coolidge. Reelecto al año, apoyó el *taylorismo empresarial* o despiadado sistema de explotación

intensiva de los asalariados; auspició tanto el crecimiento monopolista como malbaratar la considerable marina mercante estatal
a intereses privados. En esa época, comenzó a contrarrestarse la
tradicional ética norteña de abnegación, frugalidad y ahorro, por
medio de una masiva publicidad de consumismo y diversión, que
deseaba reforzar el criterio calvinista de que el hombre triunfador
era un elegido de Dios. Durante este período presidencial, a la
ascendente incidencia en la economía de la industria automotriz se
sumó la de la incipiente aeronáutica, pues se otorgaron cuantiosos
subsidios federales para desarrollar los aeropuertos y el transporte
aéreo, lo que facilitó el surgimiento de decenas de compañías de
aviación. Dicha actividad fue hiperbolizada por el vuelo trasatlántico de Charles Lindbergh (1927), seguido poco después por uno
similar de la heroína del feminismo: Amelia Earhart.

La Crisis de 1929

A principios de 1929, cuando Herbert Hoover ocupó la presidencia de la nación, el 1% de los ciudadanos estadounidenses poseía
la cuarta parte de la riqueza mundial. El nuevo mandatario había
hecho una fortuna en la minería, y el prestigio intelectual le provenía de su famoso libro *Individualismo estadounidense*, una oda a la
total libertad de empresa. Convencido de su verdad, al ocupar el
poder ejecutivo sentenció: «El futuro de nuestro país brilla de esperanza». Pero a los pocos meses, el martes 29 de octubre de 1929, el
mercado de la Bolsa de Valores de Nueva York —situado en la calle
Wall Street— se desplomó, con lo cual se inició un cuatrienio de
profundísima crisis cíclica mundial del capitalismo. Sus manifestaciones más agudas tuvieron lugar a fines de 1932 y principios de
1933, de forma que en solo tres o cuatro años la producción industrial del mundo cayó en 30 o 40%. A la vez, las inversiones imperialistas en los países colonizados y dependientes mermaron; Gran
Bretaña, Francia y Estados Unidos, cuyas exportaciones de capital,

sumadas las de los tres países, llegaban hasta entonces a unos tres mil trescientos millones de dólares al año, hicieron regresar a sus bancos alrededor de la mitad de dicho monto, como media anual. Además, la tradicional división internacional de las producciones que ellos impulsaban según sus conveniencias, sufrió un rudo golpe, pues la demanda de materias primas perdió su dinamismo como reflejo del estancamiento económico en las industrializadas metrópolis. En consecuencia, entre 1929 y 1933, el comercio mundial se redujo en una cuarta parte de su previo volumen físico y los precios de lo que realmente se negociaba cayeron en un 30% con respecto a los anteriores; en total, el valor del tráfico internacional cayó en más del 50% en relación con sus niveles precedentes. Por eso, resultaba importante comprender que en los territorios coloniales o países dependientes la profundísima crisis había llegado por medio del comercio exterior, pues no tenía carácter interno.

En Estados Unidos, durante dicho proceso, la cotización de bonos y acciones cayó a menos de la quinta parte de lo que había sido, múltiples fábricas se paralizaron, la porción más débil de la banca quebró, los ingresos en el agro se redujeron a la mitad, uno de cada cuatro estadounidenses perdió su empleo. El problema residía en la gigantesca disparidad entre la enorme capacidad productiva del país y la disminuida posibilidad de consumo de la población norteamericana.

Del *New Deal* a la bomba atómica

La campaña presidencial de 1932 en los Estados Unidos se convirtió en multifacético debate alrededor de los posibles remedios a la Gran Depresión, ocasionada —decía el talentoso y pragmático Franklin Delano Roosevelt, gobernador de Nueva York— por la política económica que había aplicado el Partido Republicano durante la década de 1920. En contraposición a esta, el aspirante demócrata proponía el *New Deal* —Nuevo Trato—, que implicó un importante intrusismo gubernamental en la sociedad, inspirado en sus aspectos económicos por las formulaciones del británico John Maynard Keynes. Por ello, prometía que adoptaría una cautelosa inflación monetaria, cerraría los bancos no solventes, agencias federales ofrecerían generosos créditos a industriales y granjeros, reglamentaría la Bolsa; se fomentarían los bosques y protegerían los suelos, se descontaminarían lagos y ríos, se crearían refugios para peces y animales o aves; se acometerían importantes obras públicas como escuelas, represas, canales, carreteras, aeropuertos. Además, se emitiría una Ley Nacional de Relaciones Laborales según la cual los asalariados podrían negociar con los patronos por medio de sindicatos de su propia elección; se derogaría la prohibición; se gravaría a los ricos mediante nuevos impuestos; y, sobre todo, se anunciaba una Ley de Seguridad Social para desempleados, ancianos y minusválidos, con aportes financieros de trabajadores y empleadores. Y para América Latina diseñaba un futuro de Buena Vecindad, cuya esencia radicaba en retirar a los marines de los países caribeños que ocupaban, a la vez que aseguraba que cesarían dichas intervenciones en la región. En las urnas, Roosevelt arrasó.

Su reelección presidencial en 1936 consolidó una mayoritaria y nueva coalición política, conformada por los habitantes de las ciudades, los asalariados de ambos sexos, los pertenecientes a cualquier raza o etnia discriminada y, muy en especial, por los trabajadores sindicalizados y por los negros e inmigrantes, así como por intelectuales e interesados en las pensiones de vejez y seguros de desempleo; incluía también a los blancos del oeste y a una parte de los titubeantes de ese color en el sur. En el minoritario Partido Republicano, quedaron los ricos y las poblaciones rurales, así como una mayoría de aquellos que alardeaban sobre su pretendido origen WASP. Pero la alianza anti*New Deal* gradualmente se fue ampliando con demócratas sureños conservadores y con todos los que tildaban a Roosevelt de ser un protorrevolucionario, o censuraban sus grandes gastos gubernamentales o criticaban sus litigios con la moderada Corte Suprema de Justicia. La economía, además, se desaceleraba, mientras crecían los adversos —para el presidente— sentimientos aislacionistas en una población temerosa de verse involucrada en otra guerra europea. Con el propósito de vigorizar sus erosionadas posiciones políticas, el mandatario presentó su Ley de Normas Laborales Justas en 1938, que estableció salarios mínimos, jornadas semanales de 40 horas de trabajo, un 50% de pago adicional para las horas extras y la prohibición a las empresas de contratar a menores de edad. Su ulterior fortalecimiento tuvo lugar al año, cuando se produjo la agresión hitleriana a Polonia; de nuevo las compras bélicas de Inglaterra y Francia reactivaron la industria estadounidense, que al poco tiempo experimentó otro impulso con el inicio del propio proceso rearmamentista norteamericano, lo cual redujo muchísimo el desempleo.

En 1940, por primera y única vez, un presidente estadounidense fue electo para un tercer período. Al año, el 7 de diciembre, un traicionero ataque japonés asoló Pearl Harbor, Hawai, con un saldo de diecinueve buques hundidos, ciento cincuenta aviones destruidos y más de dos mil cuatrocientas personas muertas. Un día después, el Congreso estadounidense declaró la guerra a Japón, mientras a las setenta y dos horas Alemania e Italia proclamaban su beligerancia contra Estados Unidos. De inmediato, el país se puso en pie de guerra y se dedicó a participar en la contienda, tras haber proclamado Roosevelt, junto al primer ministro británico Winston Churchill, la Carta del Atlántico. Esta declaraba que luego del conflicto no habría mayor expansión territorial de Estado alguno, no se harían cambios de fronteras sin el consentimiento de los pueblos concernidos, se garantizaría el derecho de todos a elegir su propia forma de gobernarse, se restauraría el autogobierno a la naciones que se le hubiera arrebatado, se protegería la libertad en los mares, y se renunciaría al uso de la fuerza en tanto que instrumento de política internacional. Como una derivación de este último acápite, en noviembre de 1943, en Teherán, Roosevelt y el premier soviético José Stalin, anunciaron que al llegar la paz se fundaría la Organización de Naciones Unidas.

Durante la Segunda Guerra Mundial, dieciocho millones de personas ingresaron en las Fuerzas Armadas de Estados Unidos y poco más de la mitad de esa cifra fue enviada al extranjero, pues el territorio nacional estaba libre de cualquier amenaza enemiga. Esta considerable fuerza, concentrada en su mayor parte en el frente occidental europeo, no pudo sin embargo impedir que fuera el Ejército Rojo el que ocupase Berlín y provocara la rendición incondicional de las tropas alemanas el 7 de mayo de 1945. En pie quedaba, además, el compromiso de la URSS, formulado en la capital iraní y ratificado en Yalta, de atacar a los tres meses exactos a Japón. No obstante, antes de esa fecha, el 16 de julio, en Alamogordo, Nuevo México, se produjo, de forma experimental, la primera detonación nuclear en la historia de la humanidad.

Franklin Delano Roosevelt ganó su cuarta elección en 1944, cuando en el Partido Demócrata los sureños conservadores aumentaban su influencia, por lo cual en esta candidatura debió presentar como aspirante a la vicepresidencia a Harry S. Truman, senador por Missouri. Durante su tercer mandato, la producción de bienes manufacturados se había triplicado y la de materias primas crecido un 60%, a la vez que las producciones bélicas llegaron a representar casi la mitad del Producto Bruto Nacional (PBN). Ese auge industrial, simultáneo con la enorme movilización militar, provocó gran carencia de fuerza laboral, por lo cual quien lo deseara podía encontrar trabajo en las empresas.

El 12 de abril de 1945, en la cima de su popularidad, el presidente falleció víctima de una hemorragia cerebral, por lo cual Truman asistió a la reunión tripartita de Potsdam del 17 de julio al 2 de agosto, donde se convino en someter a juicio en Nuremberg a los líderes nazis acusados de crímenes horrendos. Luego de esta conferencia, lo más importante para el nuevo presidente norteamericano fue hacer gala del inmenso poderío de Estados Unidos con el fin de frenar el ascendente influjo de la Unión Soviética en el mundo, por lo cual decidió destruir la ciudad de Hiroshima con una bomba atómica el 6 de agosto. A los dos días, la URSS lanzó su previamente acordado ataque por Manchuria contra el poderoso Ejército nipón allí estacionado. Y el 9 de agosto, la Aviación estadounidense lanzó sobre Nagasaki otro devastador artefacto nuclear. De hecho, comenzaba la Guerra Fría.

3. Criterios socialistas sobre la toma del poder

En América Latina, la gran Revolución de Octubre estremeció a la clase trabajadora y a su movimiento anarcosindicalista, así como a los pocos adeptos al socialismo, entre los cuales se encontraban, sobre todo, intelectuales, algunos recién conversos al abandonar el positivismo. Pronto, muchos militantes de ambas tendencias manifestaron su solidaridad con los bolcheviques, fuese mediante publicaciones y folletos o mítines en los que se defendía a la Rusia de Lenin. Estas movilizaciones en apoyo a la impactante gesta comenzada en 1917 en el enorme país eurasiático, contribuían también a la metamorfosis y desarrollo ideológico del proletariado latinoamericano; se deslindaban los campos entre quienes insistían en permanecer ~~en~~ ~~el~~ ~~lado~~ do anarcosindicalista, así como en el de los ~~Segun~~da Internacional y los que derivaban aún ~~má~~s últimos asumían posiciones notoriamente ~~anti~~ imperialismo, pues favorecían la construc~~ción de una sociedad n~~ueva, en la cual todo se estatizaría mediante ~~instau~~ran la dictadura del proletariado. ~~La diferenciación i~~deológica en el seno del movimiento de los ~~trabajadores con el ti~~empo se fundió con la de los intelectuales ~~dispuestos a form~~ar fuerzas partidistas basadas en las con~~cepciones del~~ marxismo-leninismo, como única vía sus~~ceptible de abolir cu~~alquier tipo de explotación de unos seres ~~humanos y así diri~~gir para todos un futuro mejor. Esto pen~~saban al solicita~~r en Moscú su ingreso a la Internacional

Comunista, luego de cumplir con las normas principales de esa organización que entonces fungía como el Partido de los revolucionarios contra el mundo burgués. Entre los destacados en esta nueva corriente sobresalían el dirigente obrero chileno Luis Emilio Recabarren, quien aportó su experiencia partidista previa; el brasileño Astrojildo Pereira, quien metamorfoseó sus conocimientos sindicalistas; el intelectual José Carlos Mariátegui, quien recogió el *indigenismo* elaborado por su compatriota Manuel González Prada y lo condujo a nuevas alturas en sus famosos *Siete ensayos de la realidad peruana*; y el líder estudiantil cubano Julio Antonio Mella. Este se relacionó con veteranos del Partido Revolucionario fundado por José Martí, a fin de protestar contra la neocolonial República liberal instituida luego de cuatro años de ocupación por el Ejército de Estados Unidos, que también había impuesto en la Isla la indeseada base naval de Guantánamo. Luego, Mella creó la Federación Estudiantil para luchar por la Reforma Universitaria, pero comprendió que más importante era revolucionar la sociedad, por lo cual fundó el Partido Comunista en 1925. Al año, sin embargo, la tiranía de Gerardo Machado lo llevó a exiliarse en México, tras lo cual participó en el Congreso Antiimperialista, celebrado en Bruselas en febrero de 1927. Este cónclave hizo suyas las tesis expuestas por Lenin en el Segundo Congreso de la Tercera Internacional, las cuales integraban un admirable instrumento que brindaba a los movimientos revolucionarios de los países oprimidos, la posibilidad de enfocar con sagacidad táctica sus relaciones con las distintas fuerzas progresistas de cada país. Mella propugnó entonces la formación de un frente con un programa democrático de proyección nacional liberadora; este debería agrupar a su alrededor a todas las fuerzas y tendencias revolucionarias, progresistas y antidictatoriales, como la única opción política susceptible de alcanzar la emancipación y promover las condiciones del ulterior desarrollo hacia el socialismo. Mella deseaba que en dicho movimiento los diversos componentes preservaran su identidad, y que el Partido Comunista no exigiera como condición previa la hegemonía para el proletariado; en su opinión, dicha fuerza debía conquistar en la lucha su condición de vanguardia. Con estos criterios, Mella acometió los trabajos preparatorios para organizar una expedición armada que liberase a Cuba de la tiranía. En esos trajines, de nuevo en México, estableció relaciones de cooperación con revolucionarios venezolanos —algunos de los cuales con ayuda de Álvaro Obregón acopiaban armas para derrocar al déspota de su tierra andina—, y fue hasta Veracruz con el propósito de indagar sobre la posible navegación hacia costas cubanas. Al mismo tiempo, Mella participaba de manera activa en el Comité Manos Fuera de Nicaragua, el cual apoyaba intensamente la lucha de Augusto César Sandino contra el Ejército de Estados Unidos, que ocupaba su país; al lado del hermano del Héroe de las Segovias, en un masivo acto de solidaridad con los nicaragüenses, dijo:

> Así como la Comuna de París demostró que el proletariado era capaz de tomar el poder revolucionario y conservarlo en sus manos —cosa que después realizó la Revolución Rusa— el movimiento de Sandino es precursor del movimiento revolucionario de toda la América Latina contra el imperialismo y [...] sus lacayos.[1]

Pero Sandino y Mella no llegaron a reunirse; el extraordinario joven cayó asesinado en las calles de la ciudad de México el 10 de enero de 1929. Sus últimas palabras fueron: «Muero por la revolución».

Insurrección de Farabundo Martí

En El Salvador, la reanimación de la vida política resquebrajó el control directo que la familia de los Meléndez-Quiñones tenía sobre la República, por lo cual se vio forzada a ceder el poder ejecutivo a un candidato que no pertenecía a su círculo político más íntimo. Así, en 1927, la primera magistratura pasó al prestigioso Pío Romero Bosque, quien hasta ese momento fungiera como presidente de la Corte Suprema de Justicia. El nuevo mandatario no rompió con la oligarquía, pero introdujo en la sociedad cierta liberalización; levantó el sempiterno estado de sitio, propició el establecimiento formal de algunos derechos democráticos, dictó varias medidas sociales e, incluso, constituyó un Ministerio de Trabajo para mediar en los conflictos laborales. Esto fue posible debido al ascenso económico provocado por el incremento de las exportaciones y la multiplicación en las urbes de las inversiones foráneas. En esas condiciones, el Partido Comunista de Centroamérica decidió que Farabundo Martí marchara a incorporarse al Ejército Defensor de la Soberanía Nacional forjado por Sandino en Nicaragua, para luchar contra las tropas estadounidenses de ocupación. Hacia ese ejército rebelde se enrumbó el destacado sindicalista salvadoreño, quien también tenía experiencia militar por haber peleado en los Batallones Rojos durante la Revolución Mexicana.

En Nicaragua, Farabundo alcanzó el grado de coronel, y por sus notables cualidades se convirtió en el secretario personal de Sandino. Más tarde, en julio de 1929, y en compañía de algunos otros miembros del Estado Mayor insurrecto, ambos revolucionarios se desplazaron hasta Mérida, México, con el objetivo de mejorar el apoyo que el Comité Manos Fuera de Nicaragua le brindaba a su lucha. Pero durante su estancia en la República mexicana, entre los dos centroamericanos surgieron diferencias políticas; como dirigente comunista, el disciplinado salvadoreño debía someterse al brusco giro realizado en 1928 por el VI Congreso de la Tercera Internacional. Sus nuevas directrices orientaban desarrollar cualquier lucha, según la táctica de *clase contra clase* y, a la vez, *bolchevizar los partidos*, para tomar el poder y constituir *sóviets de obreros, campesinos y soldados*. Dicha sectaria concepción descartaba cualquier otra fuerza política y rechazaba toda posibilidad de formar gobiernos revolucionarios encabezados por figuras ajenas al movimiento proletario, lo cual no era aceptable para Sandino.

El Partido Comunista Centroamericano se disolvió en medio de la debacle socioeconómica del mundo capitalista iniciada en octubre de 1929; tenía el propósito de que sus secciones nacionales adquiriesen mayor dinamismo ante las coyunturas específicas de cada país del istmo. En tal contexto, Farabundo Martí regresó a El Salvador, donde en unión de Miguel Mármol y Luis Díaz, fundó en 1930 el Partido Comunista Salvadoreño, del cual se convirtió al año en su secretario general. La militancia de esta nueva organización política revolucionaria era ya bastante influyente entre los asalariados e, incluso, controlaba las posiciones de mando de la muy popular Federación Regional de Trabajadores de El Salvador. En dichas circunstancias, en la pequeña República del istmo tuvieron lugar en 1931 las programadas elecciones presidenciales, en las que triunfó la progresista candidatura del Partido Laborista, encabezada por Arturo Araújo. Este carismático dirigente de la pequeña burguesía, que además arrastraba a los artesanos, a algunos sectores del campesinado, así como a grupos del proletariado, prometió llevar agua a todas partes, pues desde las Reformas Liberales dicho líquido estaba sometido al control de los dueños de tierra; asistencia médica gratuita y generalizada, con medicamentos entregados sin costo alguno para los pobres; proteger a la mujer trabajadora; moralizar la vida del país; otorgar créditos a pequeños y medianos productores; disminuir el desempleo.

Presidente desde el 1ro. de marzo de 1931, Araújo legalizó el Partido Comunista y trató de pactar con él para derrotar la resistencia de la gran burguesía cafetalera. Pero Farabundo no podía llegar a un entendimiento con el gobierno reformista, pues las disposiciones del referido Congreso de la Komintern se lo impedían. Se facilitó así que el Ejército oligárquico, al mando del general Maximiliano Hernández Martínez, depusiera al mandatario en diciembre de 1931. Las Fuerzas Armadas, sin embargo, mantuvieron la convocatoria a los comicios parciales de enero, en los cuales los partidos progresistas arrasaron; incluso, los comunistas disputaron hasta el último instante el segundo lugar en la capital. Irritados, los militares anularon los resultados electorales, mientras los comunistas se orientaron hacia la insurrección.

La fecha acordada para realizarla se postergó varias veces, y eso permitió que algunos de sus dirigentes fuesen arrestados, entre ellos el propio Farabundo. Pero de todas maneras la rebelión empezó el 22 de enero de 1932, muy fuerte sobre todo en el Occidente. En esta zona preponderaban los humildísimos trabajadores de las plantaciones de café, cuyas tierras colectivas habían sido arrebatadas a las comunidades campesinas durante la Reforma Liberal. En dicha región, durante varios días se crearon sóviets de obreros y campesinos en poblados como Tacuba, Sonsonate, Juayúa, Zonzacate, Izalco, Nahuizalco y varios más. Esta práctica, no obstante, así como la propia palabra que la designaba, empavorecía a la pequeña burguesía, fuese urbana o rural, y a no pocos campesinos, incluso, pobres. Parecía, de hecho, transitarse hacia la revolución socialista de forma inmediata, aunque el proletariado salvadoreño fuese abrumadoramente minoritario.

Desvinculados de cualquier otra fuerza, casi desarmados, los rebeldes fueron aniquilados por el Ejército y la Aviación, que masacraron a más de treinta mil personas. Ni siquiera los que estaban en la cárcel salvaron la vida. Poco antes de ser fusilado, el 1ro. de febrero, Farabundo expresó: «En estos momentos en que estoy a dos pasos de la muerte, quiero declarar categóricamente, que creo en Sandino».[2]

La Revolución del 33 en Cuba

Cuba, en el contexto de la gran depresión iniciada en octubre de 1929, quizás haya sufrido las mayores secuelas de tal catástrofe económica en América Latina. La realidad material de la Isla se agravó en 1930 cuando Estados Unidos impuso el Plan Chadbourne, prohijado sin el menor titubeo por la tiranía de Gerardo Machado. Esta coyunda, que limitaba las exportaciones cubanas, contribuyó a comunicarle a la crisis una pavorosa agudeza.

A medida que la depresión avanzaba, los esfuerzos del Partido Comunista por llevar el aliento de la lucha a las masas explotadas y organizarlas para esos fines, se abrían paso. Por su parte, Antonio Guiteras, joven dirigente revolucionario, se vinculó en 1931 con viejos caudillos nacionalistas, pues compartía con ellos el criterio de que la forma de alcanzar el poder era mediante la lucha armada. En específico, el grupo al cual Guiteras pertenecía proyectaba asaltar el cuartel Moncada, en Santiago de Cuba, capital de la provincia de Oriente. Pero descubierta la conspiración, intentaron sin éxito alzarse en el mes de agosto del propio año en La Gallinita. Apresado, Guiteras terminó en la cárcel por algún tiempo.

Mientras, bajo la dirección del Partido Comunista, en diciembre de 1932, se constituyó el Sindicato Nacional de Obreros de la Industria Azucarera. Este aglutinó el mayor contingente proletario de la República y, con esa fuerza estructurada, al comenzar la zafra de 1933, desató un importante movimiento huelguístico. Sus repercusiones más intensas se produjeron en la provincia de Las Villas, donde se llegaron a sostener encuentros armados con la Guardia Rural por la zona de Nazábal, y en la oriental región de Manzanillo, en la cual se hallaban los centrales Mabay, Niquero, Isabel, Romelia y Esperanza. Estos éxitos permitieron que al final de la zafra, el Partido Comunista llamara a la revolución bajo la hegemonía del proletariado, mediante el surgimiento de un «gobierno soviético de Consejos Obreros, Campesinos y Soldados».

En esos momentos, Guiteras, ya fuera de la prisión, había roto con los viejos y vacilantes caudillos nacionalistas y avanzaba en sus proyectos insurreccionales, cuyo centro estaría en Oriente. Él se encontraba entonces en conexión con el Directorio Estudiantil Universitario (DEU), que agrupaba a la porción más radical y revolucionaria de la pequeña burguesía urbana. Guiteras organizó grupos de acción en El Caney, Santiago de Cuba, Holguín, Victoria de las Tunas, Bayamo, Manzanillo, así como en otras ciudades, y llegó a tener éxitos en la toma de alguna, como San Luis, donde el pueblo se sumó a sus empeños. Pero en general, el alzamiento del 29 de abril de 1933 fracasó. Fue en esas circunstancias cuando los trabajadores de los ómnibus urbanos tomaron la iniciativa en la lucha antimachadista, al declararse en huelga el 5 de julio. Después vino la avalancha. A los doce días, cerró el comercio de La Habana, Santiago de Cuba y demás ciudades; los comerciantes, unidos a grupos industriales, efectuaron una concentración en la capital para esgrimir un pedido de amnistía fiscal junto con otras reivindicaciones. El 19, los maestros se manifestaron en todo el país contra la rebaja de sueldos y el atraso en sus pagos. Siguieron protestas de empleados públicos y huelgas locales, así como demostraciones de obreros, estudiantes y hasta de veteranos de la Guerra de Independencia. Se avizoraba, en fin, una situación revolucionaria cuya posibilidad objetiva radicaba en la explosiva conjunción de la violenta crisis económica con la prolongada opresión política. Las potencialidades subjetivas se desprendían del alto grado de politización de las clases populares, especialmente urbanas, proletariado y pequeña burguesía, en las cuales los sentimientos antiinjerencistas, antiimperialistas y nacional-liberadores habían cobrado enorme fuerza junto a la creciente conciencia de que la fuente de sus miserias materiales provenía, sobre todo, de la explotación sufrida a manos de los monopolios estadounidenses. De ese modo, la sociedad cubana se encontraba madura para la explosión revolucionaria.

La huelga general política de todo el pueblo, encabezada por la clase obrera bajo la conducción del luchador comunista Rubén Martínez Villena, paralizó al país a partir del domingo 6 de agosto de 1933. Al día siguiente, tuvo lugar la más grande masacre del machadato; las masas se habían adueñado de las calles y se dirigían al Congreso cuando la Policía atacó de manera salvaje a la muchedumbre. Hubo dieciocho muertos y casi cien heridos. La matanza, sin embargo, enardeció los ánimos y repercutió hasta en los más recónditos lugares de la República. Guiteras, por su parte, preparaba en Oriente el asalto al cuartel de Bayamo, como inicio de un proceso insurreccional en esa provincia. Pero el día 11, algunos batallones del Ejército se rebelaron para distanciarse del presidente, cuyo régimen se desmoronaba, y el 12 de agosto de 1933 Gerardo Machado renunció y huyó al extranjero. Las masas se lanzaron entonces por toda la Isla a hacer justicia por su cuenta. Tres días duró la impresionante e incontrolable situación.

El derrocamiento de la tiranía obligó a la nueva jefatura militar a destituir mandos, rebajar de servicio, retirar o expulsar e, incluso, detener y enjuiciar a decenas de oficiales, notorios por sus faenas criminales durante la dictadura. Por supuesto, la depuración quebrantó la disciplina y autoridad antes existentes en las Fuerzas Armadas; a partir de ese momento afloraron múltiples contradicciones entre la oficialidad y la tropa acaudillada por los sargentos. El Estado oligárquico y el poder político del imperialismo se debilitaron. Sobrevino entonces un período de dispersión de las fuerzas más reaccionarias, y un dominio de la escena pública por las clases populares. El efímero Gobierno Provisional, hechura grotesca de los imperialistas, era la estampa absoluta del desprestigio. En esas circunstancias, el Directorio Estudiantil Universitario representaba el movimiento político capaz de nuclear a los sectores de la población ajenos a la oligarquía y al Partido Comunista. En la dirigencia del DEU se producía una evolución hacia posiciones de izquierda, cuyo Programa Estudiantil también correspondía al mínimo exigido por las fuerzas proclives al nacionalismo. En resumen, esa organización esgrimía un moderado proyecto transformador, con matices antiimperialistas y democráticos, aunque burgués, que podía representar una apertura apoyable por los revolucionarios consecuentes, siempre que explicaran al pueblo sus limitaciones.

La crisis política originada en el machadato tuvo un desfogue a medias en los sucesos del 12 de agosto y días inmediatamente posteriores. Nadie estaba satisfecho y mucho menos la clase obrera y las masas pequeñoburguesas de las ciudades, que formaban las fuerzas sociales más politizadas y dispuestas a la acción en el país. Además, el desajuste económico era espantoso. Los campesinos pobres y medios e, incluso, no pocos ricos, se debatían en la miseria o en la ruina; la débil e irrelevante burguesía nacional vivía al borde de la bancarrota; hasta los sectores menos enriquecidos de la burguesía agroexportadora habían perdido parte de sus propiedades, o pendía sobre ellos el azote de las hipotecas vencidas. En síntesis, resultaba imposible para los grupos dominantes mantener inmutable su hegemonía. Los humildes y explotados padecían una agravación, fuera de lo común, de su miseria y sufrimiento. La actividad de las masas se intensificaba de manera considerable. Se había creado, en fin, una situación revolucionaria; ni los de abajo querían, ni los de arriba podían, seguir viviendo como hasta entonces.

La insubordinación de los alistados, el 4 de septiembre de 1933, expresión neta del movimiento de masas que profundizaba su influjo y se materializaba en las filas del Ejército y la Marina de Guerra, se convirtió en un acto revolucionario al abrazar el programa del Directorio Estudiantil Universitario. El inopinado encuentro de ambas fuerzas sociales dio vida a un gobierno revolucionario pequeñoburgués, dejando aislado al Partido Comunista, que esgrimía la consigna de «Sóviets de obreros, campesinos y soldados»; aunque la oligarquía no podía ya gobernar, el proletariado aún no poseía la fuerza suficiente para asaltar el poder estatal. El gobierno colegiado de la Pentarquía, a pesar de sus inconsecuencias, se instauró en contra de la voluntad del imperialismo y la oligarquía. Pero su heterogeneidad, las amenazas de intervención estadounidense —cuya escuadra rodeó la Isla—, las conspiraciones de la desplazada oficialidad y las vacilaciones o temores de algunos pentarcas, llevaron al gobierno colegiado a su final. Solo Ramón Grau San Martín se dispuso a jugarse el todo por el todo y aceptó el 1ro. de septiembre, la proposición del Directorio Estudiantil Universitario de ocupar la presidencia.

El nuevo gobierno representó un escalón más elevado del avance revolucionario pequeñoburgués. En el Gabinete, la posición más espinosa y comprometedora era la del secretario de Gobernación, Antonio Guiteras, el dirigente más definido y audaz de la extrema izquierda pequeñoburguesa, o sea, la parte nacional revolucionaria de esta clase. El primer acto gubernamental fue trascendente: repudio a los preceptos de la Enmienda Platt, como muestra de la voluntad antiimperialista que respondía a las más profundas aspiraciones de la nación cubana. Pero el ala derechista de la pequeña burguesía existía; representaba el capitulacionismo, así como la entrega a la oligarquía y al imperialismo. La dirigía Fulgencio Batista, quien había ganado el liderazgo del movimiento militar del 4 de septiembre tras arrebatarlo al honesto y revolucionario antiimperialista Pablo Rodríguez. El triunfo de aquel sargento mayor se debió a que expresaba mejor la voluntad de la masa de alistados; tenía todos los defectos y deformaciones de una institución concebida para reprimir, así como todos sus vicios tradicionales de latrocinio y depravación. Luego, Batista alió al Ejército con los pequeñoburgueses del ABC, que en razón de malversaciones y negocios sucios cambiaron de clase y se metamorfosearon en parte del bloque encabezado por la burguesía dependiente del imperialismo.

En la puja por el poder, las fuerzas se polarizaron alrededor de las dos tendencias extremas, capitaneadas por Batista y Guiteras; Grau quedó en el medio, a veces equidistante, aunque en la mayoría de las oportunidades se dejó arrastrar por la izquierda. De este modo, se emitieron los Decretos más avanzados y resueltos del gobierno: Leyes sobre el trabajo —jornada laboral de ocho horas, retiros y seguros por accidentes—, contra la usura, así como acerca de la rebaja de las tarifas del fluido eléctrico. Después, se extendieron las funciones y el carácter constitucional de los Tribunales de Sanciones, para propender a la expropiación de los bienes malversados por los machadistas. Por último, el 14 de enero, por orden de Guiteras se intervino la Compañía Cubana de Electricidad, subsidiaria del monopolio norteamericano Electric Bond and Share Company. Sin embargo, el secretario de Gobernación, quien además tenía plena conciencia de la necesidad de constituir una fuerza armada verdaderamente revolucionaria y confiable para quienes perseguían objetivos nacional-liberadores, no tuvo ya tiempo para alcanzar sus propósitos. El 15 de enero de 1934, Batista conminó a Grau para que dimitiera, tras lo cual asumió la presidencia un moderado timorato. ¡Se había producido un golpe de Estado contrarrevolucionario sui generis! De tal modo se estrenó el batistato, caracterizado por la entrega total al imperialismo, y por el más crudo terror antipopular, así como por los robos y malversaciones.

La República Socialista de Marmaduke Grove en Chile

Chile fue otro de los países latinoamericanos más afectados por la gran crisis cíclica del capitalismo en 1929, pues sus exportaciones disminuyeron en un 85%, lo cual afectó muchísimo su balanza de pagos. Desde entonces, el desempleo creció, se multiplicaron las quiebras de comercios, se paralizaron las obras públicas. En esa coyuntura, el presidente de la República, coronel Carlos Ibáñez, disolvió el Parlamento y en su lugar designó un dócil Congreso con individuos que le ofrecían alguna simpatía o seguridad. A la vez, el «hombre fuerte» del país se apartó del imperialismo inglés para acercarse al norteamericano. Pero estas maniobras nada resolvieron y, en 1931, el descontento social se convirtió en incontenible movimiento de repulsa al régimen personalista. Entonces, el referido mandatario tuvo que renunciar el 26 de julio de 1931, cargo que entregó a uno de los ministros de su último Gabinete. Legalizado por medio de expeditas elecciones, el nuevo ocupante del poder ejecutivo creyó que podría detener la oleada de exigencias populares mediante el retorno al tradicional orden constitucional burgués y por facilitar el regreso de los exiliados. Su ingenuidad desapareció el 23 de agosto, cuando empezó una huelga general convocada por la Federación Obrera de Chile, que entonces dirigía el esforzado luchador comunista Elías Lafferté. Luego, en diciembre, se produjeron en Copiapó y Vallenar graves choques entre los desempleados y los cuerpos represivos como anticipo de más huelgas obreras; también tuvieron lugar ocupaciones de latifundios y tierras ociosas por el campesinado desposeído o jornaleros sin trabajo.

Independientemente del activo movimiento sindical y sus reivindicaciones, en la bahía de Coquimbo, el 1ro. de septiembre, se había rebelado la parte de la escuadra chilena allí fondeada. Y enseguida, la sublevación se había extendido al resto de la flota anclada en las radas de Talcahuano y Valparaíso. Pero la insurrección naval no prosperó, pues los indiscriminados bombardeos de la Aviación la derrotaron. No obstante ese revés, a mediados de 1932, en las Fuerzas Armadas cobró vigor un complot encabezado por el jefe de la Aviación, Marmaduke Grove, más conocido como el Comodoro del Aire, quien pretendía instaurar un sistema de gobierno que permitiera al Estado dirigir la caótica economía nacional y mejorar la terrible situación de los trabajadores.

Para alcanzar sus objetivos, Marmaduke estableció contacto con grupos socialistas entre los cuales sobresalía la Nueva Acción Política, dirigida por Eugenio Matte Hurtado. El gobierno, sin embargo, descubrió la conspiración y lo destituyó de su importante jefatura militar. Pero Grove de inmediato encontró un baluarte revolucionario en la Escuela de Aviación, desde la cual pudo lograr el apoyo de diversas guarniciones. Entonces, el presidente de la República renunció y su lugar fue ocupado por una Junta encabezada por Matte Hurtado, cuyo ministro de Defensa era el propio Grove, la cual decretó la instauración de una República Socialista.

El 5 de junio comenzaron los primeros Decretos del nuevo gobierno, que prohibió los desalojos de los inquilinos con escasos ingresos; dispuso la devolución de los utensilios de trabajo y elementos indispensables para el hogar empeñados en las Cajas de Crédito; repuso a los maestros cesanteados; amnistió a los marinos encarcelados tras su fallida sublevación; estatizó el llamado Banco Central; acometió la revisión de todas las concesiones mineras; anunció un control gubernamental a los sectores clave de la economía y sobre todo del comercio exterior; impuso altos gravámenes a las grandes fortunas. Sin embargo, debido a las conocidas directrices emanadas del VI Congreso de la Komintern, la militancia comunista no se pudo incorporar a la nueva gestión que surgía en la sociedad, y constituyó un embrión de poder paralelo al instituir un Sóviet de Obreros y Campesinos en la sede de la universidad, cuyo ejemplo deseaba extender al resto del país.

La contrarrevolución, sin embargo, actuaba en el seno mismo de la Junta, pues uno de sus integrantes, Carlos Dávila, jurista de largo aval pro norteamericano, frenaba cualquier radicalización. Además, casi de inmediato, entró en contubernio con reaccionarios altos mandos de las Fuerzas Armadas con el propósito de revertir el prometedor proceso revolucionario, lo cual se produjo el 16 de junio cuando se llevó a cabo un golpe militar. Enterado de la asonada en el Palacio de la Moneda, Marmaduke realizó un emotivo llamamiento por radio a los trabajadores, al final del cual se le apresó y deportó junto con Matte Hurtado a un campo de concentración en la isla de Pascua.

Después, un gobierno presidido por el traidor Dávila persiguió con saña a los dirigentes populares; reprimió con crueldad cualquier protesta; implantó el toque de queda en todo el país y decretó la Ley Marcial para la ciudad de Santiago; estableció la censura de prensa; abolió las libertades sindicales y políticas. Así, el terror se apoderó de la nación.

El VII Congreso de la III Internacional

En América Latina, tras las amargas experiencias vividas en El Salvador, Cuba y Chile —a partir del rumbo político que había sido trazado por el VI Congreso de la Komintern—, los comunistas latinoamericanos celebraron su Segunda Conferencia en octubre de 1934. En ella, los participantes llegaron a la conclusión de que en nuestro subcontinente la revolución socialista se hallaba precedida e íntimamente vinculada a la lucha de liberación nacional. Por ello, se acordó en lo adelante esforzarse por estructurar amplios frentes populares antiimperialistas, destinados a combatir la opresión extranjera y lograr reivindicaciones antifeudales y democráticas. No se trataba ya, por lo tanto, de lanzarse a la inmediata toma del poder político mediante la lucha armada o la vía electoral, sino de respaldar a las respectivas burguesías nacionales en la consecución de esos hitos; solo después de culminadas esas transformaciones democrático-burguesas debería pensarse en un proceso de contenido socialista, que entonces la clase obrera sí encabezaría. Como se sabe, estos preceptos luego fueron refrendados por el VII Congreso de la Tercera Internacional, que se reunió en julio de 1935 en Moscú.

En Cuba, mientras tanto, Antonio Guiteras se dedicaba a constituir una organización revolucionaria, que nació en octubre de 1934 con el nombre de Joven Cuba. En su plataforma propugnaba: «al Estado socialista nos acercaremos por sucesivas etapas preparatorias». A la vez, el joven exsecretario de Gobernación mantenía sus concepciones insurreccionales, las cuales pensaba llevar a cabo sobre todo en las ciudades, vinculadas con el estallido de movimientos huelguísticos de masa. Solo planeaba replegarse al campo en caso de un revés urbano.

Al producirse una huelga general de carácter político en marzo de 1935, en la cual participaban diversas organizaciones, entre ellas el Partido Comunista y la Confederación General Obrera de Cuba, Guiteras se esforzó por convertirla en una sublevación armada. Pero fracasada la huelga, que no llegó a durar ni ocho días, y frustrados sus intentos originales, Guiteras decidió marchar al extranjero. Allá se proponía organizar una expedición armada que luego conduciría hasta las costas de Oriente, donde desataría la lucha guerrillera. Con el propósito de zarpar de Cuba para iniciar sus proyectos, Guiteras se dirigió al Morrillo, vieja fortaleza aledaña a la ciudad de Matanzas, en unión de varios compañeros, entre los cuales estaba el venezolano Carlos Aponte, veterano de la gesta de Sandino. Pronto los revolucionarios se dieron cuenta de que estaban rodeados por la tropa de Batista. Para romper la emboscada, Guiteras y Aponte decidieron correr hasta una cerca vecina. Nunca llegaron. Juntos cayeron acribillados a balazos el 8 de mayo de 1935.

4. Sandinismo y tenentismo

Augusto César Sandino nació en 1895 y desde niño trabajó como obrero agrícola en las plantaciones de café de Nicaragua. Después marchó a México, donde se politizó al contacto con el proletariado en Veracruz. Al tener noticias de un movimiento de rebeldía constitucionalista contra un golpe de Estado conservador en su país, Sandino regresó a Nicaragua en junio de 1926, para formar una vanguardia que lo respaldara en la lucha armada. Así, dentro del constitucionalismo nicaragüense surgieron dos tendencias: la de los liberales, que deseaban regresar al poder para enriquecerse, y la de los demócratas y revolucionarios, deseosos de transformar la sociedad. Esta última corriente, encabezada por Sandino, la integraban minifundistas, campesinos expropiados durante la prolongada ocupación del país por Estados Unidos (1912-1925), trabajadores de las plantaciones de banano y los aserríos del litoral caribeño, así como obreros de las minas, que representaban el núcleo más coherente y concientizado del incipiente proletariado.

El 24 de diciembre de 1926, al ver en peligro al gobierno conservador golpista, Estados Unidos de nuevo invadió Nicaragua para mediar entre los contendientes a fin de restablecer su zozobrante proyecto de estabilización nacional en ese país. Pero el intruso enemigo no pudo desarmar a las fuerzas de Sandino, quien denunció el pacto firmado con los ocupantes por ambos rivales, al declarar:

> Los dirigentes políticos conservadores y liberales, son una bola de
> canallas, incapaces de poder dirigir a un pueblo patriota y vale-

roso. Hemos abandonado a esos directores y entre nosotros mismos, obreros y campesinos, hemos improvisado a nuestros jefes.[3]

Luego añadió:

El vínculo de la nacionalidad me da derecho a asumir la responsabilidad de mis actos en las cuestiones de Nicaragua, y por ende, de la América Central y de todo el continente de nuestra habla [...] mi mayor honra es surgir del seno de los oprimidos [...] mi ideal campea en un amplio horizonte de internacionalismo.[4]

Y concluyó:

Somos noventa millones de hispanoamericanos y solo debemos pensar en nuestra unificación y comprender que el imperialismo yanqui es el más brutal enemigo que nos amenaza y el único que está propuesto a terminar por medio de la conquista con nuestro honor racial y con la libertad de nuestros pueblos. Los tiranos no representan a las naciones y a la libertad no se le conquista con flores. Por eso es que, para formar un Frente Unido y contener el avance del conquistador sobre nuestras patrias, debemos principiar por darnos a respetar en nuestra propia casa.[5]

Ejército Defensor de la Soberanía Nacional

El proceso sandinista de organización autónoma de las fuerzas populares, logró un gran triunfo al estructurarse el Ejército Defensor de la Soberanía Nacional de Nicaragua (EDSN) el 2 de septiembre de 1927. Poco más tarde, en el país se constituyó el Partido de los Trabajadores, que junto al Laborista —al cual se afiliaba la pequeña burguesía— y otras agrupaciones más, unificaron sus acciones con las del Ejército de Sandino. Este daba la bienvenida a dichos aliados pues formaban parte, según decía, «de las organizaciones que hacen oposición a la política intervencionista y a cuanto venga en detrimento de la soberanía nacional».

En julio de 1929, Sandino llegó a México con el objetivo de mejorar el apoyo que el Comité Manos Fuera de Nicaragua le brindaba. El retorno de Sandino a sus montañas de las Segovias en los inicios de 1930, se produjo cuando Nicaragua —y el mundo capitalista— sufría la pavorosa crisis cíclica empezada meses antes en Wall Street. Esto ayudó a revitalizar los combates armados y a radicalizar la lucha, que además de antiimperialista adquirió un carácter antioligárquico e, incluso, antiburgués. Esa realidad se evidenció en el manifiesto que Sandino entonces publicó. En él decía:

> Hasta el presente nuestro ejército reconoce el apoyo que los sinceros revolucionarios le han prestado a su ardua lucha; pero con la agudización de la lucha, con la creciente presión por parte de los banqueros yanquis, los vacilantes, los tímidos, por el carácter que toma la lucha, nos abandonan, porque solo los obreros y campesinos irán hasta el fin, solo su fuerza organizada logrará el triunfo.[6]

De esa manera, hacia noviembre de 1930 los efectivos revolucionarios avanzaron sobre el departamento de León, vecino a Managua, lo que provocó el pánico del gobierno títere presidido por el general José María Moncada. Y durante 1931, solo la región capitalina estuvo fuera de las acciones directas de los contingentes insurrectos. Por esa época, el ejército rebelde ascendía a unos seis mil hombres, agrupados en ocho columnas, cada una bajo el mando de un general a cargo de un territorio preciso. Así, las actividades bélicas de los revolucionarios aumentaron de forma constante. Por ejemplo, el 15 de abril, destacamentos insurgentes combatieron al mismo tiempo en San Lucas, Quizalaya, Santa Bárbara, Chaguitillo, La Puerta y Los Leones. En julio, tomaron la empresa estadounidense Bragman Bluff Lumber Company, en Puerto Cabezas, y allí derribaron un avión de los invasores que los bombardeaba, y batallaban simultáneamente en Jinotega. Después el EDSN ocupó la plaza de San Francisco del Carnicero, en las márgenes del lago Managua. Y el 31 de diciembre, todo un destacamento invasor pereció en combate, hecho que sacudió a la opinión pública estadounidense. Frente a esa derrota, el secretario de Estado norteamericano se vio obligado a anunciar que las tropas intervencionistas serían retiradas luego de las elecciones presidenciales de 1932 en Nicaragua.

Antes de que llegara ese momento, la ofensiva insurgente por el norte, rumbo a la costa atlántica, puso en crisis la ocupación; fueron liquidadas las propiedades de algunas compañías estadounidenses, derogadas las odiadas leyes de medición que habían permitido el desalojo campesino y devueltas las tierras usurpadas a los pequeños propietarios o a los misquitos. Se actuaba de esa manera por consideraciones prácticas, pues en lo personal Sandino decía «soy más bien partidario que la tierra sea del Estado».[7] Pero consciente de la realidad política que su patria vivía, orientó un proceso de gradual reconstitución del campesinado minifundista, dedicado en su mayoría a los cultivos de subsistencia.

El creciente peligro de un triunfo revolucionario indujo a los ocupantes a desconocer al incapaz José María Moncada, respaldado hasta ese momento por ellos mismos, pues simbolizaba la traidora sumisión y la existencia —de hecho— de un protectorado. Dado el incesante avance de las fuerzas populares, los norteamericanos prefirieron romper por completo con sus circunstanciales aliados locales y entregar el verdadero gobierno a un oficial suyo, el comandante de la Marina Calvin B. Matthews, quien debía preparar el surgimiento de un régimen que al menos fuese susceptible de aparentar un estado de cosas fidedigno. Pero inseguro de la posible evolución política nicaragüense, Estados Unidos se dedicó a fortalecer la oligarquía hondureña con el propósito de que se lanzara al combate contra Sandino a través de la frontera, si resultaba necesario. Entonces este lanzó su célebre advertencia:

1. Si el gobierno hondureño envía sus ejércitos a combatirnos para provecho del yanqui, en las Segovias proclamaremos la Unión Centroamericana, regida la acción por obreros y campesinos de Centroamérica podremos defender (pedazo roto en el documento original) … americanos.

2. Tomaremos como campo de operaciones todo el territorio centroamericano, para combatir a los ejércitos yanquis y a los aliados de ellos en Centroamérica. También nosotros contaremos con todos los obreros y campesinos para combatir la política yanqui en Centroamérica.

3. Nuestro movimiento de Unión Centroamericana quedaría desligado de los elementos burgueses, quienes en todos los tiempos nos han querido obligar a que aceptemos las humillaciones del yanqui, por resultarle más favorable a sus intereses burgueses.[8]

El avance de las columnas rebeldes, que amenazaban la supervivencia misma del sistema impuesto por los estadounidenses y sus cómplices locales, permitió a Sandino emitir el 27 de agosto de 1932 la siguiente circular:

> Nuestro Ejército se prepara a tomar las riendas de nuestro poder nacional, para entonces proceder a la organización de grandes cooperativas de obreros y campesinos nicaragüenses, quienes explotarán nuestras propias riquezas en provecho de la familia nicaragüense en general.[9]

La inminente posibilidad de que en Nicaragua triunfase una revolución social, condujo a los ocupantes norteamericanos a organizar elecciones generales con figuras poco mancilladas. Después, en octubre de 1932, se entregó la presidencia al viejo caudillo liberal Juan Bautista Sacasa, y el 1ro. de enero de 1933 Estados Unidos retiró por el puerto de Corinto su último contingente militar en

Nicaragua. Sin embargo, detrás quedaba — organizada por los ocupantes— la Guardia Nacional.

El nuevo gobierno de inmediato organizó una «misión de paz»,
que invitó a Sandino a la capital, con el propósito de conversar
acerca de sus cuatro condiciones mínimas para cesar la lucha: retiro
de las tropas estadounidenses; nulidad de los empréstitos concer-
tados con la banca norteamericana; revocación del Tratado Bryan-
Chamorro; y rechazo a cualquier intromisión de Estados Unidos en
los asuntos internos de Nicaragua.

La llegada del Héroe de las Segovias a Managua, el 2 de febrero
de 1933, fue apoteósica. Un aeroplano nombrado *Tomochic* lo recogió en una pista de aterrizaje contigua a su campamento general
y lo llevó hasta la capital. Allí, las multitudes lo aclamaron desde
el aeropuerto hasta la Casa Presidencial, donde pocas horas después se firmaba el convenio pacificador entre las tres partes: la
insurgencia y los partidos Liberal y Conservador. El texto establecía, además, el desarme total del Ejército Defensor de la Soberanía
Nacional. Así, mientras Sandino emprendía el regreso a sus montañas, por doquier empezaron a llegar las interminables columnas
de hombres disciplinados, cubiertos de polvo, sin zapatos, sudoro-
sos, con la bandera roja y negra al frente, que entregaban sus armas
para cumplir el pacto acordado.

La Guardia Nacional heredó de la derrotada infantería de
marina de los Estados Unidos, la tarea de imponer su control militar sobre la parte que pudiera de Nicaragua. Su primer jefe director
fue el apuesto Anastasio Somoza García, escogido por el anciano
embajador estadounidense Matthew Hanna a sugerencias de su
joven y apasionada esposa, amiga íntima del novel general, cuyo
nombramiento recibió la aprobación del Departamento de Estado
en Washington. Pero la ausencia de una fuerza aérea y el descontento que de inmediato brotó entre muchos de sus oficiales por el
favoritismo en los ascensos, minaron la capacidad de este impro-

visado cuerpo armado para alcanzar los objetivos que le habían sido trazados. Por eso, su alto mando apoyó los acuerdos de paz firmados con Sandino e, incluso, este fue abrazado en público por Somoza, quien pretendía obtener por medios espurios lo que no podía conquistar en los campos de batalla contra los fogueados combatientes revolucionarios.

Desde su jefatura, el director de la Guardia se dedicó a dar de baja a todos sus enemigos, a la vez que incrementaba el número de sus efectivos y los colocaba en sitios de su interés. Esto con la intención de incrementar su poderío en Managua y perseguir según sus designios a los desmovilizados del antiguo Ejército Defensor de la Soberanía de Nicaragua. Esos constantes atropellos y represiones indujeron a Sandino a denunciar ante el presidente dicha situación y a exigir su cese. Por eso, junto a sus más apreciados compañeros, marchó a la capital. Poco antes de partir declaró:

> Yo de un momento a otro muero. No cumplieron los compromisos del arreglo de paz. Nos están asesinando a nuestros hermanos en todas partes. Voy a Managua: o arreglo la situación o muero, pero esto no es de quedarse con los brazos cruzados.[10]

Anastasio Somoza García, en una reunión con el Estado Mayor de la Guardia Nacional, el 21 de febrero de 1934, expresó:

> Vengo de la embajada americana donde acabo de sostener una conversación con el embajador...; quien me ha asegurado que el gobierno de Washington respalda y recomienda la eliminación de Augusto César Sandino, por considerarlo un perturbador de la paz en el país.[11]

Ese mismo día, después de haberse entrevistado con el presidente de la República, Sandino y sus cuatro acompañantes fueron detenidos al llegar a la garita del Campo de Marte, al frente del Palacio Presidencial. Ahí se les despojó de sus armas y se les condujo al patio de la cárcel del Hormiguero. Después, el exjefe insurrecto y sus principales colaboradores fueron llevados en un camión a las afueras de Managua, hasta un sitio llamado La Calavera. En él, frente a una zanja excavada con anterioridad y a la luz de los focos del vehículo, fueron ametrallados. Luego, cientos de sus hombres en las colonias agrícolas de río Coco fueron también masacrados. Empezaba el somocismo.

Desarrollo industrial y movimiento obrero en Brasil

En Brasil, la industria nacional había experimentado un gran impulso a consecuencia de la Primera Guerra Mundial; en esos cuatro años surgieron casi seis mil nuevas entidades fabriles, tanto como las fundadas desde la caída del Imperio. La producción industrial entonces llegó a dos mil quinientos millones de dólares anuales. Dicho proceso fue sobre todo notable en lo relacionado con los textiles y la alimentación, pues entre ambos acaparaban tres cuartas partes de las fábricas del país. Estas se concentraban en Sao Paulo, seguido de la capital y Río Grande do Sul, donde en total había unos trescientos mil obreros industriales. En dichas urbes, las pésimas condiciones de vida de los asalariados y el ejemplo de la triunfante Revolución en Rusia, impulsaban a los proletarios hacia amplios movimientos huelguísticos. En Sao Paulo, por ejemplo, en 1917 tuvo lugar un paro de cincuenta mil personas, que solo terminó debido a las promesas de aumentos de sueldo, reglamentación del trabajo femenino e infantil, reducción de la jornada laboral y liberación de los manifestantes presos. Ese éxito animó a los anarcosindicalistas a desarrollar una acción armada que derrumbase al Estado burgués. Para ello, en noviembre de 1918, constituyeron en Río de Janeiro un Comité Revolucionario para dirigir la insurrección. Aunque los principales organizadores fueron arrestados antes del inicio de la rebelión, de todos modos esta se llevó a cabo; los trabajadores asaltaron depósitos de armas y cuarteles de Policía, tras lo cual levantaron barricadas en el distrito obrero de San Cristóbal. A la vez, los asalariados paralizaron sus labores en solidaridad en Niteroi, Petrópolis y en la propia capital. Pero la insurrección fue aplastada, los sindicatos prohibidos y sus dirigentes encarcelados. Entre ellos descollaban Astrojildo Pereira, Agripino Zagare, Álvaro Palmeira. A pesar de este revés, en junio de 1919, nuevas huelgas estallaron en Niteroi, Porto Alegre, Recife, Sao Paulo y Santos. Al año, en algunas de estas ciudades y en especial en Bahía, los ferroviarios realizaron otros paros obreros.

A principios de la década del veinte, la crisis de la República Velha o del «café con leche» no se debía únicamente a la intranquilidad de los proletarios: los representantes de la burguesía nacional y la pequeña burguesía también manifestaban su descontento por las arbitrariedades y corrupción existentes en el viejo régimen. Igual que treinta años atrás, nadie defendía tan bien los intereses de ambos grupos sociales como la oficialidad progresista agrupada en el Club Militar. El cierre de esa institución y el arresto de su dirigencia, motivó que un grupo de jóvenes oficiales, entre los que predominaban los tenientes, se rebelara el 5 de julio de 1922 y ocupase el fuerte de Copacabana, así como la Escuela Militar de Realengo, mientras algunas unidades en Río de Janeiro y sus arrabales e, incluso, en Minas Geraes los secundaban. Pero el movimiento *tenentista* fue sangrientamente derrotado. Entre los sobrevivientes se encontraban Antonio Siqueira Campos, Eduardo Gómez y Joaquím Távora. Este último y su hermano Juárez encabezaron otra insurrección, esta vez en Sao Paulo, el día en que se conmemoraba el segundo aniversario de la gesta precedente. A la semana, los rebeldes emitieron un Manifiesto Revolucionario que exigía un gobierno provisional, convocatoria a una Constituyente, elecciones mediante el voto secreto, cese de las reelecciones presidenciales. La ciudad estuvo en manos de los seis mil alzados tres semanas, sin que los políticamente moderados jefes insurrectos aceptaran en sus filas a los obreros deseosos de luchar contra la República oligárquica. Es una cuestión entre militares, decían. Así, cuando un ejército cinco veces más grande y con tanques los empezó a rodear, la tropa tenentista tuvo que retirarse al Paraná, donde pudo empezar una guerra de posiciones gracias al refuerzo de los destacamentos provenientes de Río Grande do Sul a las órdenes del capitán Luis Carlos Prestes. Al cabo de siete meses, este joven, junto al teniente Joao Alberto Lins, propuso cambiar de táctica y realizar una campaña móvil, con el propósito de sublevar a los habitantes de los secos campos del nordeste o *sertao*, dominado por las temidas bandas *cangaceiras* de los llamados *coroneles*, como era la denominación política de los grandes hacendados. Pero los tenentistas carecían de un programa de reivindicaciones sociales que atrajera a los campesinos; cuando más, a su paso quemaban los odiados libros de deudas y liberaban a los presos políticos. La legendaria e invicta Columna Prestes recorrió por encima de veintiséis mil kilómetros en trece estados brasileños, sin lograr adeptos a su vacío Manifiesto Revolucionario. Hasta que, en febrero de 1927, los supervivientes decidieron refugiarse en Bolivia. Hacia allí se encaminó el ya dirigente comunista Astrojildo Pereira —anarco-bolchevique, le llamaban—, quien deseaba politizar a los heroicos *columnistas*. Pero solo Prestes abrazó el marxismo-leninismo, lo cual provocó en mayo de 1930 la ruptura entre él y sus antiguos camaradas de armas.

La crisis iniciada en 1929 redujo la demanda mundial de café en un 30%, lo cual incrementó el desempleo y la miseria pues, incluso, quienes mantenían un trabajo veían su salario caer a la mitad. Esta explosiva situación social repercutía muchísimo en la campaña electoral que tenía lugar con vistas a los comicios presidenciales de 1930; en ella, se enfrentaban el continuismo oficialista y la opositora Alianza Liberal que postulaba a Getulio Vargas, gobernador de Río Grande do Sul. El programa de este se basaba en reglamentaciones laborales, voto secreto, sufragio femenino, reorganización del poder judicial, amnistía para los tenentistas, proteccionismo arancelario, capitalismo de Estado.

La toma del poder por Getulio Vargas

Al fraude electoral oficialista siguió el entendimiento de Vargas y los más decididos *aliancistas* con el *tenentismo*, encabezado por Juárez Távora, Joao Alberto Lins y Siqueira Campos, quienes protagonizaron una poderosa sublevación en Río Grande do Sul el 3 de octubre de 1930. Esta se extendió con rapidez por los demás estados del país, hasta que al mes exacto, Getulio Vargas ocupó el poder en la capital. Las Fuerzas Armadas no fueron depuradas, pero se reorganizaron al reincorporarse los antiguos tenentistas a sus filas, ahora con elevados «grados revolucionarios». Después, a los gobiernos estaduales se les retiraron sus privilegios —Constitución, finanzas y Fuerzas Armadas propias—, se clausuró el Congreso federal, se dictó una amplia amnistía, se desarmaron las bandas *cangaceiras*, se enjuició a los políticos corruptos conocidos como «carcomidos», se otorgaron poderes de excepción a Vargas y se enviaron delegados personales suyos como «interventores» o nuevos gobernadores centralistas a las viejas demarcaciones estaduales. La mayoría de estos eran tenentistas, quienes en la cima de su gloria crearon el Club 3 de Octubre con filiales regionales llamadas Legiones Revolucionarias, denominación que reflejaba su simultánea y contradictoria atracción por las Legiones Fascistas de Mussolini y por la Revolución de Octubre. Las nuevas organizaciones se convirtieron en verdadero azote para la oligarquía, en particular para la de Sao Paulo, cuyo interventor era Joao Alberto, al exigir mejoras en el nivel de vida popular, fortalecimiento de la industria nacional, planes económicos quinquenales para la República, perduración de las nuevas autoridades revolucionarias. Incluso, en algunas Legiones se comenzó a hablar de reformas sociales, rebaja de alquileres urbanos y repartos agrarios, que en el caso de Sao Paulo empezaron a llevarse a cabo.

5. Capitalismo de Estado y populismo: Vargas, Cárdenas, Perón

En Brasil, la burguesía agroexportadora lanzó una contraofensiva política al pedir elecciones generales inmediatas y el establecimiento de un orden constitucional. Luego, fuerzas oligárquicas realizaron un ataque contra la sede de la Legión Revolucionaria de Sao Paulo y de ahí se pasó a la insurrección militar. La guerra civil en Sao Paulo duró tres meses y por sus características se asemejó a los combates de trincheras con artillería pesada, tanques y aviación de la Primera Guerra Mundial. Pero a fines de septiembre de 1932, exhaustos, los rebeldes se rindieron incondicionalmente.

Getulio Vargas se atemorizó ante las perspectivas revolucionarias que muchos tenentistas imprimían al régimen y por eso buscó un entendimiento con los derrotados: convocó a un Congreso Constituyente; dispuso que el Banco de Brasil adquiriese la deuda estadual paulista; abandonó la política restrictiva a las exportaciones de café, dictada dos años antes; creó el Departamento Nacional para los Asuntos del Café, el Instituto del Azúcar y Alcohol, así como otros destinados al cacao, hierba mate, caucho. Todos orientados a comprar en moneda nacional, íntegramente, las cosechas de la burguesía agroexportadora, lo que a la vez aseguraba a los jornaleros agrícolas ciertos niveles de vida, pues no marchaban al desempleo. Por su parte, dichas instancias estatales captaban las divisas procedentes de las exportaciones y con ellas impulsaban la industrialización del país, cuya economía creció entre 1930 y 1937 al espectacular ritmo de 11,2% anual.

En la Asamblea Constituyente se evidenció cuánta fuerza política habían perdido los tenentistas, pues sus integrantes estaban divididos en tres corrientes: una derecha «capitulacionista» dirigida por Juracy Magalhaes, un centro acaudillado por Juárez Távora, y una izquierda encabezada por Miguel Costa. Esto permitió que la nueva Constitución promulgada en julio de 1934 fuese un compromiso entre la burguesía agroexportadora, la nacional y la pequeña burguesía. En ella, se mantuvieron los principios abstractos de una democracia burguesa; se dio de lado a los prometidos cambios estructurales; se reconocieron derechos a los trabajadores como las ocho horas laborales y el descanso semanal obligatorio, más las vacaciones anuales y los retiros; se otorgó el voto a las mujeres, aunque se excluyó a los analfabetos; se proclamó la progresiva nacionalización de las ramas clave de la economía y se introdujo un sector corporativo que representaría la quinta parte de los escaños congresionales, que debían ser designados por los sindicatos, los colegios de profesionales y las asociaciones patronales. Después, el Congreso eligió a Vargas presidente constitucional sin derecho a reelección.

Los sectores de izquierda en Brasil conformaron en marzo de 1935 la Alianza Nacional Libertadora, cuyo programa básico giraba alrededor de tres puntos: nacionalización inmediata de las empresas extranjeras, congelamiento de la deuda externa, reforma agraria. El presidente de honor de esta fuerza política, Luis Carlos Prestes, ya destacado militante comunista, llamó a establecer una sociedad nueva al grito de «gobierno popular nacional-revolucionario», en el aniversario decimotercero de los sucesos de Copacabana. En represalia a la inesperada convocatoria, la asustada burguesía ilegalizó las actividades de esa fuerza política. Entonces, la facción de izquierda de ese amplio frente optó por la lucha armada para derribar a Vargas. Pero la insurrección fue un completo fracaso al haber hecho suyos los métodos golpistas del tenentismo y por el insuficiente desarrollo de sus relaciones con las mal coordinadas organizaciones populares. Tras esta frustrada revuelta, la corriente derechista que encabezaba la Acción Integralista creada por Plinio Salgado, primó entre todas las tendencias políticas legales y se lanzó a ganar los siguientes comicios presidenciales. Vargas, temeroso por su proyecto de modernización y estabilidad, clausuró el Congreso el primero de noviembre de 1937, prohibió los partidos políticos y anunció el surgimiento de un régimen nuevo. Entonces, el 1ro. de mayo de 1938, se sublevó la Acción Integralista, que también fue derrotada.

El «Estado Novo»

El Estado Novo, regido por una Constitución corporativa, fortalecía mediante sus proyecciones nacionalistas a la burguesía industrial; este grupo social necesitaba que se impusiera un sistema autoritario y centralista, pues aún no tenía fuerzas suficientes para alcanzar la hegemonía en el país por métodos democráticos. Dicho régimen permitió a Vargas eliminar las autoridades estaduales; liquidar las aduanas internas; organizar un Consejo Económico y Social que velara por el desarrollo estable del país; erigir un poderoso capitalismo de Estado —los famosos «entes»— con empresas nacionalizadas al capital extranjero y otras de nueva creación en sectores como el acero, la energía, los transportes, yacimientos minerales, cuyas exigencias en inversiones y tecnología eran de una magnitud que ningún empresario privado nacional podía satisfacer. En poco tiempo, hacia 1940, debido al éxito económico de esta política, los bienes de capital representaban ya el 38% de la producción fabril brasileña y las filas del proletariado industrial comprendían a seiscientas mil personas.

Con el propósito de alcanzar algún control sobre las actividades de las masas obreras y mantener un orden social, Vargas dispuso

que por cada categoría salarial o profesional hubiese una sola asociación, la cual se aglutinaría después con otras similares en federaciones de una rama, que a la postre se vinculaban a nivel nacional.
Cada organización de trabajadores tenía su contraparte patronal,
y todas se subordinaban al Ministerio de Trabajo y sus órganos de
justicia laboral.

La participación de Brasil en la Segunda Guerra Mundial, con
tropas al mando del general Gaspar Eurico Dutra, integradas al
Ejército de Estados Unidos, flexibilizó la vida política del país, que
vio surgir dos grandes corrientes. Una, reaccionaria y controlada
por la Unión Democrática Nacional, que representaba a la vieja oligarquía agroexportadora. Otra, heterogénea y progresista, encabezada por la burguesía nacional y con participación comunista. Estos
la concebían como un frente antifascista con Vargas en la presidencia, pues este había legalizado ese partido, establecido relaciones
diplomáticas con la Unión Soviética, liberado a los presos políticos,
permitido el regreso de los exiliados y prometido elecciones generales. La convergencia progresista se acentuó al emitir Vargas, en
junio de 1945, el Decreto número 7666 con un contenido antimono-
polista; esta medida acercó aún más a los comunistas y el Partido
Trabalhista Brasileiro, que tenía base obrera y una plataforma sindicalista en defensa del sector estatal de la economía. Y ambos se
relacionaron, por su apoyo al referido Decreto, con el Partido Social
Democrático, *varguista* igual que el anterior, el cual aglutinaba a la
burguesía nacional. Después, el sindicalismo alcanzó verdadera
pujanza al estructurarse el Movimiento de Unificación de los Trabajadores, conocido popularmente como *queremismo* —derivado
de la frase «Queremos a Getulio»— que agrupaba orgánicamente a
comunistas y *trabalhistas*. Eso aterrorizó a los altos mandos militares
pro norteamericanos que habían regresado de la guerra en Europa,
quienes temieron una maniobra nueva de Vargas. Entonces, dichos
altos oficiales se pusieron de acuerdo con la oligarquía exportadora

258 De la independencia anticolonial a la dominación imperialista

y los incipientes sectores emergentes del monopolismo industria-
lizador brasileño, quienes obtuvieron el respaldo de la embajada
de Estados Unidos y derrocaron a Vargas el 29 de octubre de 1945,
para que no convocara a una Asamblea Constituyente con apoyo
popular.

Golpe de Estado conservador del general Dutra

El nuevo presidente de Brasil, el general Dutra, ilegalizó el Partido
Comunista, desató una represión antiobrera, ofreció a Río de Janeiro
para la firma del Tratado Interamericano de Asistencia Recíproca
(TIAR), de carácter militar, y abrió las puertas del país a las inversiones del capital extranjero, dentro de las cuales preponderaron las
de Estados Unidos con el 54% del total. Un lustro de gobierno antidemocrático fue suficiente para galvanizar de nuevo a la opinión
pública detrás de Vargas, quien ocupó la presidencia el 31 de enero
de 1951 con el respaldo de dos tercios de todos los votos. Entonces,
en 1952, se decretó que los inversionistas extranjeros solo podrían
extraer del país el 10% de sus ganancias; se constituyó el Banco
Nacional de Desarrollo Económico; se creó el monopolio estatal de
petróleo, encargado de importar, extraer y refinar el llamado oro
negro. En 1953, se impulsó la producción de acero. En 1954, Vargas propuso el Plan Salte, que significaba sustanciales aumentos de
salarios y contemplaba una reforma agraria; se elaboró el proyecto
de Electrobras, que otorgaba al Estado el monopolio de la energía,
se instituyó una política de cambios monetarios múltiples, tendente
a dificultar la importación de bienes de consumo y a facilitar la
compra en el extranjero de medios de producción. Pero el gobierno
de Vargas provocó el descontento de los círculos monopolistas del
país, porque obstaculizaba sus vínculos con las transnacionales. A
esto se unió que, en junio de 1954, Estados Unidos redujo en sus
tres cuartas partes la cuota brasileña de exportación de café, lo que
lanzó a la burguesía agroexportadora contra la política nacionalista,

a la cual acusaba de todos sus males. En ese contexto, Vargas no supo qué hacer. Escribió un vibrante documento político en el que denunciaba a quienes habían imposibilitado el avance de sus proyectos, y después, el propio 24 de agosto de 1954, se suicidó.

«Maximato» e insurrección «cristera» en México

En México, durante la presidencia del general Plutarco Elías Calles (1924-1928), el sector agrario de la burguesía nacional ocupó el gobierno; las exportaciones agropecuarias florecían y dichos propietarios rurales reclamaban el poder político sin enojosos compromisos con la clase obrera o el campesinado. Aunque al principio de este cuatrienio se mantuvo la reforma agraria, en su puesta en práctica se introdujeron cambios; al aplicar los Decretos concernientes a la propiedad de la tierra, se pasó al criterio de favorecer su adquisición privada y el usufructo individual. Por esto, se dispuso fraccionar los ejidos en parcelas y se orientó repartir las tierras irrigadas por aguas de presas solo entre campesinos medios. Incluso, en 1927, se llegó a negar explícitamente el derecho de los peones o jornaleros, o de quien residiera como trabajador en una hacienda, a recibir parcelas; se perseguía el propósito de multiplicar la pequeña y mediana propiedad rural. Esto facilitó el surgimiento del llamado Movimiento Cristero —por su grito de «Viva Cristo Rey»—, auspiciado por la Iglesia católica, que se oponía a la legislación anticlerical de la Constitución de 1917; entonces, muchos campesinos sin tierra que habían luchado por la revolución se volvieron contra ella, al impedirles los nuevos Decretos ser beneficiados por el reparto de tierra. La lucha *cristera* fue sobre todo importante en Jalisco, Guanajuato y Michoacán, hasta que finalmente fue derrotada en 1929.

En los nuevos comicios presidenciales volvió a triunfar Álvaro Obregón, quien al mes fue asesinado por un fanático cristero, lo cual permitió a Calles autoproclamarse jefe máximo de la revolución. Por eso, a la década de su indiscutida hegemonía en el país se le conoció como *maximato,* durante la cual se sucedieron presidentes y distintas autoridades sin más poder real que el otorgado por el propio Calles. Durante dichos años, y con los nuevos lineamientos, se entregaron cuatro millones cuatrocientas ochenta y ocho mil hectáreas, cuyos nuevos propietarios empleaban fuerza de trabajo asalariada. Y para respaldar el desarrollo de estos dueños, el gobierno constituyó el Banco Nacional de Crédito Agrícola, cuyas actividades las garantizaba el recién surgido Banco Central de México. También durante ese período se constituyó el Partido Nacional Revolucionario, que aglutinaba a los elementos más importantes emergidos con la revolución y en gran parte organizado por el joven general Lázaro Cárdenas a las órdenes de Calles.

La gran depresión iniciada en 1929 golpeó con rudeza la economía mexicana, pues al cabo de un año el PIB había descendido un 12,5%. En 1932, el valor total de las exportaciones apenas representaba la mitad del alcanzado treinta y seis meses antes y las compras al extranjero llegaron a un nivel inferior al existente a comienzos del siglo. Crecía entonces con insospechada rapidez el descontento en el campo; aunque las haciendas privadas superiores a las diez mil hectáreas ocupaban más de la mitad de la superficie nacional, en 1932 se proclamó concluida la reforma agraria en nueve estados de la federación. Semejante política liquidó cualquier vestigio de alianza entre el campesinado y la gobernante burguesía rural, en progresivo entendimiento con los restos de la oligarquía agraria porfirista. Por su parte, el proletariado mexicano comenzaba a mostrar inusitada independencia política a pesar de la proscripción del Partido Comunista; surgió, animada por la izquierda, una Confederación General de Obreros y Campesinos que optaba por el incremento de la lucha de clases.

La presidencia de Lázaro Cárdenas

En 1934, la candidatura presidencial de Lázaro Cárdenas triunfó, auspiciada por los sectores industriales de la burguesía nacional y la pequeña burguesía urbana, que impulsaban una política de entendimiento con el proletariado. De inmediato, se liberó a los comunistas encarcelados, se legalizó su periódico, se aumentó la participación de la clase obrera al 30,5% de la renta nacional, se reunificó a los asalariados en la flamante Central de Trabajadores Mexicanos. Esta organización practicaba formas muy sutiles de colaboración de clases, cuyos mecanismos evidenciaban cuán obsoletos se habían tornado los procedimientos de sus disueltas predecesoras; el inteligente principio paternalista de otorgar hoy a los obreros las mejoras que estos podrían arrebatar mañana, junto con la norma de no ceder ante medidas de fuerza proletaria, forjaron una sólida yunta que dificultaba la emancipación ideológica de los trabajadores. El campesinado, en contraste, sí fue el objetivo del desvelo gubernamental, pues solamente en caso de ampliar el consumo rural, mediante una profundización de la reforma agraria, se podría restablecer la paz social en los campos. Esto, al mismo tiempo, ampliaría el mercado interno para la burguesía industrial. A tal efecto, en el propio año 1934, se dictó un Código Agrario que retomaba los lineamientos de estructuración comunal para los ejidos; tenía el propósito de convertirlos en unidades económicas infraccionables, como cooperativas modernas con acceso a regadíos, y entregaba parcelas a jornaleros o peones. A los dos años, de nuevo, la reforma agraria se radicalizó, al permitirse expropiar las haciendas dedicadas a cultivos comerciales, aunque se debían mantener como entidades colectivas indivisibles. El conjunto de esas medidas permitió que más de dieciocho millones de hectáreas fueran entregadas al campesinado en el sexenio de Cárdenas, de las cuales casi la mitad pasaron al sector ejidal. Y para fortalecerlo, se constituyó el Banco Nacional de Crédito Ejidal, separado del Agrícola, que otorgaba a los cooperativistas ayuda técnica y monetaria. Luego, se organizó la Confederación Nacional Campesina, que agrupaba a la casi totalidad de los beneficiados por las nuevas disposiciones. Así, la vieja oligarquía porfirista, derrotada política y militarmente entre 1910 y 1917, vio liquidado su poderío rural.

El resultado de la audaz política de alianzas propugnada por la burguesía nacional se reflejó en las transformaciones experimentadas en 1938 por el Partido Nacional Revolucionario, que devino Partido de la Revolución Mexicana; en este se estructuraron de manera corporativa cuatro sectores: obreros, campesinos, militares y burgueses, todos bajo el liderazgo de los industriales. El conjunto de esas medidas logró que ya en 1935 el PIB recuperase los niveles existentes seis años atrás. Al mismo tiempo y con el objetivo de evitar la competencia de las mercancías foráneas a las producciones locales, el gobierno pasó a controlar las importaciones sin nacionalizar el comercio exterior. Además, el capitalismo de Estado experimentó en esos años un considerable desarrollo al adquirir la República importantes ferrocarriles propiedad de extranjeros. A la vez, las inversiones estatales se multiplicaron, pues las de Nacional Financiera llegaron a representar el 40% de todos los capitales nuevos situados anualmente en el país. Y el sector estatal se fortaleció aún más al expropiarse el petróleo en 1938, hasta entonces monopolizado por diecisiete compañías de Inglaterra y Estados Unidos. En contraste con el boicot comercial y diplomático decretado contra México por esas potencias, el gobierno de Cárdenas brindó gran apoyo a la República española, el mayor después del soviético. También México y la URSS fueron los únicos países del mundo en protestar por la anexión de Austria a manos del imperialismo hitleriano, así como por la invasión a Etiopía por las tropas de Mussolini.

El régimen militar argentino

En Argentina, luego de la esplendorosa victoria soviética en Stalingrado, a principios de 1943, se percibió el fin del prolongado y terrible conflicto bélico, con lo cual se vislumbraron las probabilidades de que volviera a ocurrir en el país otra crisis de la producción industrial, ya desarrollada para sustituir importaciones. La situación de la burguesía nacional en esta oportunidad era distinta de la existente durante la Primera Guerra Mundial, cuando el radicalismo detentara el gobierno; ahora la tendencia *personalista* que la representase había casi desaparecido tras la muerte de Irigoyen, por lo cual dicho grupo social se encontraba políticamente acéfalo.

Un grupo de oficiales nacionalistas aglutinados en una logia militar coordinada por el coronel Juan Domingo Perón, realizó un golpe de Estado el 4 de junio de 1943. De inmediato, los nuevos gobernantes disolvieron el Congreso, clausuraron periódicos, intervinieron universidades, prohibieron partidos políticos y detuvieron a dirigentes sindicales, pues deseaban golpear a todos los enemigos de los empresarios manufactureros, fuesen aquellos liberales o socialistas. Al mismo tiempo, con el propósito de atraerse a quienes recientemente se hubieran incorporado al proletariado, así como a los pequeños y medianos propietarios, se congelaron los precios de los alquileres urbanos y rurales, lo que ampliaba la capacidad adquisitiva en el mercado interno de los menos favorecidos. Después, se establecieron aranceles proteccionistas y se instituyó el Banco Industrial para financiar el crecimiento fabril. Todas esas disposiciones resultaban cruciales en un país en el que las filas obreras superaban el millón de personas, cifra ligeramente mayor que la de peones o jornaleros agrícolas, cuya población urbana representaba el 65% del total, y en el cual lo manufacturado sobrepasaba ya el valor de lo agropecuario en el PIB.

Estados Unidos acusó al gobierno argentino de haber animado a sus colegas bolivianos, dirigidos por el mayor Gualberto Villarroel, tildado de pro nazi, a ocupar el poder en esa República del Altiplano, mediante una asonada militar en diciembre de 1943. Y temeroso de que en esta región suramericana se ampliaran las simpatías hacia Alemania, al mes hizo llegar al Río de la Plata una amenazante flota al mando del contralmirante Howard B. Ingram.

En Buenos Aires, el desagradable incidente provocó alteraciones en la correlación de fuerzas entre las facciones gobernantes, por lo cual el titubeante Arturo Rawson tuvo que entregar la presidencia al también general Pedro P. Ramírez. Este la detentó el tiempo suficiente para romper relaciones diplomáticas con el Tercer Reich a fines de enero, tras lo cual cedió el cargo a su colega Edelmiro J. Farell, quien realizó un profundo reordenamiento ministerial. Dicho militar estaba bien apuntalado por Perón, quien ascendió a la vicepresidencia de la República, a la vez que simultáneamente ocupaba los ministerios de la Guerra, Asuntos Económicos, así como el de Trabajo y Previsión Social. Desde estos, el audaz coronel se lanzó a captar las simpatías populares con tres consignas básicas: soberanía política, independencia económica y justicia social. Así, en breve, Perón se convirtió en el hombre más aclamado; por donde pasaba subían los salarios, se dictaban mejoras para los trabajadores y se fortalecían los nuevos sindicatos, que empezaban a autodefinirse como *peronistas*.

El gobierno militar declaró la guerra contra Alemania el 27 de marzo de 1945 e incautó de inmediato los quinientos cuarenta millones de dólares invertidos por esta nación europea en Argentina, y con dichas propiedades estructuró la poderosa Dirección Nacional de Industrias Estatales. Esto fortaleció a Perón, cuyas multiplicadas giras y afiebrados discursos populistas irritaban crecientemente al resto del gabinete gubernamental, que buscó una intrascendente excusa para deshacerse de su engorroso compañero y enviarlo preso el 9 de octubre a la isla de Martín García. Pero entonces sucedió lo imprevisible; las calles de las ciudades y sobre todo de Buenos Aires, comenzaron a ser ocupadas por desorganizadas turbas que exigían la excarcelación de su caudillo. Esas multitudes integradas por aquellos a quienes se calificaba como *descamisados*, estaban animadas por los nuevos sindicalistas del *peronismo*, con frecuencia puestos en recíproca vinculación por una atractiva y muy carismática mujer llamada Eva Duarte, en amoríos con el recién detenido y viudo coronel.

El 17 de octubre de 1945, Perón, expulsado de las Fuerzas Armadas, fue puesto en libertad. Mientras, los organizadores de la inmensa y efectiva movilización popular instituían un novedoso Partido Laborista, deseoso de aglutinar a obreros, empleados, campesinos, profesionales, pequeños comerciantes e industriales con un programa de diez puntos que tendía a incrementar el capitalismo de Estado, fortalecer la burguesía industrial, proteger a los pequeños propietarios, beneficiar al proletariado, liquidar la oligarquía agroexportadora. Después, esta incipiente organización política propuso a Perón que fuese su candidato a los comicios presidenciales del 24 de febrero de 1946.

Triunfo electoral de Juan Domingo Perón

Luego de su aplastante victoria electoral sobre la Unión Democrática, que aglutinaba a casi todos los demás partidos políticos, incluido el Comunista, el excoronel fue reintegrado al Ejército y ascendido a general, tras lo cual orientó la disolución del *laborismo* para estructurar con sus integrantes y junto a otras fuerzas —militantes socialistas, adeptos a la FORJA,[12] algunos escindidos del movimiento comunista— su propio Partido Único de la Revolución Nacional. Pero en poco tiempo lo moderó, al transformarlo en Justicialista y eliminar de sus postulados la reforma agraria, salvo en lo concerniente al millón de hectáreas que se entregó a los cincuenta mil arrendatarios o chacreros que aún pagaban rentas en dinero a los terratenientes del Litoral. Sin embargo, al iniciarse la llamada Guerra Fría entre la URSS y Estados Unidos, el osado presidente inventó la llamada Tercera Posición; pretendía alejarse de las proyecciones hegemónicas de Estados Unidos, que metamorfoseaban la Unión Panamericana en la neocolonial Organización de Estados Americanos (OEA) e imponían el militarista Tratado Interamericano de Asistencia Recíproca (TIAR). En este, Perón logró al menos incluir a las Islas Malvinas, sin mencionarlas, debido al meridiano que se acordó para establecer el límite de las aguas bajo soberanía Argentina. Además, pretendía eliminar las inversiones foráneas en esta República, que entonces ascendían a más de dos mil seiscientos millones de dólares, de los cuales casi un 54% pertenecía a Inglaterra. Más tarde se nacionalizó el Banco Central, así como las compañías extranjeras de ferrocarriles, teléfono, gas, electricidad, elevadores de granos, puertos, transportes urbanos, seguros y reaseguros. También se impulsó la marina mercante nacional, se constituyeron las Aerolíneas Argentinas, y se creó el Instituto Argentino de Promoción e Intercambio (IAPI) encargado de orientar el comercio exterior mediante el control de las divisas, pues a los agropecuarios no se las entregaban en tanto a los industriales se las suministraban baratas.

La Declaración de Independencia Económica dada a conocer el 9 de julio de 1947 en Tucumán, entre otras cosas decía:

> …proclamamos frente al mundo la legitimidad de la Resolución tomada por el pueblo y los gobiernos de las provincias y territorios argentinos, de quebrar los lazos dominadores del capitalismo implantado en el país, y de recuperar sus derechos y autonomías propios, así como sus recursos económicos nacionales.[13]

Ella fue seguida por la emisión de otro texto aún más trascendente, la Constitución de 1949, algunos de cuyos acápites planteaban conceptos referentes a la función social de la propiedad, el capital y la actividad económica; asimismo, varios de sus capítulos hablaban de la obligatoria propiedad estatal en los servicios públicos, las fuentes de energía y los yacimientos minerales.

Mientras la economía se reordenaba acorde con esos preceptos nacionalistas, los problemas sociales se abordaban según los lineamientos trazados por la muy sensible e inmensamente popular Eva Duarte de Perón, aclamada por casi todos sencillamente como Evita.

En Argentina, finalizó el Primer Plan de Desarrollo Económico gubernamental durante el año 1951, cuando culminó el proceso de sustitución de importaciones, al producir las industrias del país todos los bienes de consumo necesarios. Pero este gigantesco logro pronto se convirtió en una enorme dificultad, pues la demanda solvente se había saturado con los productos autóctonos, y resultaba imposible ampliarla con mayores salarios ya que los trabajadores percibían el 60% del PBN. Se tenía que transitar, por lo tanto, a la exportación de dichas manufacturas criollas o hacia el desarrollo de la industria pesada. Y dado que vender en el extranjero era más difícil que impulsar el sector I de la economía, Perón decidió esto último, pues además, soñaba con alcanzar una completa autonomía económica. Tampoco se podían incentivar las exportaciones agropecuarias, ya que debido a su política exterior independiente, Argentina había sido excluida por Estados Unidos de las compras del Plan Marshall, cuyos productos alimenticios saturaban el mercado internacional. Esto se vinculó con una merma de la productividad en dicho sector, pues la burguesía latifundista descontenta con los precios de venta al IAPI, no se esforzó por mantener el rendimiento de sus tierras. De esa manera, cosechas menores recibían en el exterior precios más bajos, lo cual frustró la posibilidad de financiar con recursos propios la industria pesada argentina.

Muerte de Evita y decadencia gubernamental

Con el propósito de brindar a la burguesía industrial un mercado más amplio, el gobierno de Perón lanzó una política latinoamericanista tendente a unir la economía de Argentina con la de los países vecinos. Pero esos intentos fracasaron debido a la oposición de Estados Unidos. El régimen se vio entonces en una situación muy difícil, pues carecía de divisas, faltaba el petróleo, decaía el comercio exterior, no había créditos internacionales, se incrementaba la corrupción, florecía el peculado.

Temeroso de perder popularidad tras el fallecimiento en 1952 de la idolatrada Evita, cuyos apasionados discursos antioligárquicos provocaran el delirio de las masas, el reelecto Perón se apoyó crecientemente en la pequeña burguesía, así como en sectores del proletariado. Por eso, el gobierno trató de impedir que los incipientes monopolios argentinos —que en 1954 ya controlaban el 20% de la producción industrial— arruinaran a sus débiles contrincantes o se empeñaran en compensar la caída de sus ganancias mediante una mayor intensidad en la explotación de la fuerza de trabajo asalariada. Con ese objetivo se impusieron controles de precios y salarios, a la vez que se buscaron nuevas posibilidades al comercio exterior argentino en los países socialistas. Así, a finales de 1953, se firmó con la Unión Soviética un importante convenio mercantil y de pagos, ventajoso para ambas partes. Después, ese enorme país otorgó un crédito a Argentina para adquirir equipos con los cuales perforar o explotar nuevos yacimientos petrolíferos. El ascenso de dichas relaciones fue tan rápido, que ya en 1955 el 9% del comercio internacional argentino se realizaba con empresas soviéticas.

Pero en lo interno, Perón se negaba a tomar medidas profundas que alterasen de manera sustancial la correlación de fuerzas entre las distintas clases y sectores sociales en pugna. En esa dificilísima encrucijada, el angustiado presidente decidió mejorar sus relaciones con Estados Unidos. Por ello inició conversaciones con la California Oil, mientras emitía para las inversiones extranjeras otro tipo de reglamentación, a partir de la cual las empresas foráneas podrían repatriar hasta el 8% de sus utilidades anuales. Esta nueva política no satisfizo a nadie: la oligarquía agroexportadora liberal, así como los emergentes monopolios argentinos aglutinados en la derecha justicialista consideraron insuficientes esas medidas, en tanto los obreros, así como la pequeña burguesía no solo las consideraron excesivas, sino que pidieron al régimen su radicalización.

Perdido el equilibrio sociopolítico de la sociedad, Perón solo atinó a desatar una violenta campaña anticlerical con la ilusión de frenar una mayor polarización entre las tendencias en conflicto. Con tal objetivo, en 1955, abolió las exenciones tributarias a las propiedades eclesiásticas, estableció el divorcio, reimpuso la enseñanza laica en las escuelas públicas, anunció la separación de la Iglesia y el Estado. En revancha, los sectores más reaccionarios de las Fuerzas Armadas dispusieron que la Aeronaval bombardeara al mediodía del 16 de junio la Casa Rosada, residencia presidencial. A pesar del elevado número de víctimas que dicho ataque provocó, no hubo una decisiva respuesta gubernamental, lo cual envalentonó a la oposición y desorientó a los peronistas. De estos, los más decididos retomaron entonces la denominación que Evita les diera como descamisados y, dispuestos a hacer algo, se lanzaron a una inútil quema de iglesias y clubes aristocráticos. Por su parte, la Confederación General de Trabajadores, muy influida por la contigua y victoriosa Revolución Boliviana, que había armado a los proletarios organizados en batallones, sugirió el 8 de agosto que se formaran milicias obreras para defender al *justicialismo*.

Entre la perspectiva de movilizar a las masas, o doblegarse ante la oligarquía y el imperialismo, Perón no escogió. Eludió la disyuntiva. Era nacionalista, pero no deseaba que se realizara un proceso revolucionario, lo cual sería la consecuencia lógica de armar a los humildes y desposeídos. Y esa era la única vía existente para vencer los ulteriores levantamientos militares, los cuales sabía que la reacción preparaba en alianza con Estados Unidos. Por ello, optó por el exilio, en espera de un posible retorno al poder.

En Argentina, como en México y Brasil, el proceso de sustitución de bienes de consumo importados por otros producidos nacionalmente, culminó a principios de la década del cincuenta. Entonces, los logros de la burguesía nacional empezaron a trocarse en dificultades, pues la demanda solvente estaba saturada en el mercado interno. A su vez, la caída de los precios mundiales de las exportaciones latinoamericanas provocó en el subcontinente, en solo seis años a partir de 1951, un déficit de treinta y cinco mil millones de dólares a favor de Estados Unidos. Esto frustró la posibilidad de desarrollar la industria pesada con los exclusivos recursos financieros internos de cualquier país de la región.

A partir de entonces, la competencia entre los capitalistas de cada República se incrementó. Numerosos pequeños y medianos productores quebraron, y se aceleró el proceso que centralizaba las riquezas y concentraba la producción. Con el objetivo de retrasar la ruina de los más débiles fabricantes, algunos regímenes nacionalistas promovieron tratados de unión económica con los Estados vecinos. Pensaban retardar las consecuencias de las inexorables leyes económicas, al ampliar las fronteras a sus producciones. Brasil, por ejemplo, firmó un acuerdo con Perú. Argentina, varios, que abarcaron a Chile, Paraguay, Bolivia y Uruguay. México, en contraste, se esforzó por aprovechar las consecuencias de la reforma agraria que había incorporado a nuevos sectores sociales al consumo, aunque miraba con interés las posibilidades de vincularse con Centroamérica. Sin embargo, los gobiernos que respondían a la burguesía nacional pronto descubrieron que ir más allá del territorio propio resultaba una tarea muy difícil: los capitales latinoamericanos no podían competir con los consorcios imperialistas, que hacía tiempo dominaban la mayoría de los mercados del subcontinente.

Los cambios estructurales en la producción condicionaron la creciente importancia de las grandes empresas, que a su vez empezaron a obtener superganancias, lo cual enfatizó la concentración del capital. Al mismo tiempo, los proyectos de ampliar las industrias requirieron tales magnitudes de inversión, que con frecuencia ni los más poderosos burgueses alcanzaban a tener semejante cantidad de dinero; resultaba imprescindible centralizar mayores capitales aún. La necesidad de atraer recursos ajenos hizo que se fundaran compañías anónimas, y que se recurriera al sistema crediticio dominado por unos cuantos bancos. Además de la venta de acciones, el carácter sistemático y permanente de los vínculos con determinadas firmas bancarias, proporcionó sensibles ventajas a los grandes industriales y les garantizó amplio financiamiento a largo plazo. Los bancos, a cambio, enviaron sus representantes a los órganos de dirección de las entidades industriales con las cuales se relacionaban. La fusión del capital bancario con el industrial provocó que unas pocas compañías empezaran a controlar gran parte de las inversiones en las principales ramas, con lo cual comenzó a eliminarse la libre competencia. En los países latinoamericanos de mayor avance capitalista, se inició así el surgimiento de los monopolios criollos, debido a la pujanza de los más poderosos integrantes de la antigua burguesía nacional, que desaparecía al transformarse aquellos en monopolistas. Pero en América Latina, a diferencia de lo sucedido en las naciones imperialistas, el crecimiento de la industria se había producido de manera preponderante en el Sector II, dedicado a los bienes de consumo. Los empeños por hacer brotar fábricas de medios de producción solo habían alcanzado relativo éxito; los problemas de tecnología y financiamiento representaban valladares casi insuperables, pues la industria pesada exigía enormes inversiones —la parte de las materias primas, así como el papel de las instalaciones y equipos de alto precio, era muy importante—, con una rotación de capital muy lenta.

A fin de continuar su proceso de crecimiento, los monopolios criollos anhelaban asociarse con las transnacionales y obtener de esa manera financiamiento, medios de producción con tecnología moderna, y posibilidades de vender en otros mercados; los nacionales resultaban ya demasiado constreñidos. Los monopolios criollos retiraron entonces su respaldo a los gobiernos nacionalistas burgueses, que periclitaron.

Así, en México, el Partido de la Revolución Mexicana se metamorfoseó en el moderado Partido Revolucionario Institucional, que de 1952 en adelante comenzó a favorecer la tendencia monopolista. En Brasil, tras el suicidio de Vargas, el sustituto en la presidencia abrió el país a los capitales extranjeros. En Argentina, Perón aceptó en 1955 su deposición, y desde lejos observó cómo el nuevo gobierno se convertía en miembro preterido del Fondo Monetario Internacional, se adhería a los Convenios de Bretton Woods y comenzaba a liberalizar la economía.

6. Frustrados procesos democrático-burgueses

En América Latina, la nueva estrategia acordada en la Segunda Conferencia de los Comunistas del subcontinente, avalada por el Séptimo Congreso de la Tercera Internacional, tuvo importantes consecuencias. Así, en Cuba, dos prestigiosos intelectuales miembros de dicha militancia, Carlos Rafael Rodríguez y Juan Marinello, integraron el Gabinete de Batista como ministros sin cartera.

En Chile, también la mencionada y novedosa orientación de los marxista-leninistas propició el surgimiento, en 1937, de un Frente Popular. Estaba integrado por el Partido Comunista, el Socialista, recién fundado por Marmaduke Grove, y el renovado Radical. Dicha alianza se proponía acudir a los comicios presidenciales del año siguiente con la candidatura de un prestigioso militante del *radicalismo*: Pedro Aguirre Cerdá. Este ganó las elecciones con algo más de la mitad de los votos y formó su Gabinete con destacadas figuras, como el joven socialista Salvador Allende Gossens, nombrado ministro de Salud Pública. Durante su gobierno, se multiplicó la asistencia social; se impulsó la industrialización del país; se desarrolló el capitalismo de Estado mediante la Corporación de Fomento (CORFO), que se impuso en rubros como el petróleo, la metalurgia y la electricidad. A la vez, en el campo se eliminaron las formas semifeudales de explotación, se generalizaron los sistemas de riego, se fomentaron nuevos cultivos como el de la remolacha, se introdujeron tractores. Pero el presidente Aguirre Cerdá falleció inesperadamente, el 25 de noviembre de 1941. Entonces, se deshizo el Frente Popular estructurado alrededor de su figura, lo cual facilitó que en los siguientes comicios presidenciales triunfara un aspirante moderado, quien disfrutaba del respaldo de los latifundistas.

Bloque de la Victoria y guerra civil en Costa Rica

Los escasos progresos alcanzados durante la efímera existencia de los gobiernos de coalición en Cuba y Chile, permiten comprender que en ningún país latinoamericano la influencia comunista entonces fue mayor que en Costa Rica. En efecto, en esta pequeña República centroamericana, durante la gran crisis cíclica del capitalismo iniciada en 1929, el gobierno duplicó el impuesto pagado por las exportaciones de banano, para el disgusto de la UFCO. También se permitió entonces, en junio de 1931, la organización del Partido Comunista, que representaba los intereses de los proletarios en las bananeras y en las incipientes industrias.

En 1933, un prestigioso expresidente, Ricardo Jiménez, retornó a la primera magistratura y se dispuso a combatir los restos de la Gran Depresión. Para ello profundizó el capitalismo de Estado al crear el Banco Internacional y el Instituto de Defensa del Café. Entre las funciones de estos se encontraba la de comercializar el café costarricense en el exterior. Dichas entidades adquirieron mucha importancia con motivo de la firma de un convenio de intercambio con Alemania, basado en giros y acuerdos de compensación que se cuantificaban mediante los Auskimark.[14] Pronto, el flujo mercantil en ambos sentidos se multiplicó; los alemanes compraban el 80% de la cosecha de cacao y el 40% de la de café. A cambio, Costa Rica recibía medios de producción que la burguesía nacional compraba, gracias a lo cual se fortaleció considerablemente y comenzó a buscar las vías para expresar sus intereses en la política. En contraste, los comunistas ya tenían dos diputados en el Congreso y dirigían exitosas huelgas contra la UFCO. Este monopolio, además, recibió entonces la negativa de Jiménez de otorgarle tierras en el litoral del

Pacífico; dicho consorcio las reclamaba con el pretexto de que los suelos de sus predios caribeños estaban agotados.

En un nuevo cuatrienio presidencial, el mandatario mantuvo la orientación de su predecesor hasta 1938, cuando los prolegómenos de la Segunda Guerra Mundial hicieron cesar los notables nexos comerciales con el Tercer Reich alemán. A partir de ese momento, el gobierno costarricense alteró su política: se permitió a la UFCO extenderse a las costas del Pacífico, se reprimió al movimiento obrero y se introdujo el fraude en las urnas en perjuicio del partido de los proletarios. Con el propósito de parar esta ofensiva conservadora, la dirigencia de esa organización revolucionaria adelantó un programa electoral mínimo y de alianza con las fuerzas democráticas. Era un reflejo de la mencionada Segunda Conferencia Comunista, que había tenido lugar en Montevideo durante el mes de octubre de 1934.

Ricardo Jiménez, otra vez candidato a la presidencia por el Partido Republicano Nacional (PRN), aceptó en principio la proposición de los comunistas. Pero recibió tantas críticas de sus correligionarios y del propio primer magistrado, que abandonó sus empeños y se retiró de la campaña, lo cual fue un triunfo para la reacción. Rafael Calderón Guardia, quien dirigía la tendencia social-cristiana auspiciada por la burguesía nacional en el seno del PRN, resultó el vencedor en los comicios de 1940. Durante los dos primeros años de su mandato, este hábil político derogó las leyes anticlericales de 1884 y 1894; declaró la guerra a las potencias fascistas; congeló alquileres y arrendamientos; practicó el intervencionismo estatal en la economía por medio de la regulación de algunos precios; impulsó las obras públicas; modernizó el sistema fiscal impositivo; creó la Universidad de Costa Rica; organizó el Crédito Rural destinado a los pequeños y medianos propietarios; prometió habitaciones para las masas citadinas; estructuró la Seguridad Social, que daba garantía a los trabajadores contra los riesgos vinculados con las enfermedades, la maternidad o la invalidez y la vejez, así como frente al desempleo involuntario. Estas medidas fueron suficientes para que todos los grupos conservadores, dentro o fuera del PRN, se opusieran a su gestión y llegaran, incluso, a planear expulsarlo de inmediato del poder. En esas circunstancias, el Partido Comunista adoptó la audaz decisión de brindarle a Calderón su apoyo, si se comprometía a profundizar las reformas sociales mediante un relevante programa transformador que fuese democrático, aunque burgués. El presidente de la República aceptó, pero a la vez buscó el respaldo activo de la Iglesia católica, que se lo brindó por medio de su primera figura en el país. Después, se produjo un encuentro entre las tres partes. Entonces, el Partido Comunista acordó metamorfosearse, para adquirir características programáticas que no resaltaran las diferencias filosófico-ideológicas entre cristianos y marxista-leninistas. Surgió así Vanguardia Popular (VP) en junio de 1943, abierta a militantes católicos y comunistas. De esa manera, se pudo aprobar una reforma constitucional que plasmaba los principios de garantías sociales, control estatal sobre la economía, el derecho de todos al trabajo, cooperativas, salarios mínimos, sindicalización generalizada. También se aprobó la llamada Ley de Parásitos, que autorizaba al Estado, mediante una indemnización a los antiguos dueños, a ocupar las tierras incultas para luego distribuirlas. Todo culminó en la conformación del Bloque de la Victoria, en el cual se aliaron el PRN y el VP. Pero no todos veían con simpatía esta nueva fuerza electoral. Dentro del propio Partido Republicano, hubo quienes rechazaron esa política y se escindieron para fundar al Partido Democrático bajo los viejos postulados liberales.

En las elecciones de 1944, Teodoro Picado, exministro de Educación de Jiménez, ganó la presidencia por amplio margen. Desde la primera magistratura, el nuevo mandatario estableció la Tesorería Nacional, una Junta Central sobre el comercio, impuestos sobre la renta, Juntas Rurales de Crédito con el propósito de beneficiar a la pequeña burguesía. También auspició el desarrollo de las cooperativas agrícolas e industriales, dirigidas a incorporar a campesinos y artesanos, respectivamente. Asimismo, se construyeron viviendas baratas para los obreros y se repartieron algunas tierras a los campesinos pobres.

Durante el cuatrienio de Picado, en Costa Rica había tres fuerzas opositoras fundamentales: el conservador Partido Unión Nacional (PUN), el Partido Demócrata y el Partido Socialdemócrata. Este había surgido en 1945 gracias al respaldo de grupos pertenecientes a los pequeños y medianos propietarios, dirigidos por José Figueres, quien deseaba derrocar al régimen «caldero-comunista». Estas organizaciones antigubernamentales se aliaron en el Movimiento de Compactación Nacional, con la esperanza de vencer al Bloque de la Victoria en los comicios parciales de 1946. Pero aunque la votación favorable a este mermó, aún arrasó en las urnas. Entonces, Figueres y otros más pensaron en la lucha armada para ocupar el poder.

El Bloque de la Victoria anunció en febrero de 1947 que Rafael Calderón Guardia sería de nuevo su candidato presidencial en las elecciones del año siguiente, con una plataforma centrada en la promesa de realizar una reforma agraria. En su contra, la oposición legal unida apoyó al candidato del PUN, mientras paralelamente se producía un incremento de la violencia terrorista, cuya cúspide se alcanzó durante el *lockout* o huelga patronal iniciada el 19 de julio. El presidente Picado se atemorizó y, para congraciarse con sus opositores, creó un Tribunal Electoral en parte controlado por Compactación y colocó bajo aquel a la Policía Nacional. De esa forma, cesó el 3 de agosto el ilegal paro promovido por los grandes propietarios, tras colocar al gobierno a la defensiva.

Los comicios generales se celebraron el 8 de febrero de 1948. Esa misma noche, el Tribunal Electoral proclamó vencedor al candidato opositor. Y al día siguiente, un gigantesco incendio devoró buena porción de los documentos acumulados en la sede de la judicatura. Calderón clamó que había fraude y estableció un recurso ante el referido Tribunal Electoral, que fue incapaz de tomar decisión alguna y transfirió el problema al Congreso Nacional. Al mismo tiempo, más de veinte mil ciudadanos estremecían las calles de San José al grito de «¡Queremos votar!». Los manifestantes afirmaban que se les había negado cédulas y por ello no habían podido ejercer sus derechos electorales. El Congreso de Costa Rica anuló las elecciones presidenciales el primero de marzo, pero ratificó las de los diputados al poder legislativo, que daban mayoría al Bloque de la Victoria. Diez días más tarde, los conservadores se sublevaron en las montañas del sur. ¡Era la oportunidad que esperaba Figueres, quien llamó a fundar una Segunda República!

Ante la rebelión conservadora, las tradicionales Fuerzas Armadas costarricenses cayeron en el inmovilismo, en tanto el Ejército de Liberación Nacional (ELN), organizado por Figueres con restos de la Legión del Caribe, ocupaba Puerto Limón el 11 de abril. Entonces, Vanguardia Popular llamó al pueblo a defender el gobierno, consciente de que peligraba la supervivencia de las reformas sociales alcanzadas, en caso de triunfar la oposición. Los primeros en responder fueron los trabajadores, quienes dirigidos por los comunistas en las bananeras, estructuraron un batallón, mientras creaban milicias populares en la capital. Por su parte, el presidente Picado solicitó al tirano Somoza que lo respaldara, lo cual este hizo al ocupar con su Ejército parte del territorio costarricense. La renuncia de Picado a la presidencia dejó solos a los comunistas en la defensa de San José, rodeada por las fuerzas de Figueres. Pero tanto él como aquellos, comprendían que el peligro mayor para el país provenía de Somoza y un posible triunfo de los conservadores en rebeldía. Por eso, ambas fuerzas acordaron firmar un Pacto. Este acordaba que los elementos populares entregarían las armas y respaldarían al ELN en su enfrentamiento a los enemigos comunes a cambio de que Figueres se comprometiera a respetar todos los derechos de los trabajadores y a profundizar el proceso de reformas. Terminaba así una guerra civil que había costado al país dos mil vidas en cuarenta días de duración.

Una Junta de Gobierno presidida por Figueres se instituyó en Costa Rica, la cual logró la retirada de las tropas de Somoza y la rendición del bando conservador; disolvió las Fuerzas Armadas tradicionales; otorgó derecho al voto a las mujeres; negoció con la UFCO para elevarle los impuestos a sus ganancias a cambio de no realizar la reforma agraria; nacionalizó la banca y prohibió el Partido Vanguardia Popular. Empezaba la Segunda República.

Década democrática en Guatemala

Guatemala, al iniciarse la crisis de 1929, se caracterizaba por una economía agraria en la cual trabajaba el 80% de su población, cuyo origen era maya y vivía en los campos. Nueve décimas partes de ese porcentaje aglutinaba a quienes hablaban diferentes dialectos, tales como: quiché, 35,5%; mam, 17,6; cakchiquel, 16,8; kecchí, 13,2; canjobal, 4,1; pocomchi, 3,7; además de otros grupos de magnitud más pequeña, entre los cuales sobresalían achíes, ixiles, chujes y algunos aún menores, pues solo uno de cada diez habitantes de las zonas rurales podía ser considerado mestizo o ladino.

En la República, la propiedad territorial estaba distribuida muy desigualmente, pues la mitad del campesinado no poseía tierras y el 76% de los que algo tenían, ocupaba nada más que el 10% del suelo cultivable. Mientras, el 2,2% de los propietarios controlaba el 70% de la superficie del país. ¡Y ninguno de ellos alcanzaba la importancia de la United Fruit Company, que por sí sola acaparaba el 15% de los fértiles campos guatemaltecos y ni siquiera la mitad de estos se encontraba en producción!

La relativa normalidad del país empezó a desaparecer a partir del inicio de la referida debacle cíclica de la economía, cuando los ingresos del país se desplomaron hasta el 40% de sus niveles tradicionales. Para enfrentar la creciente desesperación de los humildes y explotados, la oligarquía y la United Fruit Company auspiciaron la toma del gobierno por el severo general Jorge Ubico en febrero de 1931, quien de inmediato impuso un extraordinario terror e hizo asesinar a la mayoría de los comunistas. También el régimen autorizó a los grandes dueños para que dieran muerte a quienes sin permiso se encontraran dentro de sus propiedades, con el objetivo de evitar que los campesinos sembraran cultivos de subsistencia en las tierras cafetaleras temporalmente en desuso.

En contraste, a la UFCO, que realizaba con sus bananos la cuarta parte del total de las exportaciones, se le permitió extender sus plantaciones a la zona del Pacífico pues aducía el agotamiento de sus tierras ubicadas hacia la Costa Atlántica.

El deterioro generalizado de todos los aspectos de la vida en esta sociedad, indujo a elementos de avanzada de la pequeña burguesía a conspirar, hasta que fueron descubiertos en 1940. Esto alarmó en grado superlativo a Ubico, quien dispuso el fusilamiento del prestigioso profesor universitario Carlos Marín y del renombrado coronel Pedro Montenegro, los más descollantes opositores apresados, cuya insólita ejecución creó un abismo entre el gobierno y la ciudadanía.

La aparición de las primeras organizaciones estudiantiles en 1942, reflejó el ascenso de un nuevo núcleo impulsor de la rebeldía, pues a partir de la Juventud Médica y la de Derecho, dirigidas por Julio César Méndez Montenegro, José Fortuni, Manuel Galich y Alfonso Marroquín, se forjó luego la Asociación Estudiantil Universitaria, que desde ese momento encabezó el sector más efervescente de la lucha antigubernamental. Poco después, los estertores del régimen comenzaron, al transformarse en la ciudad de Guatemala un paro estudiantil en impresionante huelga general en junio de 1944.

El 1ro. de julio, Ubico renunció al poder a favor de una Junta Militar encabezada por el general Federico Ponce, quien llamó a elecciones en las cuales deseaba fungir como candidato del Partido Liberal. En tanto, el recién creado Frente Popular Libertador, auspiciado por los estudiantes, respaldaba al exiliado profesor Juan José Arévalo. Pero al constatarse el masivo apoyo brindado a su rival, Ponce retornó a los represivos métodos de su predecesor, en contra de lo cual estalló otra huelga general el 16 de octubre. Y a los cuatro días, una sublevación organizada por el honesto capitán Jacobo Arbenz y el oportunista mayor Francisco Javier Arana, puso definitivamente fin al régimen dictatorial. Después, se creó una Junta Revolucionaria con ambos oficiales y el civil Jorge Toriello, que pasó a retiro a todos los generales y abolió dicho rango, tras lo cual celebró elecciones a la presidencia y a una Asamblea Constituyente en noviembre.

El 3 de marzo de 1945, fue aprobada la nueva Constitución, que otorgaba el voto a todos los hombres y a las pocas mujeres alfabetizadas de Guatemala, y a la vez planteaba libertad de prensa, expresión y partidos políticos; endilgaba ingenuamente una función social a la propiedad privada; permitía las expropiaciones en beneficio público; prohibía los latifundios. Pero el recién elegido presidente Arévalo nunca propuso al Congreso ley de reforma agraria alguna, ni reconoció a la Confederación Nacional Campesina, pues aducía que el problema de quienes la integraban era político-psicológico y no vinculado con la propiedad de la tierra. No obstante, su gobierno tuvo éxito en la consolidación de las llamadas *fincas nacionales*, que en algunos casos representaba una variante agrícola del capitalismo de Estado; estas plantaciones expropiadas a los alemanes durante la Segunda Guerra Mundial adquirían ese carácter, cuando en ellas se imponía la gestión gubernamental, pero su estatus era otro en los casos en que se arrendaran a particulares o, incluso, a cooperativistas.

En el aspecto latinoamericano, Arévalo auspició el surgimiento de una fuerza militar para luchar contra los regímenes de Somoza y Trujillo, que se denominó Legión del Caribe.

Durante su sexenio presidencial, el gobierno empleó la tercera parte de sus gastos en la construcción de hospitales, viviendas y escuelas; aprobó un código de trabajo que incluía jornada de ocho horas, el derecho de huelga y sindicalización, descanso retribuido, vacaciones pagadas, indemnización por despido injustificado, contratos obrero-patronales obligatorios, salario mínimo, igual paga por semejante trabajo. También para los asalariados urbanos se creó el Instituto de Seguro Social y se permitió el surgimiento de la Central de Trabajadores de Guatemala (CTG), la cual, sin embargo, no disponía de mucho proletariado para organizar: el país solo contaba con los 55 000 obreros ferroviarios de la Internacional Railways of Central America (IRCA), más los 15 000 de las plantaciones de la UFCO, y con los que laboraban en los muelles de la Flota Blanca. Además de estos, apenas podían contarse unos escasos miles de asalariados que devengaban sus jornales en unas pocas manufacturas de textiles, alimentos y cervezas. No obstante, existía un abundante artesanado susceptible de ser sindicalizado.

A pesar de sus declaraciones anticomunistas,[15] Arévalo tuvo problemas con el imperialismo norteamericano, el cual se negaba a aceptar su Decreto 649 que implantaba el control nacional sobre las concesiones de petróleo otorgadas previamente a empresas extranjeras. Asimismo tuvo roces con la UFCO debido a su respaldo a los obreros cuando estalló un grave conflicto laboral en las bananeras. Por eso, el ya coronel Francisco Javier Arana, secretamente financiado por el referido monopolio frutero, se sublevó el 18 de julio de 1949. Pero fue derrotado y muerto.

Arévalo puso su mayor empeño en impulsar el fortalecimiento de una burguesía industrial, para la cual instituyó el Banco Nacional y un Instituto de Fomento a la Producción, que incentivaban el desarrollo de los negocios privados comprometidos con la diversificación económica, mediante la utilización de recursos guatemaltecos. En dicho sentido estuvieron también orientados sus esfuerzos por lograr que la Electric Bond and Share y la IRCA disminuyeran las tarifas cobradas a los empresarios criollos, pues así ellos podrían abaratar sus costos de producción y venta.

En un caldeado ambiente político, Guatemala se preparó para celebrar nuevos comicios presidenciales, caracterizados por el fraccionamiento electoral. En efecto, al comenzar 1950, la CTG se había manifestado a favor de Jacobo Arbenz, candidato del recién fundado Partido Acción Revolucionaria, en cuyo seno existían núcleos marxista-leninistas. A su vez, el Frente Popular Libertador estaba dividido en dos tendencias: la de izquierda, dirigida por el secretario general de esa organización, Manuel Galich; y la moderada, que respaldaba las aspiraciones de Víctor Giordani. Como ninguno de estos tres aspirantes representaba a la reacción, la oligarquía y el imperialismo recurrieron entonces a un émulo de Arana, el también aventurero y coronel Carlos Castillo Armas, quien se sublevó el 5 de noviembre de 1950. Pero fue derrotado, aunque salvó la vida. Luego, la derecha sufrió otro golpe, pues Galich renunció a ser candidato y urgió a sus simpatizantes a votar a favor de Arbenz, cuya campaña hacía énfasis en un desarrollo económico que beneficiara a las grandes mayorías. Así, este ganó con dos tercios de los votos.

Desde un principio, el nuevo presidente dejó constancia de sus proyecciones revolucionarias: el 4 de abril de 1951 permitió la formación del Partido Comunista, que pronto devino en Guatemalteco del Trabajo; rechazó la exigencia de la OEA de enviar tropas a la Guerra de Corea; empezó a erigir la hidroeléctrica de Jurún-Marinalá, para romper el monopolio de la Electric Bond and Share; comenzó una carretera del Atlántico al Pacífico, con el propósito de quebrar el dominio de la IRCA sobre el transporte; inauguró los trabajos para habilitar la bahía de Santo Tomás, que desafiaría las instalaciones de la UFCO en Puerto Barrios. Pero sin lugar a dudas que la medida más importante fue la Ley de reforma agraria del 17 de julio de 1952, o Decreto 900, que disponía la expropiación, mediante el pago en bonos a largo plazo, de todas las tierras no cultivadas, así como las arrendadas por los terratenientes bajo principios no capitalistas. Todos esos predios, así como los de propiedad estatal, se distribuirían entre los campesinos sin tierra, quienes serían financiados por un nuevo Banco Agrario Nacional. De esta manera, la transformación de la propiedad rural se convirtió en el pilar de lo que en Guatemala se conocía como La Revolución de Octubre.

Desde entonces se expropiaron a la UFCO decenas de miles de hectáreas, se inauguró el puerto de Santo Tomás, se avanzó mucho en la construcción de la referida hidroeléctrica, y cuando se produjeron graves conflictos laborales en la Electric Bond and Share Company y en la IRCA, se dispuso la intervención o gestión gubernamental de ambos consorcios.

La réplica imperialista no se hizo esperar y, el 29 de marzo de 1953, tuvo lugar un levantamiento derechista en el cuartel de Sololá. Pero la precipitada acción fue derrotada.

Los acontecimientos de 1954 se iniciaron de manera dramática, pues en enero, el gobierno de Guatemala presentó las irrebatibles pruebas de la conjura de la CIA en su contra. Se demostró que de acuerdo con el tirano Somoza y el presidente de turno en Honduras, el imperialismo entregaba a Carlos Castillo Armas medio millón de dólares mensuales en dinero, elementos bélicos y abastecimientos, con cuyos recursos organizaba el autotitulado Ejército de Liberación que debería destruir el proceso revolucionario.

Estados Unidos, por su parte, lograba que la X Conferencia Interamericana emitiera una resolución anticomunista —con los votos adversos de Argentina y México—, cuyo propósito era condenar a muerte al régimen de Arbenz. Su texto decía:

Concepciones revolucionarias y nacionalismo burgués   **285**

La dominación o control de las instituciones políticas de cualquier Estado americano por el movimiento comunista internacional, extendiendo a este hemisferio el sistema político de una potencia extracontinental, constituiría una amenaza a la soberanía e independencia política de los Estados americanos, haciendo peligrar la paz en América y suscitaría un encuentro de consulta para considerar la adopción de una política apropiada en acuerdo con los convenios vigentes.[16]

El proyecto imperialista empezó a hacerse realidad el 18 de junio, al comenzar la invasión mercenaria. Una semana después, los aviones suministrados por la CIA bombardearon la capital y otras ciudades. Entonces, el presidente deseó armar al pueblo, pero gran parte de la oficialidad se opuso y, además, exigió que los elementos más revolucionarios fuesen expulsados del gobierno.

Se pagaba así el trágico precio de no haber depurado en su momento las Fuerzas Armadas ni haber eliminado la opresión cultural sufrida por las tribus mayas. En esas aciagas circunstancias, el 29 de junio de 1954, Jacobo Arbenz no encontró más solución que renunciar a la presidencia y marchar al exilio. Después, sobre Guatemala se desencadenó una desenfrenada represión.

Del «Bogotazo» a la guerra civil colombiana

En Colombia, la crisis cíclica mundial del capitalismo iniciada en 1929 paralizó la economía exportadora de café, lo cual originó protestas entre los obreros de las plantaciones y hasta algún levantamiento campesino en zonas muy afectadas como Tolima y Cundinamarca. En ese contexto, se fundó el Partido Comunista en 1930, cuyo llamado a formar sóviets de obreros, soldados y campesinos se vio eclipsado por el rápido ascenso de la popularidad del carismático Jorge Eliécer Gaitán; este caudillo de la Unión de Izquierda Revolucionaria (UNIR) desarrollaba entonces una apasionada defensa de los trabajadores bananeros. En ese mismo año, el liberal Enrique Olaya Herrera ganó los comicios como candidato de una alianza denominada Concentración Nacional, respaldada por la burguesía industrial y la pequeña burguesía. Una vez en el poder, el nuevo presidente legalizó los sindicatos, impuso aranceles proteccionistas, estableció el control de cambio monetario, decretó el embargo de oro. Pero al mismo tiempo, para reanimar la economía, suscribió empréstitos con la banca extranjera a la vez que entregaba el petróleo a consorcios foráneos. Sin embargo, el hecho más notable de su cuatrienio fue la guerra con Perú por el control del amazónico puerto Leticia, que mediante el Tratado de Paz firmado en Río de Janeiro el 24 de mayo de 1934 había quedado bajo soberanía colombiana. En ese ámbito de euforia nacional, en dicho año se produjo la arrolladora victoria electoral del liberal Pedro Alfonso López Pumarejo. Este, con su lema de «La Revolución en Marcha», por amplio margen derrotó a los candidatos de los partidos: comunista —el indígena Eutiquio Timoté— y, sobre todo, del conservador.

Desde el ejecutivo, el nuevo presidente decretó una reforma tributaria que incluía un progresivo impuesto sobre la renta, lo cual le permitió al Estado prescindir del financiamiento externo; se protegió la emergente industria nacional y se mejoraron los salarios, lo cual favoreció que la economía colombiana creciera al 11% anual durante un quinquenio. En 1936, se emitió una Constitución nueva que fortaleció el poder ejecutivo; introdujo la participación estatal y el intrusismo gubernamental en la economía; separó la Iglesia del Estado; puso límites a la propiedad y decretó su hipotética función social; legalizó la Confederación de Trabajadores de Colombia (CTC) y las huelgas; estableció la libertad de enseñanza y dispuso que la primaria fuese obligatoria y gratuita; impuso el sufragio universal. Pero tal vez la medida más trascendente de López Pumarejo haya sido su Decreto 200, mediante el cual atacaba el latifundio improductivo; dicho texto establecía que las tierras no trabajadas durante diez años pasaran al Estado y que las cultivadas en arriendo, monetario o en aparcería por un lustro, fuesen entregadas a quienes las habían puesto en producción. Este conjunto de medidas provocó la exasperación de la derecha liberal, que entonces se alió con los conservadores, encabezados por Laureano Gómez, quienes auspiciaron a partir de ese momento movimientos terroristas como los llamados Acción Intrépida y Los Leopardos. En ese contexto, Gaitán disolvió su UNIR y se reintegró en el Partido Liberal, cuya izquierda amalgamó.

Para los comicios de 1938, la derecha liberal, con el apoyo de los conservadores, impuso al moderado Eduardo Santos, dueño del importante periódico *El Tiempo*, quien derrotó al avanzado liberal Darío Echandía, candidato del Frente Popular avalado por los comunistas. Durante su presidencia, se creó el estatal Instituto de Fomento Industrial, para promover la sustitución de importaciones; el déficit de dichas mercancías durante la Segunda Guerra Mundial permitió que la industria colombiana continuara durante esos años su rápido desarrollo, lo cual multiplicó las filas del proletariado urbano. El apoyo de la clase obrera y los comunistas permitió a López Pumarejo ser reelecto a la presidencia en 1942. De nuevo en el ejecutivo, este legalizó la recién constituida Federación Campesina e Indígena que pronto se afilió a la CTC. Dicha autorización, que reflejaba los deseos de López Pumarejo por revitalizar la casi difunta Revolución en Marcha, irritó a la derecha, que el 10 de julio de ese año promovió un golpe de Estado castrense; en dicha fecha, un grupo de militares arrestó en la ciudad de Pasto al presidente. Pero su ministro, Darío Echandía de inmediato lo sustituyó y promovió el repudio popular a la asonada del Ejército, cuyos líderes entonces liberaron al apresado mandatario. De regreso al ejecutivo, López suspendió las sesiones del Congreso y dictó nuevos Decretos a favor de los obreros, como salarios mínimos, jornada laboral de ocho horas y contratos colectivos de trabajo. Sin embargo, el repuesto presidente no estructuró el amplio apoyo o simpatías que recibía en una fuerza política susceptible de mantenerlo en el cargo; dentro de las distintas instancias de poder —incluso, en su propio Gabinete—, fue siendo acorralado por sus opositores, hasta que, sin saber qué más hacer, renunció a la primera magistratura el 19 de julio de 1945. Entonces, dicho cargo fue ocupado por el moderado Alberto Lleras Camargo, ministro suyo. Este de inmediato desplegó una política de conciliación hacia la derecha, por lo cual incluyó en el gobierno a distintos miembros del Partido Conservador. Después, derogó buena parte de las medidas progresistas de su predecesor, sobre todo en lo concerniente a las mejoras para los asalariados. A su vez, estos fracasaron en sus empeños por derrocarlo mediante una huelga general en noviembre de ese año.

En las elecciones programadas para 1946, el Partido Liberal se presentó dividido: estaba de una parte el pro estadounidense Gabriel Turbay y de la otra Jorge Eliécer Gaitán, quien adelantó un avanzado, aunque burgués, programa democrático que planteaba la reforma agraria, capitalismo de Estado y mejoras para los sectores urbanos humildes. Dicha escisión en definitiva benefició al candidato del Partido Conservador, Mariano Ospina Pérez, gerente de la Federación Nacional de Cafeteros. Este acometió la tarea de refluir el ascenso de las masas urbanas y rurales, lo cual se llevó a cabo mediante el asesinato de quince mil personas en solo dos años. La cima del proceso de terror se alcanzó en abril de 1948, cuando en Bogotá se celebraba la Conferencia Panamericana encargada de constituir la Organización de Estados Americanos (OEA), y los dirigentes estudiantiles de toda América Latina protestaban allí por dicho evento. ¡Y en ese contexto, el 9 de abril, fue asesinado Gaitán!

El horrible crimen tuvo una espontánea y violentísima respuesta popular, cuya máxima expresión se alcanzó en la capital de la República. El *bogotazo* entró en la historia, como símbolo de la furia ciega y desesperación de las masas no conducidas por una vanguardia política hacia la revolución. Durante las heroicas jornadas de revuelta, el pueblo, a pesar de estar desorganizado, tomó el poder en la mayoría de los municipios y formó juntas locales de gobierno. Pero la desconcertada avalancha rebelde liberal carecía de una conducción decidida a transformar la estructura socioeconómica, que disfrutaban por igual los oligarcas de ambos partidos tradicionales. Los choques con frecuencia se convirtieron en feroces enfrentamientos por simples cuestiones de rótulos, sin poner en verdadero peligro la esencia de los intereses de los ricos y poderosos explotadores. Con el propósito de recuperar las posiciones perdidas, la represión conservadora fue extraordinariamente brutal en amplios territorios, lo cual condujo al fortalecimiento y proliferación de la autodefensa campesina, surgida en 1946. Se formaron así los primeros comandos. Eran pequeños grupos de campesinos bajo el mando de un caudillo liberal de la región, que en algún grado controlaba. La lucha guerrillera se fue haciendo indiscriminada por todo el país; muchos se alzaban con los liberales porque era la única manera de sobrevivir a la violencia gubernamental, combatida con altas dosis de igual procedimiento. A partir de 1950, el gobierno acentuó la política de «sangre y fuego en tierra arrasada» y, al año, los grandes propietarios de hatos ganaderos decidieron financiar la creación de fuerzas contraguerrilleras. De esa forma, la barbarie fue generalizada. Adquirió carácter devastador y se acentuó con la aparición de las llamadas «cuadrillas», integradas por víctimas de ambos bandos que a su vez se dedicaban al robo y el saqueo.

El Partido Comunista, que había proclamado en su último Congreso la política de *autodefensa de masas*, se esforzaba mucho por lograr que las guerrillas abandonaran su visión localista y sectaria de la lucha, con el propósito de forjarlas como una fuerza decisiva. A tal efecto, los destacamentos animados por dicha militancia colaboraron con eficacia en la realización de la Conferencia Nacional de Guerrilleros, efectuada en Boyacá en septiembre de 1952. En ella, dicho partido logró que se emitiera una plataforma destinada a vincular la lucha armada con la reforma agraria y con la conformación de gobiernos populares en las zonas controladas por las guerrillas. Pero estos acuerdos, en definitiva, solo fueron aplicados por los núcleos alzados más progresistas; los otros mantuvieron sus conocidos rasgos habituales.

La violencia puso en crisis al tradicional sistema oligárquico en Colombia; las inauditas bestialidades gubernamentales provocaron grandes migraciones hacia las ciudades, cuyo crecimiento fue descomunal y súbito, con todos los graves problemas sociales que de esto se desprende. También dicha corriente humana motivó la colonización espontánea de áreas como El Pato y Guayabero, en Meta; o Marquetalia, en Tolima.

El golpe de Estado militar del 13 de junio de 1953 revitalizó al sistema capitalista en Colombia, puesto al borde de la catástrofe por el salvajismo del gobierno conservador; la dictadura personal del general Gustavo Rojas Pinillas anunció el objetivo de poner término a la violencia, bajo el manto del apartidismo. Se salvaba al régimen social esgrimiendo propósitos que resultaban atractivos para las agobiadas masas, cuyas perspectivas eran nulas en la insensata lucha entre liberales y conservadores. Por eso, mientras algunos grupos alzados degeneraban hacia el bandidismo, la hábil práctica pacifista condujo a la desmovilización de casi cuatro mil guerrilleros en Los Llanos, aunque al poco tiempo cientos de antiguos alzados cayeron asesinados a manos de bandas paramilitares. Solo el movimiento guerrillero animado por los comunistas, al sur de Tolima, continuó la lucha; en dicha área esta se hizo, incluso, más aguda, porque contra los revolucionarios con frecuencia combatían claudicantes destacamentos liberales junto a las fuerzas del Ejército.

En 1954, el incumplimiento de las promesas gubernamentales auspició que muchos campesinos se organizaran en comités y sindicatos, sobre todo en la región de Villarrica. La relativa calma llegó a su fin cuando un grupo de estos, que realizaba una pacífica manifestación de protesta, fue masacrado el 12 de noviembre del propio año por soldados del Batallón Colombia, veterano de la Guerra de Corea. Cinco meses más tarde, múltiples zonas del país eran declaradas *áreas de operaciones militares*. Ese deterioro de la situación política colombiana disminuyó el prestigio del general-dictador, quien, además, irritó a la oligarquía con su empeño de formar un nuevo partido burgués a fin de romper el monopolio de los otros dos. El disgusto elitista se agudizó con la caída de los precios del café, lo cual paralizó la economía y acicateó las luchas reivindicativas de los sectores urbanos más expoliados. Entonces, las cúpulas liberal y conservadora se entendieron y firmaron en 1956 el llamado Pacto de Marzo, que establecía un proyecto conjunto para derribar el gobierno personalista. La huelga de mayo de 1957 dio al traste con el régimen, sustituido por una Junta Militar que pavimentó el camino para la estructuración del Frente Nacional. Mediante este duradero acuerdo entre ambos grupos de grandes explotadores, los dos partidos tradicionales decidieron alternarse en el ejercicio del poder y enfrentar la recuperación del movimiento guerrillero. Para alcanzar ese objetivo el presidente liberal electo, Alberto Lleras Camargo, constituyó una Comisión Nacional de Rehabilitación en 1958, que logró una *pacificación temporal*. Dicha tregua, sin embargo, a diferencia de la que se había alcanzado cinco años atrás, no conllevó al desarme de las guerrillas, en receso.

La Revolución Boliviana

En Bolivia, la gran crisis cíclica mundial del capitalismo iniciada en 1929, afectó sobre todo a quienes vivían en las ciudades o estaban vinculados con las actividades mineras. En esos años de depresión, el precio de la libra de estaño exportado, principal venta del país al extranjero, cayó a menos de la mitad de sus cotizaciones tradicionales. En ese contexto, el añejo problema de límites en la frontera boliviano-paraguaya fue acicateado por las ambiciones de las compañías petroleras extranjeras; la United States Standard Oil Company, asentada en Tarija y Santa Cruz, anhelaba exportar su crudo por las vías fluviales que desembocan en el Atlántico. Pero el gobierno de Asunción, presionado por la angloholandesa Royal Dutch Shell, implantada en Paraguay, se negó a permitir el paso a través de su territorio del petróleo extraído en el país vecino. Entonces en La Paz, el presidente Daniel Salamanca declaró la guerra a la contigua nación. A partir de ese momento, entre los aborígenes que trabajaban las minas del gélido altiplano, el Ejército realizó grandes levas con el propósito de enviarlos a combatir en el tórrido e inhóspito Chaco. Allí, las grandes operaciones bélicas comenzaron en 1932, aunque muy pronto se estancaron para dar lugar a una guerra de posiciones, en la que la lucha por el agua potable se convirtió en la principal motivación para los soldados de ambos bandos. Las batallas se desarrollaron durante tres años, con resultados cada vez más adversos para las tropas bolivianas, cuyo gobierno finalmente debió firmar un tratado de paz. En él se salvaba el petróleo de la Standard a cambio de reconocer la soberanía paraguaya sobre dos tercios del codiciado territorio. Sin embargo, Bolivia obtenía en el fluvial Puerto Suárez una salida propia para sus exportaciones hacia el Atlántico. Terminó así la terrible Guerra del Chaco, al costo de cincuenta mil paraguayos y setenta mil bolivianos muertos.

Durante las cruentas hostilidades, el oligárquico gobierno que respondía a *La Rosca*, aristocrática agrupación de las tres principales familias propietarias del estaño,[17] había tenido que alterar su tradicional práctica de selección elitista y reclutar a muchachos instruidos de extracción pequeñoburguesa para con urgencia formarlos como oficiales. Estos, después, engendraron fuertes sentimientos nacionalistas que los indujeron a inmiscuirse en la vida pública, debido a lo cual se aglutinaron en logias militares. La más influyente de ellas fue la Mariscal Santa Cruz, encabezada por el joven coronel Germán Busch, quien decidió tomar el poder a raíz

de una huelga general proclamada el 10 de mayo de 1936 por asociaciones proletarias clandestinas; a la semana, los miembros de la
referida logia colocaron en la presidencia al coronel David Toro, de
la misma generación y procedencia, y dieron por terminada la llamada República Liberal con su sistema de partidos aristocráticos.
Entonces, se limitaron algunos privilegios de la Standard, se constituyó el Partido Socialista de Gobierno (PSG), formado por militares
y civiles, y se decretaron insólitas medidas a favor de los obreros.
Estos aprovecharon dichas disposiciones, para estructurar las primeras organizaciones proletarias legales en agosto de 1936, que
pronto convocaron a un Congreso en el cual se instituyó la Confederación Sindical de Trabajadores de Bolivia. También al medio
año, Toro aprobó la creación de Yacimientos Petrolíferos Fiscales,
tras lo cual el 13 de marzo de 1937 emitió la Resolución Suprema.
Según su contenido, se entregaban a la novedosa empresa estatal
todas las propiedades del monopolio petrolero estadounidense,
es decir, treinta y un pozos del oro negro, dos destilerías y siete
millones de hectáreas. Pero el insuficiente desarrollo político del
presidente, lo llevó a diferenciar entre «buenos» y «malos» en la
alta burguesía propietaria de minas; se inclinó a favor del grupo
presidido por Carlos V. Aramayo, al que se le otorgaron cuotas
privilegiadas para exportar estaño y se le entregaron concesiones
auríferas en la región de Tipuanía. Ello disgustó a la dirigencia del
PSG, deseosa de afectar los incólumes intereses de La Rosca, por lo
cual orientó que Toro fuera sustituido por Germán Busch, considerado más radical. Este organizó en 1938 una Constituyente que lo
designó presidente con todas las formalidades y emitió una carta
magna nueva. En dicho texto se proclamaba al Estado dueño de las
riquezas naturales, se aludía a la función social de la propiedad, se
diseñaba un Código del Trabajo y se reconocía el derecho del campesinado aborigen a sus tradicionales tierras comunales. Más tarde,
Busch conformó un Banco Minero, encargado de proteger y fomen-

tar los pequeños yacimientos, en cuya dirección colocó a un joven civil llamado Víctor Paz Estenssoro. En ese clima de apertura democrática, en el escenario político surgieron dos agrupaciones más. La reaccionaria —a pesar de su denominación— Falange Socialista Boliviana, al servicio de los terratenientes, y el trotskista Partido Obrero Revolucionario (POR), encabezado por Tristán Marof. Sin embargo, el Congreso de la República, dominado por La Rosca, pronto se reanimó y comenzó a agrupar a su alrededor a toda la oposición al progresista régimen. Eso se concretó en leyes liberales concernientes a los impuestos y a las divisas, lo cual provocó la iracunda respuesta del presidente; este clausuró dicho órgano legislativo y dispuso la entrega al Estado de la moneda extranjera que se percibiera por la exportación de minerales, a la vez que imponía un férreo control fiscal sobre el comercio exterior. Así, la causa del progreso avanzaba hasta que, sorpresivamente, encontraron al audaz coronel, detentador de todos los poderes, muerto de un balazo dentro de su casa, el 23 de agosto de 1939. Esta «oportuna» y súbita muerte del máximo impulsor del incipiente proceso de cambios, aún mal estructurado, permitió que La Rosca recuperase el control del Estado gracias a la influencia que los mandos tradicionales aún tenían sobre el Ejército. Esto se evidenció cuando el general Carlos Quintanilla ocupó las funciones de su fallecido predecesor y, desde esa instancia, se dedicó a deshacer o cancelar las principales medidas que se habían adoptado.

En la oposición, los elementos recién desplazados de importantes puestos estatales comenzaron a reagruparse. Los civiles del PSG, al cabo de un trienio, constituyeron el llamado Movimiento Nacionalista Revolucionario (MNR), auspiciado por la pequeña burguesía; mientras paralelamente los militares se agrupaban en la logia Razón de Patria, más conocida por RADEPA. Estos, encabezados por el mayor Gualberto Villarroel, llevaron a cabo un golpe de Estado el 20 de diciembre de 1943, que situó a muchos militantes del MNR en posiciones gubernamentales clave. Pronto, Estados Unidos proclamó su enemistad hacia los nuevos gobernantes bolivianos y maniobró para que las Repúblicas latinoamericanas no les brindaran su reconocimiento diplomático. Entonces, Villarroel convocó a elecciones parlamentarias democráticas el 2 de julio de 1944, en las cuales el triunfo del MNR fue arrollador; de ese modo el nuevo Congreso pudo nombrar presidente al osado mayor. Pero la oligarquía respondió con una sublevación, que fue aplastada y sus cabecillas, entre los cuales estaban varios abogados de grandes compañías mineras, ejecutados sumariamente. Después, se constituyó la Federación Sindical de Trabajadores Mineros, encabezada por Juan Lechín; se creó el Ministerio de Trabajo y Previsión Social; se nombró a Víctor Paz Estenssoro ministro de Hacienda, para que implementase el primer Plan de Desarrollo Económico de Bolivia; se prohibieron los servicios personales o renta en trabajo de los campesinos a los terratenientes; se celebró un Primer Congreso Indígena. Luego, esas medidas fueron plasmadas en la flamante Constitución de 1945. Pero las acusaciones de nazi-fascistas lanzadas contra el nuevo régimen horadaron el apoyo de muchos elementos progresistas; fue así en el caso del autoproclamado marxista Partido de Izquierda Revolucionaria (PIR), opuesto a cualquier nacionalismo, que influía en algunos sectores proletarios. Y sucedió lo mismo con el POR, con incidencia en otros asalariados. Ambos, en 1946, se unieron con elementos aristocráticos en el mal llamado Frente Democrático Antifascista, respaldado por los tres periódicos oligárquicos. Se gestó de esa manera una poderosa y heterogénea coalición, que atacó al gobierno desde todos los ángulos: un grupo financiado por Aramayo se sublevó en junio, aunque fue derrotado; maestros y estudiantes fueron al paro, pero el Ejército los desplazó de su bastión en la Universidad; la Federación Obrera Sindical declaró en julio una huelga general, que pudo ser reprimida; los ricos se manifestaron por las calles de sus barrios y fueron dispersados a balazos, lo cual dejó un saldo de muertos y heridos. Hasta que las turbas, junto a algunas unidades militares, asaltaron el Palacio Presidencial el domingo 21 de diciembre. Allí Villarroel fue ametrallado y lanzado por el balcón, para luego ser arrastrado por las calles hasta ser colgado de un farol en la Plaza Murillo. Mientras, la mayoría de sus adeptos buscaban asilo en la Argentina de Perón.

Durante un sexenio, retornó al poder la oligarquía. Esta desató una generalizada represión que se incrementó a medida que se multiplicaban las protestas de los trabajadores, quienes con celeridad perdían sus recién adquiridas mejoras y derechos. En especial, los obreros de las minas vieron cómo se militarizaban los yacimientos. En respuesta, el MNR alentaba insurrecciones como la de agosto de 1949, que llegó a controlar las ciudades de Cochabamba, Potosí, Sucre, Vallegrande, Camiri y Santa Cruz. En ellas, se estableció una fugaz junta de gobierno que solo duró veinte días. Pero al mismo tiempo, los reiterados desaciertos de las dirigencias del POR y del PIR debilitaban al primero y escindían al segundo, cuya fracción de vanguardia fundó el Partido Comunista de Bolivia. En ese contexto, se celebraron elecciones en 1951, de las cuales emergieron Víctor Paz Estenssoro y su MNR como triunfadores, lo que no fue aceptado por el gobierno civil presidido por Mamerto Urriolagoitía, quien entregó el poder a una Junta Militar. Entonces, se produjo la rebelión del 9 de abril de 1952, llevada a cabo por los obreros de las minas, muchos de los cuales tenían conocimientos bélicos por ser veteranos de la Guerra del Chaco. Estos, encabezados por Juan Lechín, se estructuraron en milicias y derrotaron al Ejército en batallas como Papel Pampa y San José de Oruco. Después, a los rebeldes se les unieron integrantes del Cuerpo de Carabineros y juntos ocuparon La Paz luego de tres días de combate. Empezaba la Revolución Boliviana.

El 14 de abril, aterrizó un avión en la capital, proveniente de Argentina, pilotado por un joven oficial llamado René Barrientos. Traía a bordo a Víctor Paz Estenssoro, quien rodeado de obreros armados, recibió las insignias presidenciales. Luego, el MNR organizó una fuerza armada propia, integrada por milicias obreras, así como por los militares que se habían sumado a las filas del pueblo. Después, se dictaron leyes de beneficio social, tales como un aumento salarial del 40%, precios máximos para los productos de primera necesidad y congelación de alquileres. También el triunfo popular permitió alcanzar la anhelada unidad sindical; se creó un solo sindicato en cada fábrica o mina, una federación por rama industrial y una central única de trabajadores en la República: la Central Obrera Boliviana (COB). Esta poderosa organización clasista pronto exigió la nacionalización de la gran minería, que entonces fue estatizada. Más tarde, los mineros fueron a los campos para auspiciar la agitación revolucionaria; en muchas zonas rurales los indígenas aún sufrían la aparcería o eran siervos. Pero dicha incipiente efervescencia fue calmada en agosto de 1953, al emitirse una contradictoria Ley de reforma agraria; aunque se formaron entonces algunas cooperativas sobre la base de antiguas comunidades agrícolas, el proyecto básicamente se proponía distribuir pequeñas parcelas entre los desposeídos. Ni siquiera se afectaban las grandes propiedades cuyos dueños hubiesen invertido en ellas capitales. De esa forma, se creó un amplio sector de la población que tendió al autoconsumo, pues poco producía para el mercado y menos aún compraba en él.

El MNR, una vez eliminadas las reminiscencias feudales, expropiada la cúpula burguesa de la minería, establecido el voto universal, reconocida la existencia legal de los idiomas quechua y aymara, consideró terminadas las transformaciones. Entonces, se dedicó a contener la rebeldía obrera mientras mantenía su alianza con el vasto y dócil campesinado minifundista. También la cúpula de dicha fuerza política se enriqueció, aunque fuera mediante malversaciones o negocios sucios y peculado; anhelaba convertirse en burguesía propiamente dicha y, sobre todo, entenderse con Estados Unidos. A estos, dicho partido entregó una parte del petróleo nacionalizado hacía más de tres lustros, mientras a cambio recibía una subvención anual equivalente al 40% de los gastos del presupuesto boliviano. Y por presiones de ese país, votó en 1954 a favor de la resolución de la OEA que condenaba a muerte a la Guatemala de Arbenz.

Durante el siguiente cuatrienio presidencial —Hernán Siles Suazo (1956-1960)—, el gobierno del MNR aceptó las condiciones del Fondo Monetario Internacional al autorizar las inversiones extranjeras, cesar el control estatal sobre el comercio exterior y congelar los salarios de los proletarios. Entonces, la COB pasó a la oposición y desató grandes huelgas obreras, a lo cual el gobierno respondió con el desarme de los mineros, la construcción de un nuevo Ejército profesional y el fortalecimiento de las milicias campesinas. Después, se rompieron relaciones diplomáticas con la Revolución Cubana, rechazaron una oferta de ayuda soviética, se integraron a la Alianza para el Progreso y reprimieron a los obreros. En ese contexto, Víctor Paz Estenssoro fue reelecto, pero antes de cinco meses en la presidencia, fue separado de su cargo por el ya general René Barrientos, quien comandaba las reconstituidas Fuerzas Armadas, ocupó el poder en 1964 y, de inmediato, amplió su base política mediante fogosos discursos a las masas campesinas quechuaparlantes. Esta hábil política en poco tiempo le permitió forjar una alianza nueva, denominada Pacto Militar-Campesino. Este surgió mediante un acuerdo firmado en Ucureña, que establecía el compromiso de no permitir el ingreso de dirigentes comunistas en las regiones rurales a la vez que postulaba la defensa de valores tradicionales indígenas con el objetivo de desarrollar en dicha población sentimientos conservadores.

Notas

Capítulo 1. Inicios del movimiento liberador latinoamericano

1. *Estados Generales:* En Francia se denominaba así a lo que en Castilla se conocía como *las Cortes*, formadas en ambos casos con tres estamentos conocidos como *Estados*. El primero lo constituía la nobleza, el segundo la jerarquía eclesiástica y el tercero estaba compuesto por los burgueses que pagaban impuestos.

2. *Voto censatario:* Es el voto susceptible de ser realizado por los hombres que se encuentran censados o en un padrón que indica quiénes tienen propiedades o pagan impuestos debido a los ingresos percibidos.

3. *Gobierno termidoriano:* Durante la Revolución Francesa se sustituyó el tradicional calendario cristiano por otro, republicano. El undécimo mes del nuevo calendario era Termidor, o caluroso, que abarcaba del 19 de julio hasta el 17 de agosto. En 1794, el 9 de Termidor —27 de julio— Robespierre fue derribado del gobierno por la Convención.

4. El moderado gobierno termidoriano derogó la Constitución jacobina de 1793 y puso en vigor otra —la de 1795— que entregaba el poder ejecutivo a un Directorio de cinco miembros. Este nombró jefe del Ejército francés en Italia a un joven de veintisiete años llamado Napoleón Bonaparte, que en dicha península entonces obtuvo sus primeros grandes triunfos militares.

5. *Haití:* A la llegada de Colón a la isla que nombraron La Española, los indígenas la denominaban de formas diversas, pero sobre todo Quisqueya a la región oriental y Haití —o zona montañosa— a la parte occidental. Toussaint Louverture retomó dicho término para sustituir el colonialista de Saint Domingue y, cuando la independencia se proclamó el 1ro. de enero de 1804, oficialmente se denominó así al primer Estado latinoamericano en alcanzar su independencia.

6. Una vez que se disolvió la Convención, sus funciones en cierta medida fueron sustituidas por una especie de Asamblea Legislativa denominada Consejo de los Quinientos.

7. En la batalla de Trafalgar, pereció el almirante inglés Horacio Nelson, quien en su juventud había sido designado al frente de los efectivos británicos encargados de lograr la supremacía naval en el lago Nicaragua y, en sus márgenes, apoderarse de la importante villa mercantil de Granada. El vizconde Nelson, entonces capitán de la fragata *Hichinbrook*, encabezó el ataque de la flotilla bajo su mando contra el Castillo de la Inmaculada Concepción, al que dobló a pesar de sus treinta y seis piezas de artillería. Pero la ulterior defensa de los criollos de la valiente ciudad frustró los anhelos ingleses, quienes se retiraron con sus heridos, entre los cuales se encontraba —con un ojo de menos— el más tarde héroe de la gran batalla de Trafalgar.

8. El pueblo francés reconoció los extraordinarios méritos de Miranda, inscribiendo su nombre entre los grandes de la Revolución Francesa, grabados en el Arco de Triunfo, de París.

9. Inspirada en la Revolución Francesa, en España se formó una logia —que la historia conocería como San Blas, por el día en que fue descubierto el complot, 3 de febrero de 1796—, dirigida por Juan Mariano Picornell y Comila, la cual tenía por objetivo «transformar el orden político en España, en sentido republicano». Al ser arrestados los complotados ya habían traducido y distribuido la *Declaración de los Derechos del Hombre y del Ciudadano*, por lo cual se les condenó a muerte. Pero gracias a la intervención del embajador francés, que acababa de firmar en 1795 con España el Tratado de Basilea, a Picornell se le conmutó la pena por el destierro a Panamá, de donde se fugó rumbo a La Habana y de ella pasó a Caracas. Allí fundó la Logia Colón para trabajar por la emancipación republicana del país «para y por los americanos». Apresados, Picornell y cinco dirigentes más fueron ahorcados y sus cabezas luego colocadas en jaulas de hierro colgadas en postes. Mientras, las demás partes de los cuerpos —destrozados— se clavaron en garfios por distintos caminos para el horror y escarmiento de los transeúntes. Al tener noticias de lo ocurrido en Venezuela, Miranda —quien fuera iniciado en la misma logia a la que pertenecieran George Washington y Benjamín Franklin— decidió crear su Gran Reunión Americana en Londres en 1800.

10. Inspirada en la Revolución de Haití, en esta región se había producido en 1795 una importante sublevación de negros y mestizos bajo la dirección de José Leonardo Chirinos, que a pesar de haber sido sangrientamente aplastada, engendró entre los plantadores y gentes que alardeaban de pertenecer a la «raza blanca» un enorme apego al colonialismo español.

11. Simón Bolívar: *Obras Completas*, t. I, Editorial Lex, La Habana, 1947, p. 1099.

12. Manuel A. Pombo y José J. Guerra: *Constituciones de Colombia*, t. I, Editorial Biblioteca Popular de Cultura Colombiana, Bogotá, 1951.

13. Cantidad de dinero que tradicionalmente las capitales de los virreinatos enviaban a sus dependencias regionales con el objetivo de que en ellas sobreviviera la administración pública.

14. Carlos Marx: *Simón Bolívar*, Ediciones de Hoy, Buenos Aires, 1959, p. 27.

15. Simón Bolívar: ob. cit., t. II, p. 1014.

16. Diego Barros Arana: «La acción del clero en la Revolución de Independencia Americana», en: *La Iglesia frente a la Emancipación Americana*, Ensayos, La Habana, 1967.

17. Juan Jacobo Rousseau, célebre filósofo francés del siglo XVIII, demócrata, ideólogo de la pequeña burguesía, precursor de los jacobinos. En su obra *El Contrato Social*, reconoce al pueblo el derecho soberano y se pronuncia por un Estado que garantice los derechos democrático-burgueses.

18. *Blandengues:* Célebre cuerpo de vigilancia fronterizo, famoso por sus acciones en la frontera entre la Banda Oriental y el territorio brasileño.

19. Lenin entendía que el pequeño productor que administra su hacienda o empresa en el sistema de economía mercantil tiene las características que forman el concepto de «pequeñoburgués». En él se comprende, por lo tanto, al campesino y al artesano que son productores para el mercado. Ver: Vladimir Ilich Lenin: «El Contenido Económico del Populismo y la Crítica del mismo en el libro del Señor Struve», pp. 330-376. En: Marx, Engels, Lenin, *Sobre el Comunismo Científico*, Editorial Progreso, 1972, pp. 86-90.

20. José Artigas: *Documentos*, Colección Nuestra América, Editorial Casa de las Américas, La Habana, 1971.

21. Alberto Lasplaces: *José Artigas, Protector de los Pueblos Libres*, Editorial Espasa-Calpe, S. A., Madrid, 1933, p. 212.

22. Artigas nunca más volvió a su tierra natal; quedó viviendo en una chacra en Ibiray, cerca de Asunción.

23. Agustín Cué Cánovas: *Historia Social y Económica de México (1521-1854)*, Ediciones Revolucionarias, La Habana, 1963, p. 219.

24. Francisco Espoz y Mina: general español, hijo de labradores, desplegó junto con su sobrino —Mina *el Mozo*— tan extraordinaria actividad guerrillera que, para combatirlo, los franceses dedicaron en Navarra más de treinta mil soldados.

25. En esta expedición de Mina participaba el célebre Fray Servando Teresa de Mier, quien fue hecho prisionero; había sido iniciado en las actividades conspirativas en la Gran Reunión Americana del venezolano Francisco de Miranda.

Capítulo 2. La avalancha independentista

1. La fuerza británica al mando de Arturo Colley Wellesley, duque de Wellington, desembarcó en Portugal en 1808 y se mantuvo allí hasta la insurrección liberal de los militares portugueses.

2. Tras la derrota de Napoleón en Waterloo, en Francia se produjo con Luis XVIII la Restauración borbónica, que integró la reaccionaria Santa Alianza europea conformada por todos los países menos Inglaterra y Holanda. En 1822, en el Congreso de Verona, la referida coalición encargó a Francia la invasión de España con un ejército denominado Los Cien Mil Hijos de San Luis, que finalmente derrotó a los revolucionarios liberales encabezados por el coronel Rafael del Riego.

3. Tomás Alejandro Cochrane, célebre marino inglés, luego de una brillante carrera naval en los mares europeos, fue expulsado del Parlamento y perseguido por la justicia británica debido a sus turbios e ilegales negocios, por lo cual alquiló sus servicios como marino de ocasión a Chile y a Pedro I de Brasil.

4. Se llama así a la lucha del pueblo oriental o uruguayo por lograr su independencia del imperio de Brasil.

5. Se denominaba así al Ejército conformado por mexicanos que debía garantizar los tres compromisos o garantías básicas acordados en el Plan de Iguala.

6. Bartolomé Mitre: *Historia de San Martín y de la Emancipación Sudamericana*, 5 t., Editorial Félix Lajoaune, Buenos Aires, 1890.

7. Bartolomé Mitre: Ob. cit.

8. El Ejército de los Andes de San Martín alcanzaba los cinco mil hombres, de los cuales, mil quinientos eran antiguos esclavos y constituían su vanguardia. Véase Ricaute Soler: «Idea y Cuestión Latinoamericana». En: Revista *Historia y Sociedad*, no. 7, 1976.

9. En agosto de 1822, Bolívar aconsejó a O'Higgins la conveniencia de establecer un «gobierno fuerte por su estructura y liberal por sus principios». Ver: *O'Higgins pintado por sí mismo*, Ediciones Ercilla, Santiago de Chile, 1941, p. 100. Poco después, el 30 de octubre de 1822, se emitió la Constitución chilena, que a pesar de tener un carácter girondino, concedió —bajo el influjo de O'Higgins— la ciudadanía y derecho al sufragio a los «mayores de 25 años o casados que sepan leer y escribir, pero esta última calidad no tendrá lugar hasta el año 1833». Como se ve, dicha disposición se acercaba mucho al reclamo jacobino sobre el voto universal masculino. Ver Avaria Valencia: *Anales de la República*, t.1, Imprenta Universitaria, Santiago de Chile, 1951, p. 72.

10. Bartolomé Mitre: ob. cit., p. 325.

11. Simón Bolívar: ob. cit., t. I, pp. 159 y ss.

12. Simón Bolívar: Tomado de Miguel Acosta Saignes: *Acción y Utopía del Hombre de las Dificultades*, Editorial Casa de las Américas, La Habana, 1977, p. 208.

13. Tropas novicias.

14. José Antonio Páez: *Autobiografía*, t. 1, Librería y Editorial del Maestro, Caracas, 1964. Citado por Miguel Acosta Saignes, ob. cit., p. 240.

15. Vladimir Ilich Lenin: *Dos tácticas de la socialdemocracia*, Editorial de Ciencias Sociales, La Habana, 1975, p. 49.

16. Simón Bolívar: ob. cit., t. II, pp.1532 y ss.

17. La Ley electoral bolivariana dejaba atrás, incluso, a los avanzados —para la época— preceptos censatarios girondinos y establecía: «Todo hombre libre tendrá derecho de sufragio, si además de esta calidad fuese ciudadano de Venezuela, mayor de 21 años siendo soltero, o menor siendo casado, y si cualquiera que sea su estado, tuviere una propiedad de cualquier clase de bienes raíces, o profesase alguna ciencia o arte liberal, o mecánica». El propio texto precisaba, además, que todo miembro del Ejército, desde el grado de cabo, tendría derecho al voto, así como todos los inválidos de la Guerra de Independencia. Véase Miguel Acosta Saignes: *Acción y Utopía del Hombre de las Dificultades*, ob. cit., p. 269.

18. Se debe tener presente, cómo Bolívar recuerda con insistencia, que en Estados Unidos —cuya Constitución consideraba la más refinada y por eso inadaptable a una sociedad de muy diferente desarrollo socioeconómico— había esclavos y estos no tenían derecho al voto. Tampoco existían allá grandes masas de mestizos, mulatos, llaneros, aborígenes y negros, incorporados desde el Ejército a la vida política; Washington y demás independentistas estadounidenses no abolieron la esclavitud, ni forjaron sus Fuerzas Armadas con los oprimidos.

19. Simón Bolívar: ob. cit., t. II, p. 1532.

20. *Doctrina del Libertador*. Compilación de Manuel Pérez Vila. Colección Las Raíces Sur, Biblioteca Ayacucho, Caracas, 1976, p. 140. Véase además J.L. Salcedo-Bastardo: *El primer deber*. Ediciones de la Universidad Simón Bolívar, Caracas, 1973, pp. 540-541.

21. Desde que Nariño fue liberado en España por la revolución de Riego y llegó a Colombia, Bolívar lo consideró como candidato favorable para la presidencia de la República. Así lo hace constar en su carta del 9 de marzo de 1821. Véase Simón Bolívar. Ob. cit., t.1. p. 543. Además véase en su misiva al propio Nariño del 21 de abril de 1821 en la cual de manera explícita le dice —ob. cit., p. 552—: «Si usted no quiere ser presidente, puede usted indicar otro, que lo sea tan dignamente como usted mismo». En realidad Bolívar estaba muy atraído por las positivas características

que Nariño había desarrollado durante la primera etapa de la lucha, al frente del gobierno de Cundinamarca. Pero el Congreso, dominado por los grandes plantadores y comerciantes, temerosos del radicalismo de Nariño, urdió pretextos baladíes para elegir a Santander.

22. Simón Bolívar: ob. cit., t. I, pp. 565-566.

23. Al respecto debe estudiarse la abundante historiografía de Vicente Lecuona: *La Entrevista de Guayaquil. Restablecimiento de la Verdad Histórica.* Imprenta López, Caracas, 1948. Además véase s/a *Cartas Apócrifas sobre la Conferencia de Guayaquil.* Litografía y Tipografía del Comercio, Caracas, 1945.

24. José de San Martín: *San Martín pintado por sí mismo*, Ediciones Ercilla, Santiago de Chile, 1941.

25. Respecto de ese tipo de propiedad, Carlos Marx escribió medio siglo más tarde: «Los bienes comunales eran una institución que se mantenía en vigor bajo el manto del feudalismo». Ver: Carlos Marx: *El Capital*. Ediciones Venceremos, La Habana, 1965, p. 664.

26. En Junín, Bernardo O'Higgins combatió al frente de un cuerpo colombiano y después en Huancayo fue incorporado por Bolívar a su Estado Mayor. Véase Alberto Prieto: *Próceres latinoamericanos*. Editorial Gente Nueva, 1981, p. 51.

27. En esta batalla, el Ejército colonialista estaba compuesto por 9 310 hombres, de los cuales solo 500 eran españoles —sobre todo, los oficiales— y los demás elementos habían nacido en América y fueron movilizados por los feudales de la región. Véase: Alberto Prieto: *Bolívar y la Revolución en su Época*, Editorial Pueblo y Educación, La Habana, 1990, p. 128.

28. Alberto Prieto: *Bolívar y la Revolución en su Época*, Editorial Pueblo y Educación, La Habana, 1990, p. 95.

29. Simón Bolívar: *Fuentes de la Doctrina Bolivariana*, Compilación sin Editor, Quito, 1940, pp. 164 y ss.

30. Esta Constitución también se conoce como de 1812 y fue emitida en la metrópoli durante la lucha contra la ocupación napoleónica, comprendía múltiples acápites muy progresistas, pero no otorgaba la independencia a las colonias hispanoamericanas, por lo cual no fue aceptada por los próceres revolucionarios.

31. Simón Bolívar: *Fuentes de la Doctrina Bolivariana*, ob. cit., pp. 165 y ss.

32. Simón Bolívar: *Obras Completas*, ob. cit., t. II, p. 1013.

33. Ídem.

34. Ídem.

35. Rubén Barreiro-Seguier: *Le Paraguay*, Editions Bordas, París, 1972. La mencionada carta del Doctor Francia está incorporada en este libro como un anexo.

36. Alberto Prieto: *Bolívar y la Revolución en su Época*, ob. cit., p. 97.

37. Simón Bolívar: *Obras Completas*, ob. cit., t. II, pp. 313 y ss.

38. Es famosa la conocida carta de John Quincy Adams sobre Cuba y Puerto Rico, en la cual se refiere negativamente acerca de los esfuerzos de Bolívar y México para impulsar la independencia de esas dos islas en el Congreso de Panamá. Al respecto, consúltese de: Ramiro Guerra: *La Expansión Territorial de los Estados Unidos*. Editora Universitaria, La Habana, 1964, p. 155.

39. Simón Bolívar y otros: Carta a Santander en: *Formación del Capitalismo en Colombia*, Editorial Colombia Nueva Limitada, del Centro de Estudios Anteo Quimbaya, s/f.

40. Simón Bolívar: *Obras Completas*, ob. cit., t. I, p. 737.

41. Waldo Frank: *El nacimiento de un mundo*. Editorial de Ciencias Sociales, La Habana, 1978.

Capítulo 3. Contradicciones en el surgimiento de los Estados Nacionales

1. Sergio Guerra: «El Paraguay del Doctor Francia, un caso singular de independencia en América Latina», en: Revista *Universidad de La Habana*, núm. 202, 1975.

2. Sergio Guerra: *Paraguay, de la Independencia a la Dominación Imperialista: 1811-1870*, Editorial de Ciencias Sociales, La Habana, 1984.

3. *Enfiteusis:* Este Decreto entregaba al Estado toda la tierra no escriturada que luego podía ser cedida con un mínimo de gravámenes a quien el gobierno estimara pertinente, fuesen personas naturales o jurídicas, nacionales o extranjeros, tanto a perpetuidad como en usufructo. Los mayores beneficiados fueron los ya existentes latifundios ganaderos, así como otros nuevos adquiridos por comerciantes porteños y ciudadanos británicos.

4. Gran Bretaña en esa época contaba en Buenos Aires con 79 estancias vacunas, de las 293 existentes. Los ingleses además eran dueños de otras 19 dedicadas a criar ovejas, actividad que también practicaban 25 escoceses y unos cuatro mil pequeños propietarios irlandeses.

5. Desterrado en tiempos de Rosas, elaboró las bases que sirvieron a los legisladores argentinos para elaborar la Constitución. Se opuso a la Doctrina Monroe, así como a la ofensiva política de Mitre y Sarmiento contra Paraguay.

6. Fundó con 35 amigos la Asociación de Mayo, especie de logia en la que leyó *Palabras Simbólicas*, profesión de fe que más tarde desarrolló en el *Dogma Socialista*. Exiliado en Montevideo, descolló como poeta romántico, tal vez el primero en Latinoamérica.

7.   Domingo Faustino Sarmiento, en: Juan José Castro, *Los ferrocarriles en América del Sur*, s/n, Montevideo, 1950, p. 35.

8.   Acorde con el Tratado entre el Papa y la Corona de Castilla en 1508, conocido como el Concordato, en los territorios coloniales españoles solo entraban en vigor las bulas papales luego de su aprobación por la Corona madrileña debido a la unificación de la Iglesia y el Estado, que se expresó en el surgimiento de la Inquisición como institución rectora de la ideología. Con la independencia en América se abolió la Inquisición, pero continuó la unificación Iglesia-Estado hasta que las reformas liberales separaron a este de aquella.

9.   A mediados del siglo XIX la intensa rivalidad entre Inglaterra y Estados Unidos por el dominio de la posible zona canalera en el Istmo centroamericano desembocó en un equilibrio, el cual condujo a que ambos países firmaran un tratado de neutralidad en lo relacionado a ese asunto en dicha región.

10.   En México en 1806 y al parecer sin vínculos con la organización de Miranda, se fundó la Logia Arquitectura Moral y existen muchos indicios que sugieren que en 1811 esta se metamorfoseó en la Logia conocida como Legión del Águila Negra, que se proponía independizar a toda Hispanoamérica. Por su parte, los anticonstitucionalistas —con referencia a la Constitución española de 1812— fundaron en 1813 una Logia que adoptó el Rito Escocés.

11.   Alberto Prieto: *La época de Juárez*, Editorial Gente Nueva, La Habana, 1984, p. 24.

12.   Héctor Pérez Martínez: *Juárez*, Editorial de Ciencias Sociales, La Habana, 1973, p. 32.

13.   *Proudhonismo:* Corriente precursora del anarquismo, que criticaba la gran propiedad capitalista y defendía la pequeña.

14.   Alberto Prieto: *La época de Juárez*, ob. cit., p. 70.

15.   Célebre filósofo y economista escocés (1723-1790). Se le considera fundador de la Economía Política como ciencia independiente y su obra constituye el punto de partida de las consideraciones históricas de los problemas político-económicos. Tal vez su principal obra sea *Investigación sobre la naturaleza y causas de la riqueza de las naciones*.

16.   Socialista utópico francés que realizó una profunda crítica de la sociedad burguesa y evidenció las contradicciones entre la ideología de la Revolución Francesa y la realidad material que ella engendró.

17.   Socialista utópico francés que se manifestó contra el deísmo y el idealismo pues defendía criterios deterministas y consideraba que la historia debería convertirse en una ciencia tan objetiva como las naturales. Estimaba que

la historia pasaba por tres fases de desarrollo: la teológica, la metafísica y la positiva, que engendraría un futuro régimen social basado en la ciencia.

18. En esta época Estados Unidos poseía el ferrocarril transístmico de Panamá, que vinculaba el mar Caribe con el océano Pacífico y temían que cualquier victoria revolucionaria en Colombia, cuya soberanía entonces abarcaba la provincia panameña, pudiera afectar sus intereses comerciales.

19. José Martí: *Obras Completas*, t. II, Editorial Lex, La Habana, 1947, p. 130.

20. Ibid., p. 262.

21. Ibid. Carta a Manuel Mercado, Campamento de Dos Ríos, 18 de mayo de 1895, p. 79.

22. Abogado mexicano y maestro ejemplar, en 1905 se le nombró ministro de Instrucción Pública, cargo desde el cual restableció la Universidad Nacional de México en 1910.

23. Naturalista inglés, fundador de la teoría del desarrollo histórico del mundo orgánico, quien llegó a la conclusión de que la naturaleza viva evoluciona.

24. Filósofo francés, secretario y colaborador de Saint Simon y más tarde fundador del positivismo, cuya tesis fundamental estriba en recabar de la ciencia que se limite a describir el aspecto externo de los fenómenos.

25. Sociólogo inglés fundador del positivismo y representante en este de las concepciones ideológicas de la burguesía liberal en vísperas de la época imperialista. Sus principales influencias eran Hume, Kant y John Stuart Mill.

26. Alberto Prieto: *Apuntes para la Historia Económica de América Latina*, Editorial Pueblo y Educación, La Habana, 1986, pp. 72-81.

27. Ibid., pp. 81-83.

28. Ibid., pp. 83-86.

29. Ibid., pp. 86-99.

30. Al expropiar los gobiernos de Perú y Bolivia las salitreras chilenas en Tarapacá y Antofagasta, el gobierno de Chile se lanzó a la guerra contra esos dos países al considerar que sus intereses vitales habían sido violados.

Capítulo 4. Concepciones revolucionarias y nacionalismo burgués

1. Periódico *El Machete*, 14 de julio de 1928, Ápud: Raúl Roa: *El fuego de la semilla en el surco*, La Habana, Editorial Letras Cubanas, 1982, p. 279.

2. Alberto Prieto: *Centroamérica en Revolución*, Editorial de Ciencias Sociales, La Habana, 1987, p. 132.

3. Augusto César Sandino: *El pensamiento vivo de Sandino*, La Habana, Editorial Casa de las Américas, 1980, p. 44.

4. Ibid., p. 75.

5. Ibid., p. 125.

6. Ibid, p. 186.

7. Ibid., p. 277.

8. Ibid., p. 204.

9. Carlos Fonseca: *Sandino, Guerrillero y Proletario*, Editorial EDUCA, San José, 1974, p. 24.

10. Humberto Ortega: *50 años de lucha sandinista*, La Habana, Editorial de Ciencias Sociales, 1980, p. 115.

11. Gregorio Selser: «Sandino, el guerrillero», en: Revista *Casa de las Américas*, La Habana, 1968, núm. 49, p. 24.

12. FORJA: Acrónimo de Fuerza Orientadora Radical de la Joven Argentina. Grupo que heredó las concepciones políticas defendidas por Irigoyen en su tendencia llamada *personalista*.

13. Pierre León: *Economies et Societés de L'Amerique Latine*, Societé d'Edition d'Enseignement Superieur, París, 1961, p. 210.

14. En Alemania, tras ocupar el poder, Adolfo Hitler decidió incrementar el exiguo comercio existente entre su país y América Latina, por lo cual diseñó para esta parte del mundo una variante de su *ostpolitik* practicada con la Unión Soviética y Turquía. Entonces, en 1934, el gobierno nazi envió hacia Centroamérica, Brasil, México, Chile, Colombia y Argentina una importantísima misión que debería establecer equilibrados acuerdos mercantiles sobre la base de una moneda nominal, sin cotización internacional, llamada Auslander Sonder Konto fuer Inlandszahlungen o simplemente Auskimark, que mediría el intercambio recíproco y mutuamente ventajoso. De esta manera, en poco tiempo, la compraventa entre las partes se multiplicó.

15. Un ejemplo de esto es la siguiente frase de Arévalo: «Sabemos exactamente quiénes son los comunistas y qué están haciendo. En cualquier momento que pasen a ser una verdadera amenaza para nuestra seguridad nacional o interamericana los atraparemos y los encarcelaremos tan rápidamente que apenas se darán cuenta de lo ocurrido». Ver Juan José Arévalo: *Discursos*. Imprenta Nacional, Ciudad Guatemala, 1951, p. 46.

16. Organización de Estados Americanos: Documentos de la X Conferencia Interamericana. Washington DC, 1954, p. 453.

17. Los principales integrantes de La Rosca eran: Simón I. Patiño, Carlos V. Aramayo, Mauricio Hochschild. Ellos extendieron progresivamente su influencia sobre los demás sectores económicos y pusieron o quitaron presidentes a su antojo, y enarbolaron el más anacrónico *laissez faire*.

Índice onomástico

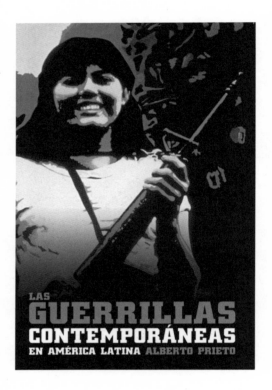

LAS GUERRILLAS CONTEMPORÁNEAS EN AMÉRICA LATINA

Alberto Prieto

Las guerrillas latinoamericanas son portadoras de una larga tradición. Desde la conquista hasta nuestros días, han sido una de las formas de lucha más recurridas en el continente americano. El autor nos presenta los movimientos guerrilleros contemporáneos, desde la epopeya de Sandino hasta la actualidad, y profundiza en acontecimientos relevantes y figuras significativas como Fidel Castro y Ernesto Che Guevara.

316 páginas, 2007, ISBN 978-1-921235-54-2

PROCESOS REVOLUCIONARIOS EN AMÉRICA LATINA

Alberto Prieto

Una inspiradora travesía por la historia de los procesos revolucionarios de América Latina iluminada por Túpac Amaru, Hidalgo, Martí, Bolívar, Miranda y San Martín, Mariátegui, Sandino y el Che. Las insurrecciones y revueltas en el siglo XVIII, la avalancha independentista, las transformaciones democráticas y antiimperialistas, el influjo de la Revolución Cubana, el Sandinismo y el nuevo auge revolucionario y democrático en nuestra región quedan registrados en sus páginas.

360 páginas, 2009, ISBN 978-1-921438-26-4

ocean sur
una nueva editorial latinoamericana
www.oceansur.com • info@oceansur.com

Ocean Sur es una casa editorial latinoamericana que ofrece a sus lectores las voces del pensamiento revolucionario de América Latina de todos los tiempos. Inspirada en la diversidad étnica, cultural y de género, las luchas por la soberanía nacional y el espíritu antiimperialista, ha desarrollado durante cinco años múltiples líneas editoriales que divulgan las reivindicaciones y los proyectos de transformación social de Nuestra América.

Nuestro catálogo de publicaciones abarca textos sobre la teoría política y filosófica de la izquierda, la historia de nuestros pueblos, la trayectoria de los movimientos sociales y la coyuntura política internacional.

El público lector puede acceder a un amplio repertorio de libros y folletos que forman parte de colecciones como el Proyecto Editorial Che Guevara, Fidel Castro, Revolución Cubana, Contexto Latinoamericano, Biblioteca Marxista, Vidas Rebeldes, Historias desde abajo, Roque Dalton, Voces del Sur, La otra historia de América Latina y Pensamiento Socialista, que promueven el debate de ideas como paradigma emancipador de la humanidad.

Ocean Sur es un lugar de encuentros.

7